Elogios para
Escudo americano

"*Escudo americano* es una historia americana de servicio a la patria y determinación, contada de forma bella por un inmigrante, un veterano de guerra y un patriota". —Nancy Pelosi, presidenta emérita de la Cámara de Representantes de Estados Unidos

"El sargento Gonell responde siempre que el deber llama. Su historia de servicio y resiliencia es estimulante e inspiradora. ¡Y, además, él mide lo mismo que yo, lo cual admiro!". —Jon Stewart

"Si quieres saber cómo realmente fue enfrentar a la turba de insurrectos el 6 de enero y las abrumadoras dificultades a las que se enfrentó la policía ese día, este íntimo y poderosísimo libro de memorias es una lectura necesaria. Y si quieres saber cómo luce la valentía —en Irak, en las gradas del Capitolio y arriesgándolo todo al decir la verdad frente a millones de personas— se asemeja mucho al fuerte, orgulloso, discreto y valiente semblante de un inmigrante y sargento estadounidense llamado Aquilino Gonell". —Congresista Adam Schiff

"Emprender el viaje a los Estados Unidos y luchar para obtener una porción del sueño americano es una cosa. Pero ser juramentado en otro país para ayudar a los demás y obtener una porción de su libertad es algo que requiere valentía. Volver a casa luego de ir a la guerra y otra vez ser juramentado, para después tener que defender esa libertad en contra de otros ciudadanos americanos, es una pesadilla, que algunos de quienes estuvieron involucrados en la insurrección del 6 de enero aún no han superado. *Escudo americano* es un relato de cómo sobrevivir a las batallas que elegimos afrontar y las batallas que nos eligen a nosotros". —Roy Wood Jr., *The Daily Show*

"El sargento Aquilino Gonell es un héroe nacional y un patriota que arriesgó su vida en el cumplimiento del deber para prestar servicio a nuestra nación y defender nuestra democracia. Él juró proteger nuestra nación en contra de todo tipo de enemigos, extranjeros y nacionales, y se ubicó en el frente de batalla y luchó en contra de las amenazas de la insurrección del 6 de enero y los ataques al Capitolio, el Congreso y, más importante, la Constitución de los Estados Unidos. El sargento Gonell es un patriota. Él defendió nuestra nación con valentía, y me honra considerarlo mi amigo, hermano, un compatriota dominicano y un héroe. Lo felicito por compartir su testimonio con nosotros, el cual es parte de la historia de este país".

—Congresista Adriano Espaillat

"Los Estados Unidos de hoy provocan que a veces nos sea muy difícil encontrar la voluntad para creer. Todos los días el nativismo viciado, el empeoramiento de la radicalización y la venenosa supremacía blanca nos arrojan peligros reales y urgentes. Pero la historia de Aquilino Gonell es una historia de redención que quizás no merecemos. El hecho que un inmigrante defendiera a esta nación el 6 de enero en contra de esas fuerzas y que sorteara las insensateces de este país, una tras otra, es más que suficiente para reavivar la llama de la esperanza una vez más. Lee este libro y lucha para volver a descubrir la fe".

—Jared Yates Sexton, autor de *The Midnight Kingdom*

"La historia del sargento Aquilino Gonell es la historia de un verdadero patriota americano. Él ha dedicado su vida a prestar servicio a su país. Fue un honor servir a su lado en el túnel de la terraza baja al oeste del Capitolio, el 6 de enero del 2021". —Michael Fanone

──ESCUDO──
AMERICANO

El sargento inmigrante

que defendió la democracia

AQUILINO GONELL
y SUSAN SHAPIRO

Traducción: José García Escobar
Prefacio por el congresista Jamie Raskin

COUNTERPOINT
BERKELEY, CALIFORNIA

Este es un trabajo de no ficción. Los eventos incluidos en este libro fueron reproducidos por el autor según lo que él recuerda y con ayuda de fotografías, videos, anuarios, cartas antiguas, diarios y documentos oficiales. Algunos nombres, fechas y características personales han sido suprimidas u omitidas para mantener coherencia literaria y narrativa, y para proteger la privacidad de los involucrados.

Primera edición: Counterpoint 2023

Library of Congress Cataloging-in-Publication Data
Names: Gonell, Aquilino, author. | Shapiro, Susan, author. | García Escobar, José, translator.
Title: Escudo americano : el sargento inmigrante que defendió la democracia / Aquilino Gonell y Susan Shapiro ; traducción: José García Escobar.
Other titles: American shield. Spanish | Sargento inmigrante que defendió la democracia
Description: Berkeley, California : Counterpoint, [2023] | Original title: "American shield: the immigrant sergeant who defended democracy."
Identifiers: LCCN 2023034745 | ISBN 9781640096585 (hardcover) | ISBN 9781640096592 (ebook)
Subjects: LCSH: Capitol Riot, Washington, D.C., 2021. | Gonell, Aquilino. | United States. Capitol Police—Biography. | Political violence—Washington (D.C.)—History—21st century. | Riots--Washington (D.C.)—History—21st century. | Demonstrations—Washington (D.C.)—History—21st century. | Dominican Americans—New York (State)—New York—Biography.
Classification: LCC E915.G66 G6618 2023 | DDC 973.933 [B]—dc23/eng/20230810

Diseño de tapa por Nicole Caputo

COUNTERPOINT
2560 Ninth Street, Suite 318
Berkeley, CA 94710
www.counterpointpress.com

Impreso en los Estados Unidos / Printed in the United States of America

10 9 8 7 6 5 4 3 2 1

Este libro está dedicado a la memoria de mi abuelo Fillo,
y a mi esposa, Mónica, y nuestro hijo Emmanuel,
Dios los bendiga.

ÍNDICE

PREFACIO

Así se pronuncia *patriota*

escrito por el congresista Jamie Raskin

CUANDO LAS FUTURAS GENERACIONES CUENTEN LA historia de la violenta insurrección y el intento fallido de golpe de estado en el Capitolio de los Estados Unidos, ocurrido el 6 de enero del 2021, y sobre las agudas desigualdades sociales, la corrupción política y el fanatismo ideológico que creó las bases para esa catástrofe, el foco de atención iluminará, por necesidad, al deshonrado y dos veces acusado expresidente Donald Trump: un mitómano, narcisista y estafador que puso en marcha los eventos relevantes e incitó de forma despiadada a la violencia de una turba sangrienta que hizo temblar a los Estados Unidos hasta la médula.

Pero ¿quién será el símbolo de la asediada democracia estadounidense que peleó con coraje y honor en cada momento, y apenas derrotó una violenta, ilícita e inconstitucional toma de la presidencia?

Puede que sea la improbable imagen del exsargento de la policía del Capitolio, Aquilino Gonell, un inmigrante de la República Dominicana, ciudadano naturalizado con un acento fuerte, veterano del ejército de los Estados Unidos de la Guerra de Irak (él no dijo tener espolones óseos para evitar prestar servicio, como hizo el expresidente Trump en 1968) que después se unió a la Policía del Capitolio de los Estados Unidos, donde sirvió con honores durante dieciséis años, antes de ser herido de gravedad durante las manifestaciones del 6 de enero, lo que lo obligó a jubilarse.

Este extraordinario libro cuenta la vida de un hombre que es, en cada aspecto, la antítesis del multimillonario Trump.

Hijo de una numerosa familia de pocos recursos del área rural de la República Dominicana, desde pequeño Aquilino desarrolló una implacable y honesta ética de trabajo. De niño, él trabajó ordenando estantes en una *bodega* y yendo de puerta en puerta para vender la comida que preparaba su querida madre en barrios de clase baja.

Aquilino sí tiene algo en común con Donald Trump: él también tuvo como padre a un malvado hijo de perra. Pero mientras Trump se identificó por completo con su padre, un anciano racista y embustero, Aquilino se reveló rápidamente contra los desaires domésticos, agresiones y traiciones de su padre. Las debilidades del carácter de Trump lo convirtieron en un bravucón autoritario lleno de odio. Las fortalezas del carácter de Aquilino lo volvieron un hombre valiente, respetable y honorable; estos son los ingredientes de un verdadero patriota.

Cuando la familia de Aquilino se mudó a Nueva York, él se sentía como un pez fuera del agua. Él era un tímido inmigrante que no podía hablar inglés, le iba mal en la escuela, extrañaba mucho a su venerado abuelo y sus parientes que habían quedado en la República Dominicana, trabajaba todo el tiempo para ayudar económicamente a su familia y estaba desesperado por tener un futuro brillante en la jungla urbana de Nueva York u obtener el aún lejano sueño americano.

Pero, Aquilino tenía algo que lo predispuso a ser feliz y crecer en este mundo: un amor por aprender y la educación, incluso si los pronósticos se apilaban en contra suyo como los edificios de vivienda donde vivía.

Él obtuvo ayuda de una de sus maestras, quien lo rescató del desánimo y le enseñó con cuidado a pronunciar la palabra *patriot* (patriota). Ella, además, lo envió en un viaje escolar a la capital de los Estados Unidos, donde conoció a un oficial de la Policía del Capitolio, quien plantaría dentro de él las semillas que lo motivarían a soñar con obtener una carrera profesional.

Aquilino se convirtió en la primera persona de su familia en graduarse de la secundaria. Él quería estudiar en la universidad, pero era algo imposible dada su situación económica, hasta que supo que podía enlistarse en el ejército de los EE.UU. y que este pagaría por una parte de sus gastos universitarios. También supo que podía obtener la ciudadanía a través del servicio militar.

Así es cómo él llegó a Irak, donde obtuvo una intensa educación en burocracia militar, los impulsos democráticos y humanos de los jóvenes americanos, la cruel insensatez de las guerras imperialistas y las mentiras y corrupción de los políticos.

Al regresar de la guerra, Aquilino fue a la universidad, con todo y su fuerte acento dominicano, y además cumplió su sueño americano y obtuvo el trabajo que tanto deseaba como oficial de la Policía del Capitolio de los Estados Unidos.

Nunca se le hubiera ocurrido a Aquilino que su carrera como agente condecorado de la Policía del Capitolio llegaría a su fin a causa de las lesiones que sufriría durante la más violenta insurrección ocurrida en el Capitolio en la historia de los Estados Unidos.

Ese día en Washington, Aquilino experimentó más violencia brutal de la que alguna vez vio en Bagdad. Cuando Aquilino dio su testimonio ante el comité selecto de la Cámara de Representantes que investigó la insurrección del 6 de enero, él notablemente dijo que la experiencia de enfrentarse por horas a una turba enardecida de simpatizantes de Trump, para defender el Capitolio, a los miembros del congreso y al vicepresidente del país, fue similar a participar en un "combate medieval". Fue una declaración que le dio la vuelta al país e incluso la replicó el presidente Joe Biden.

Pero, voy a dejar que él cuente la sangrienta historia del día que pensó que iba a ser su último día en esta tierra. Él y sus compañeros de armas (el oficial del Capitolio Harry Dunn del bello 8º Distrito de Maryland, el policía metropolitano Michael Fanone y el oficial Daniel Hodges, quien fue torturado por un insurrecto ante todo el mundo y en la entrada del Capitolio) no solo tienen el derecho, sino la obligación de contarle al mundo de lo que ocurrió cuando apenas salieron con vida durante el día en que casi perdemos la democracia americana.

Debes saber que en este libro hay hermosa y reconfortante magia, y debemos darle gracias y mostrar nuestra solidaridad al sargento Gonell, a su esposa, Mónica, y a su hijo, quien está claramente orgulloso de su padre.

Aquilino Gonell es un nombre difícil de pronunciar, pero a mí me suena mucho a la palabra *patriota*.

— ESCUDO — AMERICANO

PRÓLOGO

Nunca digas mentiras

Washington, D.C., diciembre 2022

L O MENOS QUE QUERÍA HACER ERA CAUSAR PROBLEMAS. De niño, en la República Dominicana, mis abuelos me enseñaron a guardar silencio. Como mi padre no estaba en casa, le hacía caso a mi abuelo Bienvenido, el padre de mi madre, cuando me decía, "Solo habla cuando te dirijan la palabra". Él tuvo trece hijos y ocho nietos. Yo no era su favorito. Para ganarle su afecto, le decía, "Sí, señor", y le daba de comer a los animales de su finca de frutas y vegetales donde vivíamos. Mi mamá trabajaba como sirvienta para una familia adinerada y luego vendía frituras en la calle. Yo llevaba leña al fogón y cuidaba a mi hermanito y hermanita. Lo único que quería era ser útil y que mi familia estuviera orgullosa de mí.

"Nunca digas mentiras", me dijo mi otro abuelo, el abuelo Fillo. A pesar de que él tenía siete hijos y cuatro nietos, él me trataba como si yo fuera alguien especial. Su esposa no tanto. Cuando tenía diez años, abuela Andrea le dijo a una vecina, "Hoy no tenemos comida para vender". Yo sabía que sí teníamos, entonces dije, "Abuela, sí tenemos comida". Ella me dio una bofetada en la boca y dijo, "Cállate, tú; nadie está hablando contigo". Después dijo, "Ella nos debe dinero. No me contradigas delante de la gente. Si nadie te habla, mantén la boca cerrada". Lección aprendida: deja que los demás hablen.

A pesar de que mis padres se separaron semanas después de que yo naciera, y mi papá no estuvo presente durante mi niñez, él reapareció cuando yo tenía doce años. Él quería que otra vez fuéramos una familia, e incluso cubrió todos los gastos para que mi mamá, mi hermano Tony y yo fuéramos a vivir con él en Brooklyn. Me emocionaba la idea de vivir con mis dos padres y mudarme a los Estados Unidos, pero no fue lo que esperaba, fue un cambio difícil. Mi papá era taxista, y todo el tiempo estaba ocupado trabajando. Yo trabajaba ordenando estantes en una *bodega* e iba de puerta en puerta vendiendo la comida que preparaba mi mamá. Les entregaba a mis padres casi todo el dinero que ganaba, pero no todo. Una mañana mi papá vio los nuevos y brillantes zapatos Nike que yo había comprado, y me preguntó, "¿Por qué gastas tanto dinero en esas porquerías? ¿Qué tienen de malo los zapatos que te compré?". Me sentí avergonzado. La regla número uno de mi padre era: sé modesto e intégrate.

Era algo difícil porque no hablaba inglés bien. Tenía un acento muy fuerte y me costaba pronunciar las palabras. Decía "*berry*" en vez de "*very*". Mi maestra no me apoyaba. Una vez le pedí que repitiera una palabra que no logré oír y ella me castigó por interrumpir la clase. Yo no quería interrumpir a nadie, así que dejé de levantar mi mano. Como un estudiante de un grupo minoritario y un inmigrante, no podía arriesgarme a llamar la atención. Viví con el miedo constante de que mis acciones pudieran provocar que me deportaran a mí y a mi familia.

Ser visto pero guardar silencio resultó ser una buena estrategia. Fui el primer miembro de mi familia en graduarse de la escuela secundaria. Para poder pagar la universidad, me enlisté en el ejército. Sabía trabajar en equipo, por eso saludaba, obedecía la cadena de mando y siempre esperaba que alguien me otorgara permiso para hablar. Además, seguía órdenes y respondía con un "Sí, señor" cuando me pedían que sirviera comida en el comedor o que limpiara el cuartel. Por mi esfuerzo logré una gran recompensa. Obtuve el honor de recibir la ciudadanía estadounidense y continuar mi servicio. El Ejército de los EE.UU. me preparó para luego formar parte de la Policía del Capitolio de Washington, D.C. Por dieciséis años, cuando me pedían que revisara identificaciones, las revisaba. Cuando me enviaban a proteger a un dignatario, iba y lo protegía. Tuve cautela y fui cuidadoso conforme escalaba cargos y rara vez retaba a mis superiores.

En el 2016, a pesar de que sindicatos de la policía de los Estados Unidos respaldaban a Donald Trump, me sorprendió escucharlo referirse a países africanos o con una mayoría de población de color o afrodescendiente como "países de mierda" y tildar a los inmigrantes mexicanos como "criminales, traficantes de droga y violadores". "Trump no habla en serio", oí decir a uno de mis supervisores, un hombre blanco. "Solo está bromeando". No voté por Trump, pero mantuve mis opiniones para mí mismo y le recordé a mi equipo que debíamos brindarles la misma protección a todos por igual. Cuando Trump ganó las elecciones, me preocupé. Siempre que viajaba con mi hijo, cuyo inglés es mejor que el mío, notaba que la gente me veía con condescendencia e indiferencia, como si esas personas pensaran que yo era menos americano por hablar en español. O como si fuera un extranjero de menor categoría, diferente a los padres blancos y eslovenos de Melania Trump, quienes obtuvieron la ciudadanía a través de la llamada "migración en cadena" que su esposo denunció con ímpetu. Aun así, me quedé callado. Si alguien me confrontaba, les decía que era veterano de guerra y les mostraba mi placa de policía, para así evitar una confrontación.

Sin embargo, el 6 de enero del 2021 me fue imposible guardar silencio y seguir el plan de sumisión en el que había confiado. Ese día, fui atacado mientras defendía el Capitolio de la invasión de una turba barbárica compuesta de decenas de miles de personas que habían sido incitadas por el presidente Trump. Grupos de asaltantes me golpearon a mí y a mis colegas usando astas, palos, tubos rotos y trozos de muebles. Fue peor que cualquier cosa que haya vivido en Irak. Mantuve la línea policial durante horas de tortura. Estaba cubierto de sangre y defendiéndome de varios manifestantes cuando me acusaron de ser antiamericano y un traidor que quebrantó su juramento, y que merecía ser ejecutado. Mientras era aplastado por todos lados, pensé, "Así es como voy a morir".

Nueve personas murieron ese día. Yo resulté gravemente herido e incluso luego de dos operaciones no estaba seguro si iba a poder hacer mi trabajo o aceptar el ascenso por el que me había esforzado tanto y convertirme en teniente. En vez de denunciar el asedio y defender la ley, muchos legisladores republicanos, por los cuales arriesgué mi vida, hicieron algo impensable: defendieron al expresidente y a los insurrectos, y dijeron que esa violenta insurrección, realizada por milicias armadas, era parte de un "legítimo discurso público" y una "manifestación pacífica" realizada por "patriotas".

Como un servidor público que ha trabajado como tal por más de dos décadas, estaba horrorizado al escuchar que los invasores eran representados como las víctimas. Entonces, sentí el llamado de contar mi historia. Sin embargo, a mi esposa y a mí nos inmovilizó el miedo que la influencia de Trump pudiera causar daño a nuestra familia. Me quedé callado. Luego, Harry Dunn, un colega afroamericano con el que había servido juntos durante trece años, quien también fue víctima del trauma causado por el intento de golpe de estado, compartió su testimonio. Él hizo pública la violencia y los epítetos racistas que recibió de los nacionalistas blancos, fanáticos de Trump que irrumpieron en el Capitolio. En televisión, Dunn reveló cómo fue increpado y agredido por el color de su piel por otros compatriotas cuyos crímenes fueron racionalizados y ocultos.

Me identifiqué con Dunn, un policía de color, que había sido denigrado por hacer su trabajo. Esperé que líderes republicanos como Lindsey Graham, Kevin McCarthy, Steven Scalise, Ted Cruz, Josh Hawley y Marco Rubio —a quienes había conocido y protegido— se pronunciaran y condenaran la insurrección. Sin embargo, se negaron a culpar a nuestro anárquico expresidente por haber causado esta histórica tragedia. Hawley, de hecho, mostró su apoyo a los manifestantes, levantando el puño a ellos, e incluso empezó a vender tazas con esta imagen en su sitio web.

Mientras tanto, doctores y fisioterapeutas seguían intentando curarme de mi dolor crónico, pesadillas recurrentes y trastorno por estrés postraumático. Un día, mientras me recuperaba de una cirugía de hombro y pie realizada para tratar las lesiones que recibí durante el ataque, y con la pierna en alto para disminuir la hinchazón, puse las noticias y vi que el partido republicano había bloqueado la investigación bipartidista sobre la insurrección en el Capitolio. Luego vi a Harry Dunn y a su colega Michael Fanone, junto a dos mujeres, la madre y la prometida de Brian Sicknick, el oficial de cuarenta y dos años que murió de un infarto un día después de haber enfrentado a los manifestantes. Los cuatro fueron de puerta en puerta a los edificios del Senado de los EE.UU. para obtener apoyo y que así se investigara la peligrosa emboscada del 6 de enero. Podría haber sido mi esposa, mi hijo, mi mamá y mi papá rogándoles a nuestros legisladores que investigaran a la misma turba que estuvo a punto de asesinarme.

Tras décadas de silencio, perdí la paciencia. No podía creer cuán cobardes eran estos políticos. Estaba en *shock*. Le dije entonces a mi esposa, "¡Dicen apoyar el cumplimiento de la ley, mientras esconden lo que pasó para su propio beneficio político!".

Se derrumbó mi fe en el sistema de justicia de los EE.UU. Como soldado y agente policíaco, yo había arriesgado todo para defender nuestra democracia. Recordé un dicho que citaba con regularidad John F. Kennedy: "Lo único que necesita el mal para triunfar es que los hombres buenos no hagan nada". Recordé también al activista y congresista John Lewis, quien motivaba a la gente a meterse en "buenos problemas y problemas necesarios". Ya no podía quedarme callado. Como estadounidense, orgulloso de los sacrificios que había hecho por nuestra nación, sabía que merecía una voz. Al diablo con no interrumpir a nadie. Iba a hablar en público. Le pedí a Harry Dunn que me pusiera en contacto con alguien en CNN. El 3 de junio del 2021, concedí una entrevista. Fue agotador revivir el aterrador trauma que me atormentaba, pero, luego de esa entrevista, sentí que me libraba de un gran peso que tenía encima. Arriesgué mi trabajo y la seguridad de mi familia, pero era más importante la verdad.

A los cuarenta y un años, salí de mi zona de confort y hablé en público; hablé con mis superiores, con el fiscal del distrito, con el FBI, *The New York Times*, *The Washington Post*, Telemundo. Comparecí ante el congreso de los Estados Unidos. Denuncié abiertamente y di testimonio sobre todos los horrores que vi, y hablé sobre todas las injusticias de las que fui testigo, independientemente si los mentirosos se burlaban de mí, eran más que yo o estaban en posiciones superiores a la mía. Fui traicionado por el presidente de los Estados Unidos. Desapareció ese niñito obediente y asustadizo que creció en el campo. Era hora de enfrentarme a cualquier autoridad que abusaba de su poder.

Esta es la historia de cómo dejé de tener miedo.

PRIMERA PARTE

1

Territorio inexplorado

Brooklyn, marzo de 1992

LEVABA APENAS DOS SEMANAS VIVIENDO EN LOS Estados Unidos cuando me despertaron los gritos de alguien pidiendo ayuda. "Auxilio, ayuda", decía alguien desde afuera. Era mi padre. Alguien lo había apuñalado.

"¡Quilo! ¡Tony! ¡Rápido, bajen al frente del edificio! ¡Alguien asaltó a su papá!", gritó mi madre Sabina, mientras se ataba su bata y corría hacia la puerta.

"¡Ya voy, mami!", respondí, temblando del miedo.

Era la una de la mañana. Mi hermano y yo habíamos estado durmiendo en la sala, en un mueble abultado rojo tinto. Por un momento no sabía dónde estaba. A los doce años sentía que vivía en un país que estaba patas arriba. Iba detrás de Tony, y brinqué de la cama para mirar por la ventana de nuestro pequeño apartamento en Crown Heights; vivíamos en un edificio sin ascensores. Tardé unos segundos en encontrar la chaqueta café que mi papá, José, vestía a la hora de trabajar como conductor de livery taxi, y darme cuenta de que esa masa oscura y ensangrentada que estaba en el piso era mi papi.

Desconcertado y funcionando como en piloto automático, fui deprisa detrás de Tony e, igual que él, me vestí y me puse los zapatos. Él tomó nuestros bates de béisbol a pesar de que nunca antes le habíamos pegado a alguien con ellos. Bajamos las escaleras detrás de mi mamá. Afuera la nieve enlodada cubría el suelo. Teníamos frío, pero zumbábamos y nos sudaban las manos por la adrenalina. Parpadeaban las luces afuera. Los vecinos gritaban horrorizados. Mi padre gemía dentro de un charco de agua rojiza. Había visto nieve por primera vez ese día, en la mañana, y me divertí mucho con ese polvo blanco. Pero, ahora mi corazón estaba hecho pedazos mientras veía a mi mamá en el suelo mojado donde hace apenas unas horas había estado jugando. En el suelo, junto a mi papá, ella gritó, "¡Ayúdenme para que no se muera!".

"Alguien apuñaló a José del C6", gritó por la ventana un vecino del tercer piso.

"Ya llamé a la policía", gritó mi primo Modesto, que vivía en el apartamento arriba del nuestro. "Ya vienen en camino".

"Los ladrones se fueron por allá", dijo una mujer dos pisos encima de nosotros y señalando a la Avenida Rochester.

Modesto y mi hermano se unieron a un grupo de hombres para perseguir a los culpables que habían atacado a mi papá. Pronto el grupo desapareció y unos minutos después tres patrullas se estacionaron frente a nuestro edificio. Un policía vestido de azul inspeccionó la escena; todo el rato tenía la mano sobre su arma. Luego, pidió ayuda por el intercomunicador. Después de que una ambulancia se llevara a mi papá de camino al hospital, el policía se acercó para hablar con mi mamá.

"¿Está bien, señora?", le preguntó en inglés.

Mi mamá lloriqueaba. Casi no podía hablar. Balbuceando, solo dijo, "Que no se muera". Viendo que ella no sabía hablar inglés, le pidió a alguien que hablaba español que le preguntara qué había pasado, mientras otro policía establecía un perímetro del área usando una cinta amarilla. Yo no entendía qué estaba pasando, pero me impresionó lo cortés que eran los agentes. En mi pueblo, en la República Dominicana, le teníamos más miedo a la policía que a los bandidos.

Allá no confiábamos en los agentes policíacos. Una vez mi padre estába de visita desde los estados unidos y fue a la ciudad a cambiar dólares por pesos. La policía conocía a los cambiadores de dólares quienes metieron un billete falso de cincuenta dólares en el manojo de billetes que llevaba mi papá. Lo acusaron de falsificar dinero y pasó dos días en la cárcel, hasta que mi mamá supo dónde estaba y mi tío Federico juntó el dinero para pagar la fianza. En otra ocasión, detuvieron a mi tío Julio cuando iba en su motocicleta. Yo iba montado atrás. Los policías le pidieron que les mostrara su licencia de conducir y amenazaron con confiscarle la motocicleta por ir sin casco. Él les dio cincuenta pesos y ellos apenas sonrieron y nos dejaron ir. Mi tío me dijo que los policías no podían sobrevivir con el poco dinero que ganaban, así que complementaban su salario estafando a la gente. Pero, incluso entonces, cuando apenas tenía once años, sabía que mentir, engañar y tomar sobornos era algo malo. Si yo fuera ellos, nunca estafaría a los pobres a quienes debía proteger. En contraste, vi cuán profesionales y respetuosos eran los policías estadounidenses vestidos de azul, quienes hacían su trabajo sin esperar obtener una recompensa.

Sin embargo, minutos después de que las patrullas se fueron, hubo otro tiroteo. ¿Acaso los ladrones habían regresado a matarnos a todos para que nadie pudiera identificarlos? Alguien nos disparó tres veces desde el parque, al cruzar la calle. Las balas pasaron cerca de mi mamá, pero uno de nuestros vecinos que estaba a un lado gritó de repente y levantó su brazo derecho pues había sido herido. Alguien ató una bufanda alrededor de la herida para detener la sangre. Otra ambulancia se llevó al hombre a la misma sala de emergencias a donde habían llevado a mi papá. Nos refugiamos dentro del edificio y cerramos todas las puertas y ventanas. Nunca nadie me había disparado y ni siquiera había oído un disparo de cerca en mi vida. No había nada que pudiera hacer.

Yo era muy pequeño aún e indefenso como para ayudar a mi familia. Jamás me había sentido tan mal.

Mi tío Federico llegó en su taxi y se llevó a mi mamá al Hospital Brookdale. "Vayan a donde su tía Victoria", me dijo a mí y a mi hermano. "Quédense ahí hasta que sepamos más de su papi".

Regresó la policía y los agentes se ubicaron enfrente de nuestro edificio para ahuyentar a los criminales. Verlos ahí hizo que me calmara, pero pensé que, si hubieran estado ahí antes, patrullando el área, dos personas no habrían resultado heridas. Casi me había quedado sin mi mamá y mi papá el mismo día.

Después, me enteré de que mi papá había recién estacionado su taxi frente a nuestro edificio, tras un largo día de trabajo, cuando dos tipos lo rodearon, uno a cada lado. Él siempre llevaba el radio del taxi en su mochila, para cuidar de él. Los hombres le robaron la mochila y 170 dólares en efectivo, es decir, todo el dinero que había ganado ese día tras dieciséis horas de trabajo. Para nosotros, eso era mucho dinero.

Dos semanas antes, cuando vi a unos niños jugando al fútbol en la acera, afuera de nuestro edificio de siete niveles con escalera de incendios, el barrio y el edificio me parecieron firmes, confiables, y me dio la impresión de que estaríamos a salvo ahí. No pensé que fuera un lugar endeble y quebradizo, como el techo de nuestra casa de madera en la finca de mi abuelo en la República Dominicana que salió volando cuando el huracán David impactó la isla en 1979. Yo era apenas un bebé recién nacido y según mis abuelos casi muero esa vez. La casa también se inundaba cada vez que llovía. Nuestro apartamento de una sola habitación en Nueva York era pequeño y estaba equipado con un sofá cama en vez de una cama tradicional, y tenía que compartirlo con mi hermano. Sin embargo, estaba seguro que nuestro nuevo hogar, hecho de ladrillos y en medio de un grupo de edificios de apartamentos, un edificio lleno de familias de escasos recursos como la nuestra, podía soportar las inclemencias del tiempo.

Hasta entonces, había sido un cambio duro.

Las tuberías tintineaban a todas horas. Canciones de *reggae* y *hip hop* sonaban a todo volumen de las ventanas y competían con las canciones de Ana Gabriel, una cantante mexicana con voz rasposa, que mi mamá ponía mientras cocinaba y limpiaba el apartamento. La gente hablaba en idiomas que yo no conocía. Toda la noche escuchaba las alarmas de los carros cuando los ladrones entraban a robar lo que encontraban dentro. Chasis de autos sin ventanas, llantas o luces, y llenos de basura y grafiti, y puestos sobre bloques de cemento, adornaban las calles desoladas de mi barrio. No podías salir de noche sin que un ladrón o pandillero te amenazara. Pero, eran incluso peores los reportajes de Telemundo que decían que, en el último año, en los barrios de Nueva York, ladrones habían asesinado a ochenta y cinco conductores de taxi para robarles los radios o su dinero.

Incluso antes de enterarme de los asaltos contra taxistas, ya le tenía miedo a este país tan extraño. Crown Heights no se parecía al Nueva York que veía en las películas. Me preguntaba dónde estaban los autos de lujo, los rascacielos y los grupos de gente que se reunían en Times Square para ver la caída de la bola para festejar la llegada del año nuevo.

Desde que mis padres se habían separado tras mi nacimiento, hasta cuando nos mudamos a Brooklyn, yo no conocía a mi papá. Nunca había visto una foto suya. Había crecido con mi mamá, mi hermano mayor Tony, mis abuelos y mis otros dos medios hermanos que eran hijos de otros dos hombres. Yo tenía nueve años la primera vez que conocí a mi papá en persona. Él fue a nuestra casa en Villa Sinda y nos trajo a mí y a Tony bicicletas BMX. Esas bicicletas eran como un milagro para nosotros. No teníamos nada parecido en la finca donde jugábamos con rocas; esos eran nuestros juguetes. Fabricábamos pelotas con medias viejas, cortábamos agujeros a pedazos de cartón para usarlos como guantes de béisbol, usábamos palos de madera como bates y usábamos ceniza del fogón para marcar las bases de nuestra cancha de béisbol.

Después de darle las gracias a mi papá, mi mamá me dijo, "Pídele la bendición". Era costumbre nuestra pedir ser bendecido.

"Ción, tío", dije, escondiéndome detrás de ella.

Mi mamá sonrió suavemente. "Él no es tu tío, tontito. Es tu papá".

Dijo que, después de tres años, estaba de visita, que venía de los Estados Unidos y que se estaba quedando con sus padres, con el abuelo Fillo y la abuela Andrea. No entendía qué estaba pasando. ¿Dónde había estado toda mi vida? Al día siguiente, mi papá nos regaló a mí y a Tony camisetas nuevas, pantalones, zapatos de vestir y un llavero Echo que funcionaba con pilas y reproducía el sonido de un avión de combate, una sirena de policía y el de una pistola. Mi mamá pidió hablar con nosotros. Anunció que había vuelto con mi papá y dijo que nos íbamos a mudar a Nueva York, donde mi papá vivía desde 1983. Él tenía residencia, y un abogado migratorio estaba ayudándole para llevarnos con él a los Estados Unidos. No me gustaba la idea de dejar a mi medio hermano y medio hermana en la República Dominicana, pero mi mamá estaba feliz y llena de esperanza, e intenté sentirme igual que ella.

Las últimas dos semanas en los Estados Unidos había sido el único tiempo que nosotros cuatro habíamos vivido bajo un mismo techo. Mi papá me llevó a mi primer día a la escuela, al doctor y a la tienda Bargain Center de la avenida Pitkin donde me compró mi primer abrigo de invierno. Me enseñó cómo comprar el peaje para usar el transporte público, me compró un mapa de la ciudad y me dio instrucciones en español. A pesar de haber vivido en los Estados Unidos por más de una década, mi papá no hablaba bien el inglés, pero entendía todo lo que le decían. "Toma este bus", me dijo él. "La tarifa es de cincuenta centavos y bájate en la sexta parada. Jalas el alambre cuando te quieras bajar".

Después de eso, tuve que valerme por mí mismo.

No quería estar solo otra vez. Mi papá no tenía dinero para llevarnos a Nueva York a todos al mismo tiempo, así que mi mamá y Tony viajaron primero. Lloré casi todas las noches en la casa de mi abuela, pensando que me habían abandonado. Como no teníamos teléfono en casa, y era muy caro hacer llamadas de larga distancia desde cualquier lugar de la isla, le escribía cartas a mi papá rogándole que no se olvidara de mí. Me emocioné mucho cuando mi abuela me dijo, un mes después, que mi papá había tomado prestado dinero suficiente para pagar por mi boleto de avión. Mis plegarias habían sido escuchadas.

El día del vuelo, me levanté a las cuatro de la mañana. Era la primera vez que me subía a un avión. Había imaginado que podía sacar la mano por la ventana para tocar las nubes, pero luego descubrí que no podía abrir las ventanas. Estaba tan emocionado de viajar con Evelina, una amiga de la familia quien me tomó de la mano y me compró una Coca-Cola y maníes, y luego una cena de puré de papa, carne y arroz. La azafata me regaló un pequeño avión de plástico rojo, blanco y azul con el logo de American Airlines. Atesoré ese juguete por mucho tiempo, y para mí fue un símbolo de las cosas buenas por venir. En el campo, dormía en un colchón junto a mi hermano, un primo y mi tío Carlos, y comía mayormente lo que habíamos sembrado y cosechado en las fincas. Tenía solo varias camisetas y pantalones. Apenas teníamos acceso a agua potable y electricidad. Imaginé que, en los Estados Unidos, iba a tener mi propia habitación dentro de una casa más grande y mucha ropa, que iba a comer comida de todo tipo, que iba a tener muchos juguetes y una gran televisión a color. Pero las cosas no fueron así.

Me acostumbré a vivir en un espacio chiquitito, jugando a las traes y a las escondidas con mis primos. Un día, le pregunté a Modesto, "¿Quiénes son esos de sombreros y vestidos negros?".

"Son judíos jasídicos", dijo. "Están enojados con unos vecinos que robaron e incendiaron sus tiendas, después de que un hombre judío matara por accidente a un niño afroamericano".

Un corresponsal de un canal de habla hispana dijo que durante el verano pasado había ocurrido disturbios en Crown Heights. La tensión racial persistía en el barrio. De camino a la escuela, durante la primera semana de clases, con regularidad me veía en medio de manifestaciones.

Tras ver lo violento que era Eastern Parkway, de repente quise que todos volviéramos al campo. Puede que hayamos sido unos granjeros pobres, que iban con un abuelo u otro en función de cuándo necesitaban ayuda para plantar tabaco y maíz, pero al menos allí nos sentíamos seguros, excepto cuando había huracanes.

Todo era más difícil acá. Mi papá se levantaba temprano para ir a trabajar. Iniciaba su turno a las cinco de la mañana y no regresaba a casa sino hasta las nueve de la noche. Cuando volvía a casa, quería contarle sobre mi clase de matemáticas o hablar del desempeño de beisbolistas dominicanos como Sammy Sosa o Pedro Martínez. Pero él no quería hablar de la escuela o de deportes. No le importaban. Estaba demasiado cansado del trabajo como para jugar conmigo.

En vez de eso yo le decía buenas noches y, "Ción, papi querido".

Y él respondía, "Que Dios te bendiga".

Deseaba abrazarlo o darle un beso, o que me arropara en la cama, pero no teníamos ese tipo de relación.

¿Acaso la vida no debía ser más fácil en Estados Unidos? Extrañaba a mis abuelos. Pero, aunque mi papá hubiera querido regresarnos a la República Dominicana, no tenía el dinero para comprar los boletos. Solo tenía para pagar las cuentas. Era un hombre austero y nos recalcaba que con el dinero que él ganaba solo podía pagar la renta, comprar comida y enviarles dinero a sus parientes que vivían a 1,500 millas de Nueva York. Por eso mi mamá cocinaba montones de pastelitos estilo dominicano de carne de res y pollo. Ella iba de tienda en tienda, vendiendo porciones a un dólar, para así comprar más comida y todo lo que nos pedían en la escuela, y enviarles un poco de dinero también a sus familiares. Después de la escuela yo iba a vender la comida. Toda mi ropa olía a masa frita, y eso me hacía sentir pobre.

Hablar de dinero solo hacía que mis papás gritaran más fuerte.

"¡Hija de la semilla! La casa hiede a tus pastelitos de pollo", se quejaba mi papá.

Mi mamá entonces abría las ventanas y cerraba la puerta de la habitación atrás de él y la sellaba con toallas, para mantener el olor fuera de la habitación donde él estaba. Pero entonces hacía frío dentro del apartamento.

Me dolían los oídos cuando mi papá le hablaba así a mi mamá.

"No pasa nada", decía ella, pero me preocupaba que él se fuera otra vez y nos dejara solos en esta ciudad tan peligrosa.

La noche que acuchillaron a mi papá, Tony y yo dormimos en el apartamento de tía Victoria, al otro lado del edificio y junto a sus tres hijos. La mañana siguiente mis papás seguían en el hospital. Mi tía Victoria entonces nos dijo que fuéramos a la escuela; ni siquiera sabía si mi papá estaba vivo o no. Después de terminar la tarea, Tony jugó *Super Mario Bros.* y *Street Fighter* con los otros niños. Yo no tenía ganas de jugar. Recé para que no muriera mi papá, para así tener la oportunidad de conocerlo. Mi primo Benny me regaló unas tarjetas de colección de béisbol de Derek Jeter y Sammy Sosa. "Quiero que tú las tengas", dijo y me puso la mano sobre el hombro.

"Gracias", le dije; estaba conmovido. "Pero está bien. No tienes que darme tus cosas".

"Te las regalo. Hará que te sientas mejor", insistió y dijo que podíamos ir a la tienda a comprar unos protectores de plástico, para proteger las tarjetas.

"Quilo, no te preocupes", me dijo mi tía. "Todo va a estar bien".

Yo sabía que no era cierto.

Era martes, después de clases y mi mamá no había vuelto a casa. Por fin alguien nos dijo que nos preparemos y luego mi tío Federico nos llevó en su taxi al hospital, donde estaba mi mamá. Hacía frío dentro del hospital y solo mi mamá podía entrar a ver a mi papá; Tony y yo podíamos entrar únicamente durante las horas de visita. Mi papá estaba en cama, tenía puesta una bata de hospital color azul y estaba conectado a una máquina que nos dijeron era un monitor cardiaco; la máquina parpadeaba luces de todos colores. Tenía miedo de que las puertas automáticas en la entrada de la habitación de mi papá me aplastaran, así que me quedé afuera en el pasillo.

Mi mamá nos dijo que los ladrones habían apuñalado a mi papá varias veces en el brazo y que había perdido mucha sangre. Ella se veía exhausta. El doctor nos explicó que mi papá estaba sedado e inconsciente. Cuando le pregunté qué significaba eso, me dijo que mi papá tenía sueño y no podía hablar mucho. Sentí un gran alivio cuando mi papá volteó a verme y asintió la cabeza. Me acerqué a su cama y lo abracé suavemente para no hacerle daño. Él tomó mi mano y la apretó, como si dijera, "Me alegro de que estés aquí, hijo. Te quiero mucho", pero como siempre, él no dijo esas palabras.

La próxima vez que lo vi estaba más alerta y agradecido de estar vivo, pero le preocupaba que no tuviéramos dinero para pagar la cuenta del hospital, pues tampoco tenía seguro médico. "Discúlpenme que no puedo trabajar ahora. Le debemos dinero al arrendatario. Espero que ustedes puedan hacerse cargo", nos dijo a Tony y a mi. "Sigue haciendo esos pastelitos", le dijo a mi mamá.

"Ahora sí te gustan, ¿no?", le respondió ella.

Mi papá recibía medicina por vía intravenosa, y la enfermera nos preguntó nuestro tipo de sangre porque mi papá necesitaba una donación. Quise dar de mi sangre, pero mi mamá dijo que estaba muy pequeño para donar sangre. El doctor nos dijo que mi papá estaba estable, pero que su salud aún era frágil.

Por años todos estuvimos muy frágiles.

2

Secretos y mentiras

Brooklyn, marzo de 1994

CONFORME MI PAPÁ SE RECUPERABA, LA VIDA EMPEZÓ a sonreírnos. Logramos tener un ritmo de vida bastante cómodo. Después de clases, Tony y yo jugábamos al béisbol en el parque. Mi mamá trabajaba como cocinera en un restaurante, y muchas veces llevaba comida a casa como pollo asado sazonado con orégano y ají, acompañado con arroz y gandules y pimienta, además de un delicioso flan que comíamos de postre. Como mi papá aún no podía trabajar, pasaba más tiempo en la casa y todos comíamos juntos. Parecía que por fin éramos una familia normal.

Cuando Tony cumplió dieciséis años, empezó a trabajar como mecánico por las noches y durante los fines de semana. Mientras yo salía a vender los pastelitos fritos de mi mamá cada tarde, a los catorce años empecé a organizar las estanterías de una *bodega* que estaba a una cuadra de mi casa. La tienda les pertenecía a unos inmigrantes dominicanos. Ellos me dijeron que admiraban lo rápido que yo bajaba las cajas de los camiones y me pagaban cien dólares a la semana. Cada pago me hacía sentir más afluente.

Mi abuelo Fillo una vez me dijo, "Siempre comparte lo que tienes con tus familiares y ayuda a los menos afortunados". El sacerdote de la iglesia a donde íbamos nos motivó a darle el diez por ciento de nuestros ingresos. Me gustaba dar mi parte. Yo solo me quedaba con el diez por ciento de mi salario y les daba el resto de dinero a mis abuelos en el caribe y a mi mamá.

Esperaba con ansia la Noche Buena, para comer cerdo al horno, moro de habichuelas, arroz mixto, ensalada rusa y bizcocho de guayaba. Para celebrar las fiestas con mi familia, dibujé tarjetas navideñas con marcadores y, con el dinero que ganaba en la *bodega*, les compré regalos a todos. Una gorra de los Yankees para Tony. Una blusa *beige* para mi mamá. Un suéter azul para mi papá. Él me dio las gracias y un abrazo. Mientras mi papá nos mostraba a Tony y a mí las luces navideñas en Brooklyn y Queens, tuvimos la oportunidad de conocerlo un poco más de cerca. Sin embargo, yo nunca sabía qué lo hacía enojar.

"¿Por qué gastas tanto dinero en estas porquerías?", me dijo una mañana, viendo mis nuevos zapatos Nike rojos y blancos y mi mochila JanSport color azul.

Generalmente me quedaba callado cuando se enojaba conmigo. Pero, esa vez me defendí. "Todos los niños en la escuela tienen unos iguales, papi. Yo quería tenerlos también".

"¿Dónde está el recibo?", dijo. "Antes debiste haberme pedido permiso".

"Pero yo trabajé para ahorrar dinero y comprármelos", dije, escupiendo las palabras.

"Es un niño bueno, José", mi mamá le dijo a mi papá, mientras yo le entregaba mi salario a ella. "Gracias por ayudarnos, Quilo". Me dio un beso en la frente y me devolvió un par de billetes para que pudiera comprar lo que yo quisiera.

Tony me consiguió un trabajo de medio tiempo en el taller de mecánica. Ambos seguimos trabajando y ahorrando. Un día compramos bicicletas para ir a trabajar en ellas. No faltamos ni un solo día al trabajo, ni cuando había dos pies de nieve en el suelo y se nos congelaban las manos en el manubrio. Si nos caíamos de las bicicletas, de inmediato nos levantábamos del suelo y seguíamos pedaleando. Éramos los únicos niños que salían en bicicleta durante las tormentas de nieve.

En la República Dominicana, yo era un estudiante promedio, y después de vivir dos años en los Estados Unidos, todavía tenía problemas en la escuela. Hacía pedazos el inglés, y aún pensaba y soñaba en español. Mis papás hablaban español en casa y solo miraban Telemundo. En mi escuela primaria, la Secundaria Mahalia Jackson, me asignaron a clases de inglés. Tuve que tomar una prueba para saber mi nivel de inglés pero, como no entendía ni papas, llené las casillas de la hoja de respuestas en zigzag y reprobé la prueba. No les dije nada a mis padres y ellos nunca hablaron de mis malas calificaciones. Cada vez que levantaba la mano para pedir la palabra en clase, mi maestra me ignoraba. Me sentía frustrado. Entonces, le pedí a un amigo que hablaba inglés y español que me tradujera las lecciones. En vez de encontrar una manera de ayudarme, la maestra me regañó y me envió a la oficina del director de la escuela por "interrumpir la clase". Reprobaba todas las clases, excepto la clase de español y educación física. Era bueno para jugar béisbol. Sin embargo, me sentía como un tonto y estaba deprimido; entonces me enfocaba en hacer otras cosas. Acepté un trabajo en un lavadero de carros y como ganaba más dinero, eso hizo feliz a mi mamá. Luego, me enamoré de una linda chica dominicana con pelo largo, oscuro y rizado que se sentaba a la par mía en clase. Mariela era una buena estudiante y siempre sacaba buenas calificaciones. Cuando ella se llegó a sentar a mi lado en la cafetería, sabía que también yo le gustaba a ella. Le regalé una galleta de chispas de chocolate y unos M&M's, y le escribía poemas y hacía dibujos para impresionarla.

"Miren a los enamorados", decían mis compañeros de clase.

Un día, Tony y yo llegamos a la casa y oímos gritos. Pasamos por la puerta y oímos a mi papá gritar, "¡Aquí tienes el maldito dinero!", y lo vimos tirar diez billetes de un dólar al piso, irse a su cuarto y cerrar la puerta de golpe.

Mi mamá estaba llorando. Nos explicó que ella había pagado las cuentas con su dinero y que solo tenía para comprar arroz y habichuelas para la cena. Entonces, le pidió a mi papá diez dólares para comprar alitas de pollo en un restaurante chino que estaba cerca de la casa.

"No te preocupes", le dije a mi mamá. Me sentí mal que mi papá se había comportado como un idiota. Saqué de mis bolsillos cinco billetes de un dólar que había recibido de propina y se los entregué a ella.

"Que él se quede con su maldito dinero", dijo Tony, dándole un billete de cinco dólares.

Ella asintió la cabeza y nos dio las gracias. "Quilo, ¿quieres ir conmigo a comprar la comida?".

"Claro", dije. De camino al restaurante, le pregunté si sabía cómo decir "alitas de pollo" en inglés o chino.

"Yo solo hago así", dijo, con las manos bajo las axilas y aleteando como un pollo.

"¿Es en serio?", dije.

Ella hablaba en serio, y los dos empezamos a reír. Y, efectivamente, en el restaurante, como la gente ahí solo hablaba chino, mi mamá aleteó como un pollo, mostró diez dedos y le prepararon diez dólares de alitas de pollo.

De regreso a casa, vi cuando mi papá tomó los billetes que había tirado al suelo y los puso en seguida dentro de su billetera. Él vio que mi mamá puso la bolsa de pollo en la mesa y, entonces, agarró tres piezas de pollo y se las metió en la boca. Masticó rápidamente la comida que él ni siquiera había pagado. Eso me enojó mucho.

Una semana después, de camino a casa después de salir de clases, iba soñando que le pedía a Mariela que fuera mi novia, cuando de repente mi mamá abrió la puerta bruscamente; estaba histérica. "Es tu padre", dijo, llorando.

Habían atacado otra vez a mi papá, y fue peor que antes. Me dijo que mi papá había recogido a un pasajero cuando este, desde el asiento de atrás, le metió un cuchillo grande de cocina en el costado y le robó todo su dinero. El ladrón le había perforado varios órganos. Mi papá se debatía entre la vida y la muerte.

Mi tío Federico nos llevó al hospital en su taxi. Le pregunté a él por qué tenía una división de plástico entre el asiento delantero y los asientos de atrás. Él dijo que era para prevenir robos, y me mostró cómo funcionaba la barrera.

"¿Papi no tiene de estas en su taxi?", dije, sintiéndome enfermo en el estómago.

"Sí, pero a lo mejor se le olvidó subirla". Tío Federico sacudió la cabeza de un lado a otro, le dio un puño al volante y dijo, "Coño, maldita sea".

Mi papá estaba en el mismo hospital de la vez pasada. Cuando entramos a su habitación estaba conectado a otro tipo de máquinas y parecía medio muerto. Tenía puesta una bata verde, estaba conectado a un monitor cardiaco, un tubo le salía de la boca y tenía una aguja intravenosa en el brazo. Tenía los ojos cerrados y una ligera barba gris por no haberse rasurado ese día; se veía como un anciano. Apenas parecía estar vivo. Mi mamá recibió una bolsa de plástico con el reloj y anillo de mi papá. El doctor le dijo que mi papá estaba en coma y que si no despertaba pronto, iban a tener que desconectarlo del sistema de soporte vital. Por varios días le tomé la mano a mi papá y le daba apretones, con la esperanza que respondiera. A pesar de cómo nos trataba, él era mi papá. Yo no quería que muriera.

Afortunadamente, esa semana mi papá recuperó el conocimiento poco a poco. Sin embargo, una tarde que mi mamá y yo llegamos a verlo en su habitación había una mujer inclinada sobre su cama, hablándole y sosteniéndole la mano. Ella estaba muy arreglada, tenía el cabello rubio y los labios pintados de rojo, llevaba zapatos de tacón y se había puesto perfume. Aunque mi mamá vestía un par de *jeans*, llevaba tenis y el cabello en una moña, y no llevaba nada de maquillaje, ella era más bonita que esa señora. Pero, por correr de un lado a otro por el trabajo, hacer pastelitos en casa y visitar a mi papá en el hospital, mi mamá no tenía mucho tiempo para arreglarse. La otra señora estudió con atención a mi mamá. La miró de arriba abajo.

"Tienes cinco minutos para irte, mujer. Cuando vuelva, más te vale que ya no estés aquí", siseó mi mamá; le temblaba la boca como si estuviera a punto de perder la compostura. "Voy a dar una vuelta", dijo y me dejó ahí con mi papá y esa mujer.

La señora abrazó a mi papá rápidamente y le dijo, "Hablamos después".

"Es solo una amiga", dijo mi papá mientras ella salía de la habitación.

Inconsciente de lo que acababa de ver, sentí como si acabara de recibir un gran golpe, y no estaba seguro de quién debía preocuparme más, si de mi papá recostado medio muerto en una cama de hospital o de mi mamá que acababa de perder la compostura y que salió de la habitación para que yo no la viera llorar. Cuando mi mamá volvió, reclamó con autoridad:

"¿Quién era ella?".

"Estela se enteró de que casi me muero y se preocupó mucho", contestó mi papá, intentando explicar la situación.

Él luego dijo que Estela era "solo una amiga" que conocía desde hace años. Elegí creerle hasta un viernes por la tarde, un mes después, cuando le dieron de alta del hospital. La enfermera nos dijo que mi papá tenía que descansar. Rápidamente moví todos los muebles dentro del cuarto de mis papás para que estuviera cómodo y no tuviera que levantarse. Compré un cable de teléfono más largo que el que teníamos y puse el teléfono fijo sobre una mesa, cerca de él, para que pudiera llamar a sus parientes. Unas cosas que él tenía en su mesa de noche cayeron al suelo. Mientras las recogía, vi un montón de fotos dentro de un sobre de papel. Traté de hallarme en la pila de fotos, pero en vez de eso vi a un niño y una niña, a quienes no conocía, de unos tres o cuatro años. El niño se parecía a mí cuando yo tenía esa edad.

"¿Y ellos quiénes son?", le pregunté a mi papá.

"Son tus primos", dijo.

Pensé en los hijos de todos mis tíos y mis tías, así como familiares del lado de mi mamá.

"¿De dónde? ¿Quiénes son sus papás?".

"No te preocupes", balbuceó.

Algo estaba mal. ¿Por qué tendría fotos de primos que yo nunca antes había visto? Si eran hijos de algún pariente suyo, los habría de conocer, ¿no? Serían parientes míos también.

En las próximas semanas, el teléfono sonaba día y noche. Si yo contestaba la llamada, la persona al otro lado colgaba. Un día mi mamá contestó el teléfono y escuché a Estela gritar al otro lado de la línea, "¡Él es mío, él todavía quiere estar conmigo!". Mi mamá estaba súper enojada.

Tardé algo de tiempo en entender lo que estaba pasando: mi papá había vivido con Estela los años que estuvo separado de mi mamá. Después de que ellos dos se separaron, él regresó con nosotros. Los "primos" de los que mi papá hablaba eran, en realidad, mis medios hermanos. No podía creer que mi papá había tenido dos hijos con Estela de los cuales nunca nos había hablado. Ellos también vivían en Nueva York, no muy lejos. Pude haber pasado al lado de mi hermana y mi otro hermano en la calle sin saberlo. Mi mamá también había tenido dos hijos con alguien más, después de haberse separado de mi papá, mi hermanito Giovanny y mi hermanita Liliana. Ellos vivían con sus abuelos en la República Dominicana. Hablábamos por teléfono y les enviábamos cartas cada semana. La diferencia es que mi mamá nunca mintió o escondió la verdad de nosotros o mi papá.

Mi mamá estaba devastada y se sentía traicionada, igual que yo. A pesar de todo, ella seguía dándole de comer, limpiando y cuidando a mi papá, pero se volvió más callada. Apenas le dirigía la palabra a él.

Así que esa era la razón por la que mi papá llegaba a casa tan tarde y tenía tan poco dinero que no podía ni siquiera pagar por unas alitas,

¡porque tenía que mantener a dos familias! El dinero que él ganaba era asunto suyo, pero no era correcto que tomara de mi dinero por el que había trabajado tan duro. No era mi responsabilidad ayudar a mantener a su otra familia que él había tenido a nuestras espaldas. A partir de ese momento, hice lo que quería con mi dinero.

Imaginé contarle a Mariela todo lo horrible que había pasado pero, ese lunes, al llegar a la escuela, vi que ella no estaba en el salón. Alguien me contó que se había mudado. Una amiga de ella me dio su número de teléfono y *beeper*. Intenté hablar con ella por ambas vías una y otra vez, pero nunca respondió. No importa con quién hablara, no pude hallar su paradero. Mariela ni siquiera se despidió de mí.

Todo a mi alrededor daba vueltas. Quería escapar. Le dije a mi mamá que estaba ahorrando para irme de vuelta a la finca del abuelo Fillo, en la República Dominicana, donde yo pertenecía. No quería vivir en un país donde no era aceptado, lleno de maleantes que seguían haciéndole daño a mi papá y donde vivía una mujer con la que él había tenido otros dos hijos y quien quería alejarlo de nosotros justo cuando yo finalmente había empezado a tener una relación con él. Todo me parecía muy injusto y desastroso, y yo era incapaz de arreglar las cosas.

3

Aquí no hay nada para ti

República Dominicana, diciembre de 1995

TRAS REPROBAR CINCO DE SIETE CLASES EN EL NOVENO grado, me sentía perdido y deprimido, así que dejé de ir a la escuela para jugar al baloncesto en la calle. Un día, tratando de alcanzar la canasta, otro niño me dio un codazo en la cabeza. Mareado y cubierto de sangre, caí al suelo. Tomé una camiseta y la usé para detener la sangre, mientras corría hacia la sala de emergencia del Hospital Kings County, a un par de calles de distancia. Como no teníamos seguro médico, di un nombre falso. Tuvieron que ponerme cuatro puntos arriba de mi ojo derecho. Peiné mi largo cabello rizado sobre la cicatriz para que mis papás no la vieran, pues seguro que los decepcionaría y me castigarían. Sabía que ellos tenían demasiados problemas como para prestar atención a mi herida, mis calificaciones o a mi comportamiento. Mi papá aún no se había recuperado totalmente de la segunda apuñalada. Mi mamá estaba exhausta de tanto trabajar, pues tenía que ganar el dinero que él no podía ganar por quedarse en casa. Después de descubrir que mi papá tenía otra familia, mi mamá casi ni hablaba con él. Para no empeorar las cosas, no les conté que tenía problemas en la escuela, así que falsifiqué su firma en mi boleta de calificaciones y pensé en un plan secreto. Empecé a trabajar horas extra en el lavadero de carros y en la venta de llantas todos los días, después de clases, e incluso los fines de semana. Ganaba sesenta dólares al día, sin contar las propinas y en poco tiempo logré ahorrar dos mil dólares, lo suficiente para volver a la isla.

"Ya no quiero estar aqui", le dije a mi mamá. "Me iría mejor si estuviera en la granja del abuelo".

"Pero ¿qué pasa, Quilo?", me preguntó, muy asustada. "Me puedes contar cualquier cosa".

Pasaba de todo. "Me cuesta mucho hablar inglés. Nadie me ayuda. Cuando no puedo pronunciar bien las palabras, los niños se burlan de mí. Le pedí ayuda a la profesora Wilson, pero ella me castigó y me mandó a la oficina del director", dije, con los ojos llenos de lágrimas. "Reprobé casi todas mis clases. Ya no puedo con esto".

"Ay, Quilo, perdóname", dijo mi mamá y parecía estar en *shock*. "A ver, dame un abrazo". Me secó las lágrimas y luego me sostuvo en sus brazos.

Yo extrañaba vivir en la finca. Extrañaba los animales, el aire fresco, trepar los árboles. Me sentía muy solo, aun cuando trabajaba con mi hermano en el taller de llantas. Además, me asusté mucho cuando detuvieron a Tony y casi lo arrestaron por defenderse en una pelea. Después de que unos niños trataron de robarme mi mochila nueva, vivía con miedo de que me asaltaran unos pandilleros o alguien me apuñalara como a mi papá. Ni siquiera le dije cómo me afectó ver a mi papá en coma o qué sentí al enterarme de que era un mentiroso y que tenía otra esposa y dos hijos con ella, o que estaba triste porque Mariela se había ido sin siquiera decirme adiós.

Abracé a mi mamá con fuerza. "No pertenezco aquí. Mi papá siempre está todo raro o enojado. Tony ya está grande y no quiere pasar tiempo conmigo. Extraño al abuelo Fillo, a Giovanny y Liliana". A parientes en la isla les había mandado algunas fotos y escrito historias sobre los puentes y rascacielos en los Estados Unidos, pero como el correo tardaba tanto en llegar, y a veces se perdían las cartas, era más fácil esperar a que viniera alguien de la República Dominicana y se llevara las cartas en avión y luego nos trajera las respuestas a Brooklyn. "Odio esperar un mes para recibir sus cartas".

"He estado tan preocupada por el dinero y tu padre que no me di cuenta de que tú estabas tan triste", dijo mi mamá.

"Tengo suficiente para comprar el boleto de vuelta a casa. Ya hasta empaqué mis cosas". Fingí que solo quería ir de vacaciones. Ella no sabía que no quería volver a los Estados Unidos.

"No quiero que viajes solo", dijo mi mamá. Pensé que me iba a decir que no podía ir, pero me sorprendió cuando dijo, "Me voy contigo cuando tenga dinero para pagarme el boleto".

"¿Estás hablando en serio?", le pregunté. "Voy a trabajar más horas para ayudarte. Vendamos más pastelitos de carne".

Mi papá se había recuperado lo suficiente como para volver a empezar a trabajar, y mi mamá empezó a trabajar más horas en sus dos trabajos. Nosotros ahorramos el dinero rápidamente. Llevé seiscientos dólares a una agencia de viajes y el dueño dijo que iba a hacer las reservaciones para mí. Me entregó los boletos al día siguiente. Estaba tan emocionado que no me importó pagar por dos boletos de ida y vuelta, a pesar de que no iba a regresar a Nueva York. Faltaba un mes para el viaje. Íbamos a viajar a inicios de diciembre, solo mi mamá y yo. Tony no quiso ir con nosotros porque tenía planeado ir por su cuenta en el verano. No había visto a mis familiares en más de tres años y no me aguantaba las ganas de volver a casa.

Trabajé horas extra para comprar regalos de Navidad. En un mercado chino en la avenida Utica, les compré regalos baratos a mis parientes. Llené una maleta con zapatos Nike, camisetas Hugo Boss, ropa interior, un Game Boy para Giovanny y Liliana, un vestido con florecitas de quince dólares para mi abuela Andrea, un pantalón de vestir de diez dólares para el abuelo Bienvenido y una chaqueta y un par de pantalones que combinaban con la chaqueta para mi abuelo Fillo. En una de las piernas del pantalón vi una etiqueta que decía "Hecho en la República Dominicana" y pensé que quizás la habían hecho en una de las fábricas donde trabajaban otros familiares. Me pareció irónico saber que ellos fabricaban ropa que no podrían comprar y que yo les iba a llevar pantalones que tal vez ellos mismos habían hecho.

A mis tías, tíos y primos llevaba unos jabones miniatura, champús y pasta de dientes, que eran más baratos en los Estados Unidos. Mi mamá buscó un perfume para su madre, pero yo le llevaba unos regalos muy especiales a abuela Josefita: M&M's, Skittles y gomitas. Una vez, cuando tenía siete años, ella me pidió que fuera a la tienda a comprar azúcar y canela, y me dijo, "Quédate con el cambio".

Compré varios dulces y me los comí de camino a casa. Cuando mi abuela me pidió que le diera un dulce, me metí el último en la boca y le dije, "Solo si me das más dinero".

"¿Te acabo de dar dinero y aun así no vas a compartir conmigo?", dijo, riéndose. Se volvió una broma nuestra.

Mi papá nos vio empacando y entonces me dijo, "Dale estos ciento treinta dólares a tu abuela Andrea". No le dijo nada a mi mamá. Su relación se había deteriorado desde que lo vimos en el hospital con Estela, quien había tenido el atrevimiento de seguir llamando por teléfono a mi mamá para acusarla de que se había robado a su hombre y el papá de sus hijos. Cuando mis papás hablaban, solo era para discutir. Hasta pensé que él querría que nosotros nos fuéramos para así estar con Estela y sus hijos.

Para empeorar las cosas, mi papá dejó que su recién llegado primo Agusto, un hombre de treinta años, viviera con nosotros "por un rato" sin siquiera preguntarle a mi mamá. Me caía bien Agusto. En el campo, él trabajaba como conductor de bus, y solía darme viajes gratis a las casas de mis abuelos. Pero tenerlo en casa significaba que Tony y yo teníamos que compartir el sofá cama con él. Así que cada noche me sentía apretado e incómodo. No me sorprendió que mi papá no se ofreció a llevarnos al aeropuerto o pagar el peaje del taxi. Por eso le pedí a mi tío Federico, el hermano de mi papá, que nos llevara al aeropuerto JFK. El vuelo salía a las ocho de la mañana, y tenía miedo de que lo cancelaran por la nieve, pero ni siquiera lo atrasaron.

Como quería llegar a casa vestido como un ganador, llevaba mis tenis Nike modelo Scottie Pippen, unos pantalones color crema marca Tommy Hilfiger y una chaqueta azul Hugo Boss. Facturamos cuatro maletas, una maleta de mano y mi mochila que iba llena de regalos. Casi todos en el avión hablaban español e, igual que nosotros, llevaban regalos para sus familias. En el avión sirvieron moro de habichuelas, acompañado de pollo, y además tomé mucha Coca-Cola y jugo de naranja, que además eran gratis. Hubo turbulencia a mitad de nuestro vuelo de tres horas y media. Las azafatas les dijeron a todos que hicieran a un lado sus bebidas, que dejaran de fumar y enderezaran sus asientos. Mi mamá se puso pálida. Le tomé la mano, pensando en cómo le iba a decir que no la iba a acompañar de vuelta a los Estados Unidos.

Cuando aterrizamos, todos los pasajeros aplaudieron, se persignaron y dijeron, "Gracias a Dios". Me sentía alegre caminando dentro de un aeropuerto tan caótico y lleno de gente. Músicos dominicanos tocaban merengue ripiao con acordeones, tamboras, guitarras, trompetas y güiras; la música me daba la bienvenida de vuelta a casa. Todos se parecían a mí y hablaban igual que yo. Por primera vez en tres años estaba con mi gente y en un lugar donde sí pertenecía.

"Cambiemos dinero aquí", le dije a mi mamá, yendo por el camino indicado. Cambiamos doscientos dólares a pesos. Fuimos a buscar nuestras maletas y luego nos paramos en una cola desordenada que iba camino a la migración. Todo era muy desorganizado y tardamos más de una hora en entrar al país. A diferencia de en los Estados Unidos, en el aeropuerto no había rayos X para revisar las maletas, así que los oficiales de migración inspeccionaban todo a mano. Los agentes levantaron nuestra ropa al azar, buscando entre nuestras cosas si llevábamos algo de "contrabando".

"¿Dónde están los tenis negros para tu tío Carlos?", preguntó mi mamá mientras cerrábamos las maletas.

"No sé, no los veo", dije.

Mi mamá negó con la cabeza y susurró, "El agente de migración se los robó. Sabía que tenía que ponerle atención a lo que hacía ese tipo". En Brooklyn hubiéramos llamado a la policía si alguien nos hubiera robado de una forma tan descarada, pero recordé que aquí no había nada que pudiéramos hacer. No sabía qué agentes eran corruptos y quiénes incluso pedirían un soborno. Al menos no se quedaron con los M&M's de la abuela.

Mientras revisaban nuestras maletas, un agente de migración rompió la cremallera de la maleta de mi mamá, así que aseguré el bulto con los cordones de mis zapatos y una correa. Mientras cargaba mi mochila, levanté la maleta remendada sobre mi hombro y empecé a empujar un carrito donde llevaba nuestras otras cuatro maletas. Empecé a sudar porque tenía puesta una chaqueta que ya no necesitaba, pero estaba muy feliz de haber escapado de Nueva York, una ciudad tan fría, sucia y húmeda. Afuera, había calor. El sol y los ochenta grados me besaron la piel. La gente afuera tenía letreros con nombres escritos en ellos. Busqué a mi tío Carlos, el hermano de mi mamá. Él tenía dieciocho años, así era mayor que yo. Nos vio y nos saludó desde lejos.

"¡Quilo, Sabina!", gritó, abrazándonos. Me gustó ver que llevaba la camiseta de mangas cortas y unos *jeans* marca Levi's que nosotros le habíamos enviado. "Esta es mi novia, Yoenia". Mientras mi tío Carlos nos mostró dónde se había estacionado, su novia nos saludó. Un portero se apareció de repente frente a mí y despejó el camino para que pudiéramos salir.

"Hermano, ¿no me vas a dar algo de dinero por haberte ayudado?", preguntó.

"¿Ayudarme con qué? No soy tu hermano y además cargué las

maletas yo solo", dije. No podía creer que ese payaso quería una propina por no hacer nada. Se me había olvidado que debía tener cuidado con tipos que solo quieren aprovecharse de uno y que solo podía confiar en mi familia.

"Por favor, ¿algo para la Navidad?", rogó el hombre.

Le di las monedas que tenía en los bolsillos. "Tal vez tiene hijos y necesita dinero para ellos", le dije a mi mamá, mientras mi tío Carlos se encogía de hombros.

Él y Yoenia nos ayudaron a meter las maletas dentro del carro. Estábamos a una hora y media de la finca del abuelo. De camino disfruté ver las palmeras y la grama, y las cordilleras con las que había soñado. Saqué la cabeza por la ventana y sentí el aire caribeño en mi rostro. Pasar al lado de los puestos de comida en la calle me dio hambre. Paramos a comprar pescado frito y guayabas rosadas, las cuales me comí de inmediato. Sabían mejor que cualquier cosa que comía en Crown Heights.

Al llegar, mi tío Carlos sonó la bocina. Salió a recibirnos mi abuela Josefita, cuyo cabello estaba lleno de canas, y mi abuelo Bienvenido, quien tenía más arrugas debajo de los ojos. Otra docena de parientes llegaron a darnos abrazos a mí y mi mamá, diciendo, "Cuánto tiempo". Me conmovió la recepción. Se sentía bien estar de vuelta en la casa de mis abuelos, esa casa de cinco habitaciones y que estaba sobre un acre de tierra. Mis abuelos tenían acceso a electricidad, pero no a agua potable. Para ir al baño usábamos una letrina que estaba afuera. Mi abuelo trabajaba como carnicero en un matadero, por si no se daban las cosechas a causa de la reciente sequía.

"¿Cómo estás? Te hemos extrañado", me dijeron mis primos mientras llevaban las maletas a una habitación. Después de saludar a todos, abrí mis maletas y rápidamente entregué los regalos que había comprado. Sentía que era mayor, que tenía dinero y era alguien generoso, algo así como Papá Noel.

Giovanny, mi medio hermano de once años, estaba tan feliz con su camiseta de los Chicago Bulls y tenis Nike que se los puso de inmediato. Liliana encendió su Game Boy ahí mismo. Abuela abrió sus bolsas de dulces, se rio y me dio un beso en la frente.

"Cuando Quilo era más pequeño, no me daba de sus dulces", dijo a pesar de que todos ya conocían la historia. "Ahora los comparte conmigo".

Cuando yo vivía ahí, los familiares que vivían en otro país eran recibidos con un gran banquete. Ahora nosotros éramos los celebrados; nos recibieron como dignatarios extranjeros. Para la gran cena habían preparado ensalada de tomate, repollo, arroz con gandules, mi plato favorito, y, además, prepararon carne de chivo, la secaron al sol y añadieron sal, limón y orégano.

"¿Cómo es la vida en Brooklyn?", preguntaron todos durante la cena. Les mostré fotos de Nueva York que había tomado con una cámara desechable marca Kodak.

Hicieron más preguntas. "¿Es difícil aprender a hablar inglés? ¿Qué tal es la escuela allá? ¿Y la comida? ¿Y el trabajo? ¿Cuánto dinero ganas? ¿Es fácil volverse rico allá?".

"No", respondí. "Tienes que trabajar mucho y por muchas horas. La renta y la comida son más caras allá".

Hablé de forma casual con mis parientes y eso me hizo sentir importante. Me comportaba como si todo en los EE.UU. fuera maravilloso, pues no estaba listo para anunciarles a todos que me iba a quedar en la isla. Primero, tenía que decírselo a mi mamá.

Cuando vivía en la República Dominicana, compartía una habitación con mi medio hermano Giovanny, mi tío y un primo. Pero como estaba de visita, mis abuelos me dejaron quedarme en un cuarto yo solo. En la mañana, me sirvieron un desayuno dominicano tradicional conocido como mangú y compuesto de huevos con salami, queso, cebollas, plátano verde machacado y mantequilla. Era mejor que los Cheerios que comía en Crown Heights y lo único que tenía que hacer para ser tratado como un príncipe era no volver a los Estados Unidos.

Al día siguiente, le pagué a un amigo de la familia para que me llevara a la finca de mis abuelos paternos en Los Limones. Tardamos una hora en llegar. Fuimos en motocicleta sobre un camino de tierra muy desigual y lleno de polvo. La casa de mis abuelos paternos era más pequeña que la de mis abuelos maternos, y no tenían acceso a electricidad, pero tenían acceso a más tierra para cosechar. Me encantó ser el invitado de honor en otro banquete. Esta vez comí cerdo rostizado y ensalada de papa con otros diez parientes de ese lado de la familia. Entregué champús, pasta de dientes, artículos de baño, juguetes y el vestido de abuela Andrea. Me di cuenta de que ella había aumentado de peso. De repente ella se puso cariñosa y me dio un beso en la mejilla. A mi abuelo Fillo, mi abuelo favorito, le regalé un par de pantalones, una camisa de vestir y una corbata negra. Esa noche, en vez de poner una almohada sobre mi cabeza para acallar el ruido de las sirenas, disparos y la música rap, me quedé dormido escuchando los grillos y el cantar de las aves. Me despertó el canto de un gallo a las cinco de la mañana, pero, aun así, dormí mejor esa noche que durante los últimos tres años en Brooklyn. Al escuchar que abuelo Fillo se alistaba para ir a trabajar, me arreglé para acompañarlo.

Les dimos de comer a los animales. Ensillé a su burro y corrí al lado de Collar, su perro. Estaba lloviznando, por lo que empecé a toser. Siempre que trabajaba en la finca del abuelo Fillo, me enfermaba. Un doctor dijo que tenía asma, pero la medicina que me prescribió era muy cara y no me hizo efecto. Entonces, mi mamá me llevó con un curandero y él me dio aceite de castor con semilla de algodón molida e hizo una oración y mejoré muchísimo.

Cuando recién salía el sol, mi abuelo y yo caminamos por los terrenos donde solía trabajar con él. Trepé un árbol, igual que antes, para tumbar quenepas, guayabas y mangos. Comí algunos rápidamente, y disfruté de la mezcla entre dulce y agria de las frutas.

"¿Y qué tal, Quilo? ¿Estás bien?".

"Estoy bien, abuelo".

"¿En verdad estás bien?", me preguntó, viéndome a los ojos.

Me senté sobre una gran piedra mientras Collar y el abuelo iban detrás de mí. "La verdad es que no me gusta vivir allá. Te extraño", le confesé. Le conté de todas las locuras que habían pasado, que habían apuñalado a mi papá dos veces, que mis papás no dejaban de pelearse, que no sabía hablar inglés, le conté de mis malas calificaciones, que recibía castigos sin motivo alguno en la escuela y que allá me sentía como un desadaptado. "Quiero quedarme aquí contigo", dije. "Te puedo ayudar en la finca".

"También te extrañamos, Quilo", dijo. "Pero acá la vida es muy dura. Me despierto para ir a trabajar antes del amanecer y me acuesto muy cansado los siete días de la semana. Siempre estoy ocupado. No tengo descanso. La vida cada vez es más dura. Si no es un huracán, hay sequía y tenemos que llevarles comida a los animales y regar los cultivos a mano. Tuve que vender el ganado para que no murieran de hambre porque apenas llueve. Las lagunas se han secado también".

"Así que necesitas de mi ayuda", dije. "Y por suerte todavía tienes tu tierra".

"Tú tienes suerte de vivir en los Estados Unidos", dijo. "Sabes, tu papá tardó mucho en sacar los papeles y juntar el dinero para pagar por las visas de ustedes. Aquí hay mucha gente a quienes se la han negado".

Había escuchado de amistades de la familia que estaban desesperados por llegar a los Estados Unidos, pero que no tenían quien los patrocinara. Nunca pensé en lo que tuvo que hacer mi papá para llevarnos a Tony, a mi mamá y a mí. Un primo me dijo que solo había dos maneras de dejar de ser pobre en la República Dominicana: ir a los Estados Unidos o ser firmado por un equipo de béisbol en la isla. Desafortunadamente, yo no era un buen atleta.

"Allá puedes tener una mejor vida", me dijo mi abuelo. "Puedes lograr más en la vida y llegar más lejos que yo o tus papás".

"No tengo una mejor vida", le dije, ya muy enojado. "Allá las cosas son peores".

"Estás pasando por un mal rato en la escuela porque no hablas el idioma, y aquí estamos para ayudarte. Pero aún no te rindas. Yo ni siquiera pude ir a la escuela", dijo. "Mis papás necesitaban que trabajara en la finca. Nunca aprendí a leer o escribir. Hasta el día de hoy me arrepiento de eso. Cuando me casé con tu abuela, ella me tuvo que enseñar a escribir mi nombre. Tu papá tampoco pudo terminar la escuela".

"Yo no puedo leer o escribir en inglés, o hablar con la gente allá", me quejé. "Los niños se burlan de mí".

"Luego que aprendas el idioma todo va a ser más fácil".

"No puedo. ¡Es imposible!", grité con fuerza, pero mi abuelo no entendía.

"¿No hay profesores allá que hablen español? Pide que te ayuden", me sugirió. "Por favor, Quilo, inténtalo. Encuentra una solución. Hazlo por mí".

Después de un rato, me recordé lo cansado que era trabajar en la finca, de lo desgastado que solía sentirme y de lo agobiado que me sentía por la responsabilidad de tener que caminar por horas para darles de comer a los caballos y las vacas dos veces al día. Tony y yo solíamos ordeñar las vacas y luego recoger habichuelas y tabaco cada mañana bajo el sol y a veces incluso bajo la lluvia. Si no terminábamos a tiempo o si el mal clima nos atrasaba, nos tocaba faltar a la escuela a veces hasta por una semana. Nunca íbamos a divertirnos con nuestros amigos. Una vez que fuimos a jugar a la laguna y no le dimos a comer al burro de nuestro abuelo Bienvenido cuando él quería, entonces él llegó a golpearnos con un laso mojado. Le pegó tan duro a Tony en el estómago que se le hinchó el ombligo. Tony lo insultó y le tiró piedras, y luego se fue a vivir con abuelo Fillo. Pero si no seguíamos instrucciones, Fillo también era duro como capataz. Ya se me había olvidado lo dura que era la vida en el campo.

"Te amo, Quilo, pero no te rindas todavía. Las cosas van a mejorar. Eres un buen muchacho y vas a tener un gran futuro allá", me prometió.

Le di un abrazo y él me dio una palmadita en la cabeza. Extrañaba estar con él. Él era la figura paterna en quien confiaba más. Mi papá nunca me dio un abrazo o me dijo que yo era un buen muchacho.

Esa noche le pregunté a abuela Andrea, "¿Por qué no ha vuelto el abuelo?".

"Tuvo que ir a arreglar una cerca. Hay gente que le está robando la cosecha", me dijo.

"¿Cómo ha estado él últimamente?", le pregunté; quería que me diera más información.

"No muy bien. Duerme poco. Se levanta muy temprano y llega a la casa ya muy de noche. Solo tiene cincuenta años y le duele todo. Le dan calambres y dolores musculares, y no quiere ir al doctor", me confesó. "A veces mando gente con comida para él, de lo contrario tu abuelo no come porque tiene mucho que hacer. Me preocupa. Tiene enemigos. Hay gente que viene a cortar sus árboles o robarle la cosecha. Viene ya muy tarde y no tiene ni siquiera una lámpara o una linterna".

A mediados de enero, unos días antes del vuelo de vuelta a Nueva York, abracé a mi abuelo Fillo por un largo tiempo; estaba seguro de que podía convencerlo de que me dejara quedarme con él.

"No me quiero ir", le dije, aferrándome a él y tratando de no llorar. "Necesitas ayuda en la finca. Quiero quedarme aquí y trabajar contigo".

"Te tienes que ir, Quilo. Aquí no hay nada para ti". Me acarició el cabello. "Ve a hacer las cosas que yo nunca pude hacer. Vendrás a visitar. Pero ahora tienes que hacer tu vida allá".

Pensé en lo que me había dicho, de que estaba cansado por haber trabajado en el campo toda su vida y que estaba arrepentido de no haber aprendido a leer o escribir. Pensé que debería hacerle caso y darle otra oportunidad a los Estados Unidos. Tony, mi mamá, mi tío Federico y mis nuevos amigos estaban en Brooklyn. También mi papá, quien era infiel y desagradable, pero nunca nos había golpeado. Pensé en las cosas buenas que había en los Estados Unidos: electricidad, plomerías y nunca tenía que faltar a la escuela para ir a recoger plátanos o darle de comer al burro. Había niñas guapas en mi clase. Ganaba más dinero ordenando estantes en la bodega, trabajando menos horas, que en la finca. En los Estados Unidos había más equipos deportivos. Pero cada vez que no iba a la escuela para jugar en la calle o reprobaba clases, desperdiciaba la oportunidad que tenía en la vida. El abuelo tenía razón. Debería intentarlo y esforzarme para ser mejor.

"Ven, llévate esto", me dijo mi abuelo Fillo mientras me entregaba una imagen de Santa Clara. "Ella te va a cuidar". Me dio además un trozo de papel donde le había pedido a la abuela que escribiera algo. El papel tenía la forma de una cruz y estaba sujeto con cinta adhesiva transparente y dos grapas de metal. "Esta es mi oración, te la entrego a ti. Para la buena suerte".

No leí la oración. La puse junto a la imagen de la santa, dentro de mi billetera, y ahí quedaron ambas, por décadas. Nunca desdoblé la cruz, pero siempre me ha hecho sentir como si el abuelo estuviera ahí a mi lado, protegiéndome.

4

Hazlo hasta que te la sepas de memoria

Nueva York, enero 1996

PUSE EN LA MESA EL POTE DE DULCE DE LECHE QUE hicieron mis abuelos, para que mi papá lo comiera. Él comió un poco, pero no me dio las gracias. Le llevé a mi hermano un poco del dulce de coco rallado que le gustaba mucho.

"Gracias, Aquilino, ¿cómo te fue en el viaje?", preguntó Tony.

"Bien. Fui a la cancha de béisbol, y casi nada ha cambiado. Jugué un rato con unos muchachos del pueblo y luego fui a ver una pelea de gallos. Me quedé donde mi abuelo Fillo por unos días". Quería contarle a Tony que estuve a punto de no volver. Pero desde que él iba a otra escuela pública, donde tenía una novia y un mejor amigo a quien le llamaban Chino, casi no hablábamos.

"Los terrenos están más secos, y el abuelo vendió su ganado por la sequía. Solo se quedó con el caballo, el burro y un perro. Aparte de eso, nada ha cambiado", dije.

Nada cambió en la escuela tampoco. Nadie se dio cuenta de que no había ido a clase por tres semanas. Los únicos mensajes que había recibido en ese tiempo fueron de Bell Atlantic pidiéndome que pagara las cuentas que tenía a mi nombre. A nadie más le importó que yo no estuviera. Me sentía invisible. Hacía mucho frío y el día después de volver a Brooklyn hubo una tormenta de nieve; todo eso no ayudó a mi autoestima. No soportaba verles el rostro a mi padre o a los maestros que me daban siempre malas calificaciones, y no podía superar la barrera del idioma. Eran problemas que no podía resolver.

En clase el día siguiente, Gregory, un hondureño muy alto y que era el bravucón de mi grado, me dijo, "Muévete. Ese es mi lugar".

"Yo ya estoy sentado aquí", le dije en español.

"Busca otra silla. O puedes mamarme la verga", se burló de mí en inglés.

Nunca antes había escuchado esa expresión, entonces le pregunté a un amigo dominicano qué significaba. Cuando me explicó, brinqué de mi pupitre con los puños apretados, listo para estallar y darle un puñetazo a Gregory.

Pero antes de que pudiera dar un solo golpe, la Srta. Rodríguez, mi nueva maestra de historia, entró a la clase y nos pidió tomar asiento. Ella era alta y tenía el cabello gris, como mis abuelos, y un par de gentiles ojos cafés. Al terminar la clase, ella puso su mano sobre mi hombro e impidió que me fuera. Me preguntó, en español, que por qué no había asistido a clase. Alguien sí se había dado cuenta.

"Fui a visitar a mi familia en la República Dominicana", dije. Escucharla hablar mi idioma materno me hizo sentir aliviado.

"Pensamos que te habías sido a otra escuela o que algo malo te había pasado. ¿Tus padres saben cuántos días faltaste a clase?", me preguntó. La Srta. Rodríguez hablaba más rápidamente que yo y por cómo pronunciaba las erres como eles, y sus eses eran silenciosas, igual que Rosie Perez en *Do the Right Thing*, imaginé que era de Puerto Rico.

"Estaba con mi mamá", le expliqué.

"Pero tienes muy malas calificaciones", dijo la Srta. Rodríguez. "¿Por qué te dejó ir de viaje si eso iba a causar más ausencias?".

Quería decirle que mi mamá tenía otras cosas en mente, como tener dos trabajos porque mi papá había sido apuñalado dos veces o enterarse de que mi papá tenía otra familia. Ella estaba peor que yo. Me pregunté si mi mamá también quería mudarse de vuelta a la República Dominicana. *¿Fue por eso que nos quedamos tanto tiempo?* pensé. *¿Estaba lista para dejar a mi papá e irse de los Estados Unidos?*

"¿Cómo están las cosas en casa?", preguntó la Srta. Rodríguez; su voz más suave. Parecía que sí le importaba lo que yo le dijera.

Le dije que tenía problemas adaptándome a vivir en los Estados Unidos y que no sabía hablar inglés. "Es horrible no entender nada. Ni siquiera sé qué fue lo que me dijo Gregory". En voz baja le pregunté, "¿Podría usted ayudarme?".

Ella asintió y me dijo que me inscribiera a su clase de Estudios Sociales. Ella me permitió tomar el examen de historia que no había tomado y se ofreció ser mi tutora después de clases, durante el almuerzo o en el receso. Me comprometí a trabajar con ella todos los días por un año y a leer libros en inglés. Empezamos de inmediato. Ella abrió un libro de texto y señaló a una página en medio del libro.

"Así se pronuncia *patriot*", dijo. "Tú puedes hacerlo. Concéntrate. Dilo una y otra vez hasta que lo hayas pronunciado correctamente". Ella volteó las páginas hasta llegar al final del libro y juntos leímos, en inglés, la jura a la bandera estadounidense. "*I pledge allegiance to the flag of the United States of America . . .*". "Juro lealtad a la bandera de los Estados Unidos de América".

"Sigue leyéndola", dijo; era una orden. "Hazlo hasta que te la sepas de memoria".

Yo no sabía la diferencia entre Estudios Sociales 1 y 2, Historia de EE.UU. 1 y 2, e Historia del Mundo, pero decidí que tomaría todos los cursos donde la Srta. Rodríguez era la maestra.

Ese mismo día, mientras mi maestra de español tomaba

asistencia, la oí decir, "Isabel Navarro". Tras reconocer el nombre, volteé para ver a una chica muy linda de cabello largo y trenzado, y que llevaba pantalones anchos, zapatos tenis y una chaqueta de mezclilla. Intenté no ver fijamente la pequeña cicatriz que tenía en su labio superior.

"¿Conoces a Martín e Iván Navarro?", le pregunté después de clase. Tenía la esperanza de que fuera familiar de unos chicos dominicanos con quienes jugaba al baloncesto.

"Son mis hermanos", dijo. "Tengo tres hermanos. Dos estudian aquí. Miguel ya está en secundaria".

"¡Los conozco! Son muy chévere. No me dijeron que tenían una hermana tan bonita". Nunca antes había coqueteado con tanto valor.

Ella sonrió. Ni siquiera estaba avergonzada. Juntos caminamos hacia la clase de matemáticas.

"Oye, ¿me estás siguiendo?", le dije para coquetear con ella. Me dijo que ella también iba a la clase de algebra con el profesor Díaz. "¿En serio? Déjame ver", le dije. Tras comparar nuestros horarios me emocionó saber que recibíamos casi las mismas clases. "Entonces, sí estás siguiéndome".

"Eso quisieras tú", dijo. Es cierto. ¡Eso quería!

Después de clases, le pregunté si podía llevar sus libros y acompañarla a casa. Ella aceptó. "Como hablas muy bien el inglés y eres más inteligente que yo, pensé que podrías ayudarme a estudiar", le dije de camino a casa.

"Ya lo sabes, chico", dijo, riéndose y pidió que le apuntara mi número de teléfono.

Me gustó que ella no era para nada tímida. Era sarcástica, juguetona y tenía un buen sentido del humor. Cuando llegamos a su casa, me dio un beso en la mejilla. No era mi primer beso, pero por primera vez me estaba enamorando de alguien. Tomé el bus B12 hacia mi casa. Al día siguiente Isabel me dijo, "Creo que ayer mi mamá nos vio juntos en la calle". Lo dijo como si fuera algo malo.

"¿Qué tiene de malo que sepa que somos amigos?", pregunté, preocupado que su mamá no le diera permiso de tener novio.

"Me preguntó quién eras, adónde vives y si vienes de una buena familia", dijo ella.

"Si me invitas a tu casa, puedo responder esas preguntas yo mismo", dije.

De inmediato me invitó a que fuera a estudiar a su casa y a conocer a sus padres. Su apartamento era más grande que el mío. Sus hermanos dormían en literas en una sola habitación, mientras que ella tenía su propio cuarto. Me invitaron a cenar moro con habichuela, ensalada y un guiso de carne, parecido al que hacía mi mamá. Todos en la casa de Isabel hablaban español, igual que en mi casa. Su padre me preguntó que de dónde era mi familia, y de hecho su pueblo natal estaba a solo media hora de Villa Sinda.

"¿Y qué hace tu padre?", preguntó él.

"Él trabaja como taxista", respondí. "Desde hace año y medio yo trabajo en el taller de llantas S&G Tire Shop, después de clases y durante los fines de semana". Para aclarar cualquier inquietud que él tuviera sobre mi reputación, le aclaré que yo era un muchacho educado y trabajador, por si acaso sus hermanos no habían hablado bien de mí todavía. Estaba nervioso y pensé si Isabel había llevado a otros chicos a casa. De ser así, quería caerle bien a su padre e impresionarlo más que los demás.

"¿Y qué haces en el taller?", dijo, después de mencionar que los dos hermanos de Isabel habían trabajado con él medio tiempo, en un almacén de piezas automovilísticas.

"Bueno, señor, yo vendo e instalo las llantas, reparo llantas pinchadas, reparo roturas y ayudo al jefe a ubicar los autos para alinear las llantas".

Como él también trabajaba con carros, le interesaba saber todos los detalles de lo que hacía yo. O tal vez solo quería averiguar qué aspiraciones tenía, si era un muchacho honesto que iba a lograr ser alguien en la vida y un buen esposo para su hija. Tras un rato, Martín encendió la radio y sonó una canción de bachata de Luis Vargas. La familia de Isabel se parecía a mi familia, solo que eran normales y felices todos.

"Debo irme ya a casa", les dije a los padres de Isabel. "Fue un placer conocerlos".

Isabel se asomó por la ventana y me tomó de la mano en lo que llegaba el bus.

Ese viernes, la Srta. Vega, mi consejera, me detuvo en el pasillo y me pidió que fuera a hablar con ella en su oficina. Pensé que me había metido en problemas. Me alegró ver que la Srta. Vega tenía una bandera de Puerto Rico en su escritorio. Supuse que era amiga de la Srta. Rodríguez y yo solo esperaba que ella fuera igual de amable conmigo.

"¿Usted habla español?", le pregunté.

"Faltaste a clase por varias semanas. ¿Dónde estabas? Estás bronceado", dijo, también en español. La Srta. Vega tenía el cabello corto y parecía tener unos treinta años, más o menos la edad de mi mamá. Ella también se había dado cuenta de que no había llegado a la escuela. *¿Acaso ella y la Srta. Rodríguez hablaron de mí?* pensé.

"Tuve que ir a ver a mis abuelos en la República Dominicana", dije. Estaba emocionado por tener dos maestras que hablaban español y feliz porque estaban pendientes de si iba a clase o no.

"No puedes faltar tantos días de clase", me dijo. "He estado llamando a tu casa y nadie contesta el teléfono. Hasta les mandé una carta a tus padres".

"Probablemente está en el montón de cuentas por pagar que tenemos en la mesa", le dije. "Mis papás casi no hablan inglés. Yo intento traducirles al español, pero hemos tenido muchos problemas en casa".

"Lamento oír eso. ¿Quieres decirme qué pasa?".

"Apuñalaron dos veces a mi papá. La última vez que pasó, él estuvo en coma y casi se muere. Mis papás pelean todo el tiempo. Mi hermano se cambió de escuela y trabaja hasta tarde, así que casi no lo veo. Los otros estudiantes se burlan de mi acento. Quería que la Srta.

Wilson me ayudara a traducir sus lecciones, pero ella solo me manda a detención. Si le pido en español que repita una palabra, ella piensa que la estoy insultando". Dije todo muy rápidamente.

"Voy a hablar con ella y tus otros maestros", dijo y se ofreció a ayudarme. "Escucha, hay muchos estudiantes bilingües en esta escuela, como Juana y Junior. Deberías pasar más tiempo con ellos. Este semestre ellos están en mi clase de mecanografía. Te voy a inscribir también, y en el Programa Upward Bound (Con Rumbo Hacia Arriba) que ayuda a inmigrantes de primera generación que están en secundaria. Deberías conseguir un diccionario y un tesauro. Vamos a ayudarte a que aprendas a hablar inglés de otra manera".

"¿Conseguir qué cosa?", dije, pensando que me había pedido que consiguiera un dinosaurio.

Lo apuntó para mí y saqué un tesauro de la biblioteca. Después, compré uno en la tienda de noventa y nueve centavos.

Me sentí como si la imagen de Santa Clara que mi abuelo me regaló, y yo había puesto en mi billetera, hubiera asignado a Isabel, la Srta. Rodríguez y la Srta. Vega como mis ángeles de la guardia. Ellas me alejaron de los problemas que había en casa e hicieron que me sintiera protegido en la escuela. Dejé de faltar a clases y empecé a trabajar menos horas para así estudiar más y mejorar mis calificaciones.

"La Srta. Beckman está organizando un viaje a Washington, para el próximo miércoles, ¿quieres ir?", me preguntó la Srta. Vega una tarde. "Habla con tu amiga Isabel. Ella tiene toda la información".

Aún no había tomado la clase de la Srta. Beckman sobre el gobierno de los EE.UU., pero si Isabel iba al viaje, yo quería ir también. Ella me había estado ayudando a practicar mi inglés durante el recreo y a la hora del almuerzo, y a veces nos besábamos a escondidas. Ella seguía preguntándome sobre mi viaje a la República Dominicana.

"Casi no regreso", le confesé un día.

"No deberías quedarte allá. Aquí en los Estados Unidos es mucho mejor", dijo, "porque yo estoy aquí".

5

Premonición

Nueva York, 1996

L A NOCHE ANTES DE IR AL VIAJE A WASHINGTON, LE
dije a mi mamá, "Tengo que ir a la escuela temprano mañana,
y voy a regresar más tarde".

"Está bien, Quilo", dijo; estaba distraída. Seguramente pensó
que me iba a quedar en la biblioteca con Isabel, como de costumbre.
Mi mamá tenía un nuevo trabajo en Long Island donde hacía velas
aromáticas. Ella salía de casa a las cuatro de la mañana y no volvía
sino hasta la hora de la cena. No le dije a dónde iba y ella tampoco me
preguntó nada.

No podía confiar en el bus de la mañana, y no quería llegar tarde
a la escuela, así que caminé muy deprisa veinte cuadras y tomé atajos,
para llegar a tiempo. Me detuve una sola vez, junto a un rosal para cortar una pequeña rosa roja. La guardé en la carpeta donde tenía dibujos y
poemas en inglés y español para Isabel. Mi último poema decía así: "Si
pudiera mentirte, te diría que no te echo de menos como la luna echa

de menos a las estrellas". Nunca había escrito poesía antes, pero imitaba las letras románticas de cantantes dominicanos como Antony Santos y Juan Luis Guerra. Sabía que era un poema cursi, pero imaginé que cuando Isabel encontraba esa rosa seca, ella lo vería como un símbolo de mi pasión.

Tomé el bus Greyhound con otros treinta y cinco estudiantes. La Srta. Beckman, una mujer alta y blanca, con cabello corto y lentes rectangulares, empezó a tomar la lista. Me desanimó ver que Isabel estaba junto a Junior. "Hermano", le susurré, "¿puedes cambiar de lugar conmigo, por favor?". Me alegró escucharlo cuando dijo, "Está bien, pero me debes una, hombre". Tardamos cinco horas en llegar a Washington, y durante todo el camino Isabel y yo íbamos en secreto tomados de la mano, y hablamos, en inglés y español, sobre libros, cómics, béisbol, Jennifer Lopez y Tupac. Cuando se quedó dormida sobre mi hombro, tomé la rosa y la metí dentro de su cuaderno, con la esperanza de que cuando ella la encontrara, ya estuviera seca. Pero, de repente, Isabel se despertó y vio lo que estaba haciendo.

"Linda sorpresa", dijo, y rápidamente me besó los labios.

El bus nos dejó cerca de la Casa Blanca. La Srta. Beckman nos guio por la ciudad, y tomamos fotos del Monumento a Washington, el Monumento a Lincoln y el estanque reflectante del Monumento a Lincoln donde Martin Luther King Jr. dio su famoso discurso titulado "Tengo un sueño". Había tanta gente de visita que la Srta. Beckman levantó una sombrilla blanca.

"Sigan la sombrilla", dijo. "No se pierdan".

En la Rotonda Garfield, nos paramos frente a una gran estatua del vigésimo presidente de los EE.UU., James A. Garfield. La Srta. Beckman nos explicó que él fue asesinado en 1881, tras apenas cuatro meses de ser presidente. Yo intentaba ponerme al día con todo lo que no sabía de los Estados Unidos de América. En la República Dominicana, solo había aprendido sobre historia local, y me perdí de muchas cosas porque Tony y yo muchas veces faltábamos a clase porque teníamos que ayudar en la finca. En mi escuela de Brooklyn aprendí que cuatro presidentes de los EE.UU. habían sido asesinados mientras seguían en poder. Ellos eran Lincoln, Garfield, McKinley y JFK (John Fitzgerald Kennedy). Otros dos, Teddy Roosevelt y Ronald Reagan, fueron heridos, pero sobrevivieron. Me daba miedo pensar que tipos malos podían herirte por hacer bien tu trabajo y que ni el gobierno podía protegerte de ellos. Admiraba a esos líderes que habían arriesgado su vida para prestar servicio a sus países, y esperaba algún día ser así de valiente. Mis abuelos me contaron que el dictador dominicano Rafael Trujillo fue asesinado en 1961, pero dijeron que él había sido un hombre malo y el líder de un gobierno brutal y represivo que había hecho mucho daño a nuestro país, y que fue algo bueno que lo mataran.

Lo más destacado de nuestro viaje fue ir al Capitolio. Mientras íbamos de camino a la entrada oeste, miré fijamente a la enorme cúpula blanca; estaba asombrado. Cuanto más me acercaba, más pequeño me sentía. Era como entrar a un mundo antiguo que no sabía que existía.

"¿Qué es esa estatua que está en la cima?", le pregunté a la Srta. Beckman.

"La Estatua de la Libertad", dijo ella. "Y dicen que ella ve hacia el este, porque no hay un atardecer para la democracia".

Me pareció algo tan poético y quise apuntarlo.

Pero antes de que pudiera sacar mi cuaderno, Isabel dijo, "A que yo llego antes que tú hasta arriba". Subimos corriendo las gradas hacia la entrada principal. La Srta. Beckman dijo que había 49 escalones, uno por cada estado del país, y que el último escalón representaba a Alaska y Hawái juntos. Cuando llegamos hasta arriba, parecía como si estuviéramos en la cima del universo.

Varios visitantes hacían cola para pasar por seguridad. Un policía alto y de pelo oscuro estaba frente a una máquina de rayos X. No se veía mucho mayor que yo. Llevaba un uniforme bien planchado, una camisa de vestir con listones, pantalones azules, un sombrero muy bonito y llevaba en el hombro además una etiqueta con su nombre. Me impactó verlo tan bien vestido. ¿Cómo mantenía su camisa así de blanca?

"Bienvenidos, damas y caballeros", dijo con un tono dominante. "Aquí están las instrucciones de qué pueden llevar dentro y qué hacer para apresurar el proceso de seguridad".

El hombre tenía una pistola, un par de esposas y una macana en su cinturón; me pregunté si alguna vez había tenido que usarlos. En mi barrio, tipos malos siempre le robaban, disparaban o apuñalaban a la gente. *Ha de ser algo peligroso, estar acá, protegiendo a senadores y congresistas que van de un lado a otro con personas que llegan a verlos,* pensé. Saber que había un guardia armado ahí me hacía sentir seguro.

"Por favor, señor, entregue todo lo que tenga de metal, incluyendo su cinturón, monedas, llaves y reloj", escuché que le dijo al líder de otro grupo de estudiantes que iba frente al nuestro.

"Deberíamos sacar todo lo que tenemos ahora", le dije a Isabel. "Para así estar listos".

Cuando fue nuestro turno de pasar, el oficial nos recibió con una gran sonrisa. Isabel le mostró su pintalabios, un llavero, monedas para el tren y unas mentas. Yo le mostré mis monedas para el bus y el tren, algunos dólares, mis llaves, unos Skittles y dos cámaras desechables marca Kodak.

"Déjenme adivinar de dónde son ustedes", dijo el policía.

"A que no sabes", le dije.

"¿Nueva York?", nos preguntó.

"Oye, ¿cómo sabías?", dijo Isabel, muy impresionada.

"La gente de Nueva York lleva muchas cosas en sus bolsillos", dijo. "Bienvenidos al Capitolio de los Estados Unidos de América".

Adentro, íbamos detrás de la Srta. Beckman, quien, con su voz alta y majestuosa, nos describió la arquitectura y arte neoclásico decimonónico del edificio del Capitolio. Dijo que el suelo se extendía sobre un área de dieciséis acres y en los cinco niveles había 540 habitaciones que millones de personas de todo el mundo visitaban cada año. Dijo, además, que el edificio fue construido por esclavos en 1793. "Luego, durante la Guerra Civil, en 1861, once estados del sur dejaron la unión, por no querer abolir la esclavitud".

En la clase de la Srta. Rodríguez, había leído sobre la esclavitud en los Estados Unidos y me había impactado saber que era legal maltratar a la gente por el color de su piel y que las personas afroamericanas eran consideradas tres quintas partes de una persona, en vez de ciudadanos completos. Tal vez yo era joven e ingenuo, pero nunca había notado semejante prejuicio en la finca de mis abuelos. Estaba tan horrorizado que escribí un poema sobre las injusticias raciales. La Srta. Pecou, mi maestra de español, y que era originaria de Panamá, dijo que era un poema "conmovedor y lleno de alma" y lo presentó a un concurso de poesía que gané. Pensé que si yo hubiera estado vivo en 1861, habría peleado por el norte.

En la República Dominicana, éramos considerados morenos, aunque todos parecían tener el mismo tono que yo. Conocí a dominicanos y haitianos que trabajaban en las fincas de mis abuelos y que tenían piel más oscura que la mía. A ellos los considerábamos negros. En Brooklyn me identificaba como una persona de color ya que había sido tratado de menos por no ser blanco y ser un inmigrante que hablaba otro idioma. Mi papá tenía la piel tan clara que mucha gente pensaba que era blanco. Mi mamá, por otro lado, tenía piel más oscura, como la mía.

En Crown Heights aprendí rápidamente sobre las tensiones raciales características de Estados Unidos. Había visto el odio entre los judíos ortodoxos y los afroamericanos que vivían en el barrio, pero como no sabía inglés, hebreo o *yiddish*, y desconocía el contexto de esos enfrentamientos, intentaba alejarme de las disputas de las que yo no era parte.

Una vez escuché a mi mamá gritar, "¡Oye, Moreno!", usando el apodo de un cliente dominicano que nos caía bien. Una mujer afroamericana se molestó y regañó a mi mamá. "¿Por qué le llamas negro? Eso es ofensivo". Nos sorprendió porque para nosotros no era un insulto, sino un saludo cariñoso y amistoso. Pero después de esa interacción, dejamos de usar la palabra "moreno" para evitar malentendidos.

"La Rotonda del Capitolio tiene 218 pies de altura", dijo la Srta. Beckman, mientras entrábamos a la habitación circular que está justo debajo del domo del Capitolio. "Este es el corazón físico y simbólico de Washington, D.C., y que Thomas Jefferson diseñó inspirado en el Panteón de Roma. El artista griego, Constantino Brumidi, usó pintura seca, en estilo fresco, para lograr que las pinturas se vieran como esculturas". Vi fijamente al techo más alto que jamás había visto en mi vida. Nunca antes había estado dentro de algo tan majestuoso. "Aquí podría entrar la Estatua de la Libertad sin el pedestal", añadió la Srta. Beckman.

Solo había visto la Estatua de la Libertad una vez, cuando alguien me la mostró mientras el avión aterrizaba en el aeropuerto JFK, pero sabía que era una estatua muy alta. Este "gran vestíbulo" como era llamado, era el hogar de muchas pinturas famosas las cuales rodeaban el techo y mostraban hechos históricos del país.

La Srta. Beckman agregó que la Rotonda había sido usada como un hospital para soldados heridos durante la Guerra Civil. Me imaginé tropas de caballería sangrando sobre catres y enfermeras curando las heridas de los heridos como en aquella película *Gettysburg*. Tras ver la foto de la juramentación de Abraham Lincoln pensé, *Estoy parado en el sitio donde sus poderosos argumentos terminaron con la esclavitud en el país.* Me emocioné al ver a ese héroe honesto, que había estado en el lado correcto de la historia, insistiendo por la libertad de los estadounidenses de piel más oscura y quien había perdido la vida intentando enmendar el daño causado por el racismo. Era emocionante estar en el lugar donde líderes firmaron leyes, declararon guerras y firmaron tratados de paz. Solo unos meses antes, me había alistado para volver a la República Dominicana, pero estar en ese lugar tan especial me llenó de un sentido de patriotismo por mi nuevo país. No me veía convirtiéndome en un taxista, cocinero, obrero o granjero como mis padres y mis abuelos. Quería ser algo más. Quería ayudar a marcar la diferencia.

A continuación, vimos el antiguo edificio de la Corte Suprema de Justicia y el Salón Nacional de las Estatuas, repleto de estatuas que conmemoraban a ciudadanos estadounidenses de todos estratos sociales. En la Cámara de Representantes, hablaban los representantes del congreso. A pesar de que sabía que el presidente trabajaba en la Oficina Oval, a dos millas de distancia, aun así, miré a mi alrededor para ver si el presidente Clinton estaba por ahí dando un discurso o firmando alguna legislación. No sabía mucho de él, pero me gustaba que tocara el saxofón, y tenía una hija muy agradable que tenía mi edad. Pensé de nuevo que todo lo que había ocurrido ahí, en el sitio donde estaba parado, había tenido efecto en tanta gente y muchos países alrededor del mundo. Quedé asombrado y me emocionó saber que había compartido el día entero con Isabel. Era como si hubiésemos tenido la mejor cita de la historia.

Mientras caminamos hacia la Terraza Baja del Oeste, busqué por todos lados al policía bien vestido que nos ayudó a pasar por el control de seguridad cuando entramos. Lo encontré trabajando en el mismo sitio.

"Gracias por ser tan amable con nosotros", dije en inglés y agregué, en español, "Muchas gracias".

"De nada, amigo", dijo, en español.

"¿Tú hablas español?", pregunté; no creía que ese gringo hablara español.

"Un poquito", dijo él; hablaba con un acento muy de gringo. Acto seguido, dijo en inglés, "¿Quieres ver algo estupendo? Acá es donde aparecen los presidentes para ser juramentados durante la investidura". Señaló a su izquierda, a una entrada en forma de arco con dos puertas.

"¿Salen de este túnel?", le pregunté y él asintió la cabeza.

"Tal vez vuelves acá algún día", dijo él.

"Tal vez sí. ¿Quién sabe?", dije, despidiéndome de él.

6

El Aquilino equivocado

Brooklyn, invierno 1997

SONÓ UNA RÁFAGA DE BALAS. A CONTINUACIÓN, EMpezó a sonar una alarma, interrumpida por la voz del director de la escuela cuando salió con fuerza del intercomunicador. Era una fría tarde de enero durante mi tercer año de secundaria. "Todos resguárdense; ha habido un tiroteo. Entren a sus clases y quédense ahí. ¡Que nadie salga!".

Dos años antes del incidente en Columbine, nuestra escuela no tenía ningún plan de acción en caso de enfrentarnos a violencia armada.

"No te acerques a las ventanas", dijo mi maestro de matemáticas, el Sr. Díaz, mientras se asomaba de un pequeño escritorio al lado del mío y desde donde me estaba explicando una ecuación de álgebra. Él cerró las cortinas y aseguró la puerta con nuestras sillas. Éramos las únicas dos personas ahí dentro, en el salón, pero no quería quedarme ahí.

Me puse de pie y el corazón me daba brincos. Quería salir. "Tengo que ir a buscar a Isabel", le dije.

"No. No puedes salir ahora", dijo, ubicándose entre la puerta y yo. "Tenemos que dejar que la policía y los agentes de seguridad hagan su trabajo".

Volteé a ver el reloj. Era la 1:30. Traté de recordar qué clase tenía Isabel antes de matemáticas ese día.

Al verme tan desesperado, el Sr. Díaz dijo con firmeza, "Por favor, siéntate Aquilino". Noté que él intentaba permanecer tranquilo y no entrar en pánico. "Podríamos simplemente seguir repasando".

Intenté prestar atención a lo que él decía, pero lo único que podía hacer era ver las agujas del reloj moviéndose en círculos mientras sudaba y me preguntaba qué estaba pasando. Mi mente no se detuvo durante la próxima hora. *¿Qué pasa si Isabel, Martín e Iván ya están muertos?*, pensé. *¿O mis compañeros de clase Juana y Junior?* Estaba desesperado por hacer algo. Quería ayudar. Quedarme ahí sin hacer nada hacía que me temblara la pierna. No podía quedarme quieto.

El Sr. Díaz estaba tranquilo; era el tipo más relajado que conocía. Era también de la República Dominicana, pero hablaba bien el inglés. Él pronunciaba cada sílaba con cuidado y sin acento. Medía unos cinco pies con siete pulgadas, igual que yo, y siempre iba de traje y corbata. Igual que mis padres, él tenía unos treinta y tantos años. Era un maestro firme y estricto, pero trataba a todos de la misma manera. Antes, me caía mal, porque reprobé su clase. Pensaba que como él era dominicano, iba a ser menos duro conmigo. Pero, luego, me di cuenta de que me merecía esa mala calificación pues había faltado a muchas clases. Le prometí que iba a sacar una mejor calificación si me permitía volver a tomar su clase, y además le pregunté si podía darme tutorías, como las de la Srta. Rodríguez. Necesitaba ayuda, no un acto de caridad o una limosna. Aceptó ser mi tutor con la condición de que fuera a verlo dos veces por semana a la hora del recreo. Contrario a la Srta. Rodríguez, el Sr. Díaz solo me hablaba en español si no lograba resolver un problema matemático. Me motivó a que volviera a enfocarme en el problema matemático que debía resolver, pero no podía concentrarme.

"¿Por qué debo estudiar matemáticas?", dije muy molesto. "No es como que la voy a necesitar algún día".

"Bueno, a ver, ¿qué clases sí te gustan?".

"Me gusta la clase de historia", le dije.

"¿Por qué te gusta esa clase?". Sabía que intentaba distraerme, para que así no tuviera miedo o me preocupara por mis amigos.

"Estamos aprendiendo sobre el proceso electoral", respondí, "y de cómo el presidente y el congreso pueden declarar una guerra".

"¿Cómo puedes contar los votos de las elecciones sin usar matemáticas? ¿Cómo los comandantes calculan cuántos soldados necesitan para una batalla?", preguntó. "¿Qué tipo de carrera elegirías si pudieras hacer cualquier cosa cuando seas grande?".

"Sería un jugador profesional de béisbol", le dije. "Me gusta coleccionar tarjetas de béisbol y baloncesto".

"No podrías llevar la cuenta de las anotaciones sin usar matemáticas", dijo. "¿Has visto los números que aparecen en el anverso de las tarjetas de béisbol? Las estadísticas de un jugador te dicen cuántos juegos ha jugado, cuántos *hits* y carreras han anotado, y su promedio de bateo. Esos números determinan su salario. De alguna manera, la matemática está presente en todo aspecto de nuestras vidas".

"Me voy a dedicar a comprar boletos de lotería y volverme millonario", dije, pues sabía que no iba a ganar esa discusión.

"Las probabilidades de que ganes son muy bajas, y eso lo sabrías si estudiaras más matemáticas", dijo.

A las 2:30, volvió a sonar la voz del director de la escuela a través del intercomunicador. La amenaza había terminado y la policía había confirmado que todo estaba en orden. "Pueden irse a casa", anunció. "Tienen permitido salir temprano hoy".

Abrieron las puertas y salí de prisa del salón.

Isabel me detuvo en el pasillo. "Oye, ¿dónde estabas?". Ella estaba sin aliento, como si acabara de correr una maratón. "Estaba tan preocupada por ti".

"Estaba recibiendo tutorías", le dije. "Yo también estaba preocupado por ti, pero el Sr. Díaz me dijo que no podía salir del salón".

"¡Todos estaban buscándote!", Isabel parecía molesta.

"¿Me estaban buscando a mí? ¿Por qué?".

"Hubo disparos en la cancha de baloncesto. Dicen que hay muchos niños heridos".

"¿Quiénes?".

"No lo sé. Pero la policía vino a buscar al culpable. Pensaron que habías sido tú. Me estaba volviendo loca".

"¿Pensaron que *yo* había sido el culpable? ¿Tú también pensaste que había sido yo?".

Me sentía destrozado. ¿Cómo pudo ella pensar eso de mí? Después de salir por dos años, ella sabía que yo era un niño bueno. No fumaba, no tomaba, no consumía drogas. Hasta dejé de tomar el café que tanto amaba cuando la enfermera de la escuela dijo que eso manchaba mis dientes. Había oído de inmigrantes que habían sido deportados por vender marihuana y cocaína, o por robar y asaltar a la gente. No iba a arriesgar mi futuro.

"Dijeron que un joven de nombre Aquilino tenía una pistola", dijo ella. "Oí que tú estabas jugando baloncesto cuando sonaron los disparos. Temí que estuvieras herido".

No habían muchos Aquilinos en Crown Heights. Solo había otro más en Wingate. Sí, había estado en la cancha de baloncesto con el otro Aquilino después del recreo y justo antes de ir a clase con el Sr. Díaz.

"Sí, estaba jugando con él, pero luego me fui. ¿Estás segura que él le disparó a alguien?", le pregunté. Él y yo estábamos juntos en la clase de español. "Parece ser un buen muchacho. Igual que su hermano gemelo".

"No lo conozco", dijo; parecía ya más tranquila.

No entendía cómo alguien podía confundirme con el otro Aquilino. Él y yo éramos muy diferentes. Él tenía la piel más oscura, era muy delgado y más alto que yo. Medía, más o menos, seis pies. A pesar de que yo era cinco pulgadas más bajo que él, yo pesaba más. Él, además, era mayor que yo, de Panamá, soñaba con ser rapero y siempre llevaba un Walkman al lado de su oreja; le gustaba escuchar canciones de El General y Tupac. El otro Aquilino llevaba cadenas largas, anillos, y tenía dientes de oro y trenzas. Yo nunca había tenido trenzas ni había usado joyería, por miedo a que me asaltaran o alguien me las robara.

"Yo nunca traería un arma a la escuela, ni haría algo así", agregué. No podía creer que dos estudiantes bilingües con los que había jugado baloncesto podrían estar involucrados en un tiroteo en mi escuela.

"Sabía que tú no harías algo así", dijo ella. "Pero me pareció extraño que el culpable tenga tú mismo nombre".

Me acerqué a ella y le di un abrazo, y ella me abrazó de vuelta. "¿Estás bien?".

"Estaba muy asustada", dijo ella.

"¿Dónde están tus hermanos? ¿Están bien ellos?".

"Sí. Todos estábamos en el gimnasio, esperando a que todo terminara".

Caminamos hacia la salida cuando el agente de seguridad, Lou, quien estaba hablando con alguien más a través de su intercomunicador, me detuvo.

"Oye, ¿dónde estabas?", preguntó. "Dijeron que el que disparó había sido un tal Aquilino".

Lou era un hombre latino muy amable que me conocía y que hablaba español, pero me puso nervioso. Sentía que me acusaban de un crimen solo por mi nombre.

"Estaba jugando baloncesto afuera, pero luego fui a ver al Sr. Díaz, a la una. No vi que nadie se peleara ni tuviera armas, ni nada", le dije.

"¿Y dónde está el otro tipo, tu tocayo?", preguntó como si yo fuera responsable por mi homónimo.

"¿Cómo voy a saber yo?", le grité; estaba a la defensiva. "No soy su niñero".

¿Así que aún no han atrapado al culpable?, pensé. Si el guardia que me hablaba en español todos los días de repente sospechaba de mí, entonces pensé en lo que harían los policías que no me conocían. Me moría del miedo.

Unos años antes, la policía había detenido a mi hermano Tony. Fue después de que un pandillero llamado Bryant les advirtió a los estudiantes hispanos que no pasaran frente a su salón de clases. "O nos los echamos". Tomé esa amenaza muy en serio y fui al otro lado del edificio a toda velocidad para no llegar tarde a clase. Tony no hizo caso a las amenazas, entró a la clase de Bryant y fue atacado. Mi hermano trató de defenderse, golpeó a Bryant, quien se abrió la cabeza de un golpe en la pared y llenó de sangre su chaqueta. La madre de Bryant se quejó con el director y la policía, a pesar de que su hijo había provocado la pelea.

La mañana siguiente dos policías entraron a la escuela y llevaron a Tony a la comisaría. A continuación, fue a corte, pero no teníamos dinero para pagar a un abogado. La denuncia falsa de un bravucón quien inició una pelea con mi hermano podría causarle a Tony a tener antecedentes penales y llevarlo incluso a la cárcel, o peor aún, podría incluso ser deportado. Era algo tan injusto, especialmente si él apenas se había defendido de una paliza. Él tenía derecho a defenderse. Varios estudiantes corroboraron la versión de Tony. Al día siguiente la policía arrestó a Bryant por robar un carro, y por eso no pudo ir a corte y el juez desestimó el caso contra mi hermano.

"¿Tú también estabas involucrado?", me preguntaron mis papás.

"No, pero siempre están amenazando a los niños latinos de la escuela".

"Solo aléjate de los problemas", dijo mi papá.

"Si alguien se mete con Tony, de inmediato iría a ayudarle", le dije.

"Solo ten cuidado", me advirtió mi papá. "Esto pudo haber terminado muy mal".

Después de que Bryant fue puesto en libertad, este le dijo a Tony, "Te respeto por no echarte para atrás, incluso al ver que éramos más" y se volvieron amigos. Yo admiraba a Tony por no permitir que nadie se metiera con él. Pero desde que éramos niños, él confrontaba a las personas y reaccionaba sin medir consecuencias. Yo prefería quedarme atrás y evitar las peleas. Nos sorprendió además que los policías fueron honestos durante la investigación y que no tuvimos que sobornar a nadie para ayudar a Tony, como pasaba en la República Dominicana. Los profesionales estadounidenses del sistema de justicia fueron imparciales a la hora de abordar el caso de Tony y reconocieron la verdad.

Ahora, esta denuncia falsa en mi contra, basada en mi nombre, me preocupaba aún más porque yo no había peleado o retado a nadie —simplemente estaba estudiando más horas para mejorar mis notas—. Pero, como inmigrante, siempre estaba bajo presión y debía probar que no era un criminal o un extranjero sin educación que solo se aprovechaba del sistema. No importaba lo mucho que me esforzaba por ser un ciudadano honrado, yo siempre podía ser sospechoso de un crimen.

Sin embargo, en vez de arrestarme, el agente de seguridad me contó lo que había pasado. A eso de la 1:15, veinte minutos después de que dejé las canchas, que están en la parte atrás de la zona de juegos, empezó una pelea. El otro Aquilino sacó un arma y empezó a disparar. Tres estudiantes fueron heridos y un joven llamado Dwight Archer murió por impacto de bala. No conocía a Dwight, quien tenía dieciocho años y asistía a South Shore High en Canarsie, a quince minutos de distancia, pero supuse que él había estado jugando en el equipo contrario al mío. Literalmente esquivé balas porque tenía miedo de llegar tarde a mi reunión con el Sr. Díaz. Estaba agradecido que estaba cuidándome otro maestro. Parecía una señal de Dios o del abuelo Fillo, una señal que decía que siguiera estudiando y pidiera ayuda.

Al día siguiente los periódicos anunciaron que tres hermanos en Brooklyn habían sido arrestados: Ricardo Lara de veintiún años fue acusado de intento de homicidio junto con sus dos medio hermanos de dieciocho años, Alonzo Soto y Aquilino Soto. *The New York Times* cometió un error y a mi tocayo lo llamó "Ansuilno". Por alguna razón me molestó que ni siquiera fueran capaces de escribir nuestro nombre correctamente. Años después, la Srta. Vega me contó que tras un tiempo en la cárcel, Ricardo, Alonzo y Aquilino volvieron a Panamá, y allá tuvieron una exitosa carrera musical.

Después del tiroteo, la escuela intensificó sus controles de seguridad. Los guardias de seguridad empezaron a usar máquinas de rayos X, detectores de metal manuales y otros más sofisticados, y empezaron a catearnos y revisar las mochilas con cuidado cada mañana en la entrada. No les dije a mis padres o a mi hermano sobre lo que había pasado y ellos nunca me preguntaron al respecto. Ellos no leían noticias o veían los noticieros locales en ingles. Los viajes hacia su trabajo y de vuelta a casa estresaban tanto a mi mamá, que ella solo llegaba a bañarse de noche, hacía la cena y luego sintonizaba una telenovela para relajarse, antes de irse a dormir. A veces cometía el error de ver las noticias de las diez de la noche donde escuchaba sobre todo lo que pasaba en el barrio y eso hacía que no quisiera salir de casa. Si mis padres se hubieran enterado de las cosas peligrosas que ocurrían en Wingate High, me hubieran obligado a ir a la escuela de mi hermano. Pero de ninguna manera iba a cambiarme de escuela. Asumí los riesgos solo para ver a Isabel todos los días.

7

American Express

Brooklyn, 1998

PARA SER MEJOR, TAL Y COMO ME ACONSEJÓ EL ABUELO
Fillo, intenté borrar cada rastro del ignorante niño extranjero
que aterrizó en Brooklyn seis años antes. Consideraba a la Srta.
Vega, la Srta. Rodríguez, la Srta. Pecou y el Sr. Díaz como un equipo
de apoyo, algo así como una segunda familia que me protegía. Con su
ayuda, para cuando llegué al doceavo grado, había aprobado todas las
clases que había perdido la primera vez que las tomé y apliqué a diez
universidades comunitarias y estatales en Nueva York. El poder vivir en
casa me permitiría reducir gastos. Conforme me iba mejor en las clases,
estudiaba más.

Por trabajar más horas en la tienda de llantas, había acumulado
una buena cantidad de dinero. Y después de que dejé de darle dinero a
mi papá y dejé de comprar ropa barata en el mercado chino, pude empezar a comprar ropa en Macy's en Manhattan. Me había cautivado la
cultura *pop* de los Estados Unidos. Imitaba el estilo de tipos como Joey

de *Friends*, Will Smith en *El príncipe del rap* y Tom Cruise en *Misión: Imposible*. Para verme bien y encajar con los populares, subí de categoría al empezar a usar chaquetas Tommy Hilfiger, pantalones Guess y botas Timberland.

A mí me encantaban las faldas y los vestidos estilizados y las sandalias puntiagudas que usaba Daisy Fuentes y Salma Hayek, pero a Isabel no le importaba mejorar su apariencia. Ella llevaba los mismos *jeans* desgastados, camisetas desteñidas y zapatos tenis que la hacían verse como una niña pobre. Además, no usaba maquillaje y llevaba su pelo siempre en una moña. Una vez una muchacha que coqueteaba conmigo me dijo, "No sé qué le ves a Isabel; ella es tan sencilla". Me dio vergüenza tener una novia tan sencilla y me avergonzó aún más haber pensado eso.

Un día, durante el almuerzo, le dije a Isabel, "¿No te puedes vestir mejor, usar tacones o pintalabios como tu prima Elena? Ella es muy bonita".

"No", dijo, herida y molesta. "Si quieres estar con Elena, ya no necesito estar contigo". Ella se puso de pie y se fue sin mirar atrás.

Debí haberla seguido para explicarle que no lo había dicho en serio y que no me gustaba su prima para nada. Pero no hice nada. Ella me ignoró por una semana. Era obvio que habíamos terminado. Yo no estaba enojado. Honestamente, estaba un poco emocionado de estar soltero otra vez para así ir a fiestas y hablar con chicas más elegantes. Sin embargo, ninguna de las muchachas que vestían ropa de diseñador y llevaban maquillaje en los ojos, eran tan divertidas, amables o inteligentes como Isabel. Aun así, no intenté hablar con ella. Quería olvidar mi pasado y acercarme a chicas menos anticuadas y conservadoras, muchachas con menos restricciones impuestas por padres inmigrantes como los míos.

Tras tres meses aún extrañaba a Isabel. Lo que sentía por ella era más profundo que lo que podía obtener de una chica que usara ropa cara y pintalabios. Para empeorar las cosas, vi que Isabel empezó a vestirse mejor, pero no para mí. Estaba en agonía por saber que había tratado mal a alguien que había sido muy dulce conmigo. Me di cuenta de lo vanidoso y superficial que había sido, y que había intentado huir de quién yo era y actuar como alguien más. Había cometido un error espantoso y necesitaba disculparme con Isabel.

Le compré una caja de chocolates en forma de corazón, una docena de rosas rojas y le escribí una carta, explicándole lo que había ocurrido. "Perdón. Actué como un estúpido. No lo dije en serio. No me sentía atraído a tu prima o quería que fueras más como ella. Eres la única chica a la que he amado. Espero que puedas perdonarme".

Tomé el bus B12 camino a la casa de Isabel con los regalos y una disculpa, imaginando que ella me iba a dar otra oportunidad para así retomar nuestra relación. Antes de bajarme en su parada, me sorprendió verla besándose con otro tipo a una calle de su casa. El muchacho parecía ser dominicano y tenía piel oscura. Él era más alto y musculoso que yo, y llevaba un corte militar. Me sentí inadecuado e inferior , y no podía creer el gran error que había cometido.

Como sabía que Isabel no estaba en casa, toqué el timbre. Su madre me dejó entrar al edificio. "Le traje esto a Isabel", dije y tímidamente le entregué a su mamá los chocolates y las flores, asumiendo que ella sabía que habíamos terminado.

"¿Por qué no entras?", me dijo ella con amabilidad.

"No puedo, me tengo que ir. Olvidé que mi mamá necesita que la ayude con algo", le contesté. Si no me iba de inmediato, ella iba a empezar a hacerme preguntas o yo iba a empezar a llorar.

En la escuela me enteré de que el nuevo novio de Isabel era cinco años mayor que yo, que entrenaba con las fuerzas armadas, vivía solo y tenía carro. ¿Cómo iba a competir con algo así?

Mi vida en casa era un desastre también. Mi mamá y mi papá casi nunca estaban en casa, y cuando sí estaban, se la pasaban peleando. Me sentí incluso más solo después de que Tony dejó la escuela y empezó a trabajar tiempo completo en la tienda de llantas y a presentarse como

DJ por las noches. Casi ya no lo veía. Lo recomendé para una fiesta de cumpleaños que iban a tener unos muchachos que yo conocía. Nuestro primo, Edgar, que estaba en la reserva militar, lo ayudó a llevar las bocinas. En la fiesta, Edgar bailó salsa y merengue, y yo intenté copiar sus pasos en la pista de baile. A Tony le presenté a Karina, una niña muy linda de mi clase. Tiempo después, se enamoraron y se fueron a vivir en su propio apartamento. Incluso hablaban de casarse e irse de la ciudad a un lugar más barato, donde hubiera grama y árboles. Después que Tony se fue de la casa, yo tenía más espacio pero, igual, debía compartir el sofá cama con mi primo Agusto. Quería que mi compañero de habitación fuera mi primo Edgar, quien era más joven y chévere que Agusto.

De todas maneras, continué con mis estudios. Me emocionaba ser el primer miembro de mi familia que se graduaba de la escuela, incluso si me había atrasado un año y tenía ya diecinueve años. Mi mamá llegó a la graduación. Había unas doscientas personas en el público ese día. Yo llevaba un traje negro y un corbatín debajo de mi toga negra; llevaba corbatín porque nunca había aprendido a hacerle nudo a una corbata. Ni siquiera tenía una corbata.

"Estoy muy orgullosa de ti, Quilo", me dijo mi mamá.

La mayoría de los papás de mis compañeros de clase llegaron a verlos. Yo invité a mi papá, pero él no llegó a sentarse al lado de mi mamá; la imagen era una triste metáfora de lo que había sido mi niñez. Sin embargo, el entusiasmo de mi madre compensó por la ausencia de mi padre. Durante la ceremonia, cuando llamaron mi nombre, escuché a mi mamá gritar, "¡Gracias a Dios!". Era raro escuchar a mi tímida mamá gritar así. Volvió a gritar de la emoción cuando escuchó que llamaron mi nombre por haber obtenido un premio de servicio por completar el Programa Upward Bound, el cual me había recomendado la Srta. Vega, y era un programa que ayudaba a jóvenes marginalizados como yo a graduarse de la escuela.

Después de eso, abracé y les di la mano a mis compañeros de clase y nos deseamos tener buena suerte en el futuro. Mi mamá le hizo de paparazzi y me pidió que posara de muchas maneras. Le dije que usara un rollo completo para enviarle fotos a mi abuelo Fillo, a pesar de que sabía que iba a gastar otros diez dólares para revelar las fotos y quince dólares más para enviarlas de forma expedita y así llegaran por correo a la puerta de su casa. Sentía como que estaba derribando muros académicos para él y todos mis parientes que nunca tuvieron la oportunidad de estudiar.

El papá de Isabel me vio y fue a darme la mano. "Felicidades. Espero que sigas estudiando", me dijo. Considerando lo descortés que había sido con su hija, fue muy generoso de su parte el darme sus buenos deseos.

"Es mi plan, señor", le dije. Vi a Isabel, me disculpé con su padre y fui a hablarle a ella.

"¿Podemos a hablar?", le pregunté.

Ella asintió en silencio y caminamos fuera del salón.

"Tenía ganas de pedirte perdón por mi comportamiento", le dije. "Nunca fue mi intención herir tus sentimientos o que todo terminara así". Patéticamente aún intentaba reparar lo que mi vanidad había roto.

"No te preocupes". Actuó como si no fuera algo importante. "Las cosas pasan por una razón".

"En serio te deseo lo mejor en la vida", le dije, tomándole la mano.

"A ti también". Soltó mi mano. Era obvio que ya me había superado.

¿Quién podía culparla por actuar así si yo había sido un idiota con ella? Ese era el precio de ser tan superficial e insensible. Había perdido a una gran novia con la que aún quería estar. Al menos su novio mayor no estaba ahí. En secreto deseaba que terminaran y que me diera otra oportunidad. En vez de tener una cena romántica con mi novia y así celebrar el mayor logro de nuestras vidas, mi mamá me compró un helado de fresa en Baskin-Robbins.

En julio escuché en el noticiero que un hombre llamado Russell Eugene Weston había ido al Capitolio de los EE.UU. en Washington, al edificio al que había ido durante mi viaje escolar, con un revólver. El hombre abrió fuego y mató a dos policías antes de dispararse a sí mismo. De inmediato me preocupé por el agente tan amable que había conocido ese día. Unos días después vi las fotos de las víctimas en el periódico: un hombre afroamericano de cincuenta y ocho años llamado Jacob Chestnut y un hombre de cuarenta y dos años llamado John Gibson que, a pesar de ser blanco, era mayor que el guardia que conocía y tenía el cabello más corto que él. El criminal que llegó a hacer daño sobrevivió, pero no los agentes que valientemente hacían su trabajo y protegían a la gente. Chestnut y Gibson fueron los primeros policías estadounidenses cuyos restos fueron velados en la Rotonda del Capitolio. Luego fueron enterrados en el Cementerio Nacional de Arlington. Soñaba con algún día ser tan valiente como ellos.

Como aún no sabía qué carrera quería tener, me enfoqué en mis estudios. Tomé las pruebas del SAT dos veces. Para obtener mejores resultados, me apunté para hacer el examen por tercera vez. El día antes de las pruebas, estaba jugando baloncesto cuando me lastimé el meñique derecho y tuve que ir a la sala de emergencias donde me pusieron puntos y una férula alrededor de tres dedos. No quería fallar la prueba, así que esa mañana tomé pastillas de ibuprofeno y me quité la férula. Terminé con el dedo torcido, pero al menos obtuve mejores calificaciones y fui aceptado en tres universidades.

La única universidad que podía pagar era la Universidad de Long Island o LIU, por sus siglas en inglés. Tenían un campus en Brooklyn que estaba cerca de casa, en la esquina de Flatbush y la Avenida DeKalb, justo enfrente de Junior's Cheesecake, a donde iba a comprar hamburguesas, papitas fritas y cheesecake de fresa, que costaban lo mismo que un almuerzo en la cafetería de la universidad. Cursé un programa de dos semanas en LIU, además de su programa de orientación, y los disfruté mucho. Motivado para empezar en el otoño, me registré como estudiante tiempo completo y empecé a tomar clases de inglés y comunicación, que eran obligatorias, una clase de dibujo y una clase optativa para así obtener un total de doce créditos. Ahora que mis habilidades de lenguaje habían mejorado y sabía estudiar, sacaba mejores notas que en Wingate, e incluso ingresé a la lista del decano y al programa de honores. Soñaba con ser fotógrafo, escritor o pintor, y me sentía halagado cuando mi maestra de arte me dijo que debería intentar ser modelo. ¡Podía hacer cualquier cosa!

O al menos eso pensaba. Desafortunadamente, hacer la mayoría de cosas implicaba tener dinero que yo no tenía. Trabajar treinta y cinco horas a la semana en la tienda de llantas no me acercaba lo suficiente a mis sueños. Tuve que gastar cuatro mil dólares de mis ahorros y pedir préstamos estudiantiles para pagar mi primer semestre, pero sabía que no iba a poder pagar una carrera de cuatro años. Apenas podía comprar mi tarjeta del transporte público y un poco de pollo frito. Solicité becas y subvenciones para pagar el siguiente semestre. Con la poca ayuda que recibí no me alcanzaba ni para comprar libros o comida.

En la primavera, de camino a casa, después de salir de mi clase de introducción a la fotografía, me quedé sorprendido cuando vi a Isabel salir de la oficina de registro. Llevaba a una bebé con un mameluco color rosa. Me quedé parado ahí, mirándola.

"Oye, ¿qué haces aquí?", le dije finalmente. "Qué coincidencia. ¿Estudias aquí también?".

"Ya no. Tuve que salirme porque acabo de tener mi bebé", dijo mientras intentaba darle un chupón a su hija.

"¡Guau! No puedo creerlo. Ella es muy linda", dije y sentí un dolor en el corazón. La última vez que la había visto fue en nuestra graduación en junio. *¿Ya estaba embarazada entonces?*, pensé. Asumí que se había casado con el tipo musculoso con el que la había visto, pero no sabía cómo preguntarle sobre él. "¿Cuál es su nombre?".

"Valentina", respondió ella, muy orgullosa, meciendo a su bebé para hacerla sonreír.

Sostuve a la bebé de Isabel de camino a la estación del tren y pensé que yo podría haber sido su padre si no hubiese sido tan tonto. Me dio tristeza y sentí como si estuviera en una situación muy surreal cuando le devolví su hija a Isabel, antes de entrar a la estación. Ella iba a la parada del bus. Íbamos en direcciones opuestas.

"Me alegró verte. Cuídate. No te desaparezcas", le dije. "Todavía tengo el mismo número de teléfono".

No volví a saber de ella.

Años más tarde, en el perfil de Facebook de su hermano, vi a Isabel vestida con un uniforme de policía y tuve que ver dos veces la foto para procesarlo todo. Tenía la esperanza de toparme con ella en algún lado, pero nunca ocurrió.

8

Obtener una educación

Brooklyn, 1999

ME DESMOTIVABA NO TENER DINERO. ESTABA MUY ansioso por obtener mi título universitario, así que pensé que podía pagar un poco de la matrícula con mi tarjeta de crédito, pero el banco solo me aprobó un gasto de quinientos dólares. Para recibir otros préstamos, necesitaba la ayuda de mis padres. Le pedí a mi papá su número de seguro social y le pregunté si él podía firmar el contrato conmigo.

"A mí tampoco me van a dar el préstamo", dijo, muy enojado. "¿Por qué estás gastando todo ese dinero?".

"¿No puedes al menos ayudarme para cubrir los gastos del próximo semestre?", le rogué.

"Esto es todo lo que tengo", me dijo, sacando su billetera. Me ofreció cien dólares.

"Gracias, pero eso no es suficiente", le respondí y no tomé el dinero. "Tengo que pagar mucho más que eso".

Me dije a mí mismo que mi papá no era tacaño, que solo no tenía idea de lo caras que eran las universidades o que necesitaba miles de dólares para obtener mi diploma. Él apenas había llegado al octavo grado y dejó de estudiar porque mi abuelo Fillo necesitaba que lo ayudara en la finca. Para mi papá, cien dólares era mucho dinero.

Sabía que había sido muy inoportuno. Como mi primo Agusto vivía con nosotros, estábamos muy apretados en nuestro apartamento de una habitación, así que mis papás decidieron gastar el dinero extra que ganaban para mudarnos a un apartamento más grande de tres habitaciones en la avenida Pitkin, a veinte minutos de nuestro antiguo apartamento, pero siempre en Brooklyn. Como Agusto contribuía doscientos dólares al mes para pagar la renta, él dormía en la habitación más grande, la que tenía aire acondicionado. Yo tenía que conformarme con el cuarto en medio del apartamento. No tenía ventanas y no tenía aire acondicionado. El dueño de la compañía de taxis donde trabajaba mi papá era dueño además de un edificio cerca, en la avenida Van Siclen, y donde había una pizzería en el primer nivel. Cuando se fue la pareja que administraba la pizzería, mi papá decidió renunciar a su trabajo como taxista y hacerse cargo del alquiler del lugar. Mi mamá le pidió dinero prestado a un hombre que decía ser un inversionista. Él le prestó suficiente dinero para que pudieran rentar la pizzería, pero con altos intereses. Yo tenía la esperanza que la relación entre mis papás mejorara por trabajar juntos, pero conforme aumentaron los gastos, empeoró el abuso verbal de mi papá.

Una mañana, mientras me arreglaba para ir a clases, me sorprendió escuchar que mi mamá estaba en casa. Vi que estaba llorando, pero ella no volteaba a verme.

"¿Te pegó? ¿Qué pasó? ¿Te habló mal otra vez?", le pregunté.

"No es nada. Voy a estar bien". Ella intentó ocultar su cara. "No le digas nada a él".

"¡Deja de protegerlo!". Había perdido la paciencia. "No son ni las ocho y mira lo que te hizo".

Mi mamá finalmente me dijo que un cliente se quejó después de que ella, por accidente, le había dado café en vez de té para su desayuno, y mi papá empezó a gritarle y regañarla. "Coño, ¿qué es lo que te pasa? Eres bruta ¿o qué? ¿Por qué no puedes hacer nada bien?", dijo enfrente de los clientes. Ella corrió de vuelta a casa pues se sentía humillada.

Fui deprisa hacia la pizzería. Entré de golpe y enfrenté a mi papá delante de todo el restaurante. "¿Cómo puedes hablarle así a mi mamá?", le grité. "¿Qué tipo de hombre eres, faltándole el respeto a tu esposa en el trabajo, delante de todos? ¡Te debería dar vergüenza!".

Él estaba en *shock* por mi arrebato. "¿Quién carajo crees tú que eres?", gritó desde atrás del mostrador.

"Soy el hijo que vas a perder por la horrible manera como la tratas", le dije. "¡Si sigues así, te vas a arrepentir!".

Si no me iba en ese momento, hubiera sido capaz de pasar por arriba del mostrador y darle un golpe en la cara a mi papá. Estaba tan enojado que tomé el primer bus que pasó por ahí, y pensé en ir a visitar a mis viejos amigos y a los profesores alentadores de Wingate. Pero volver a mi escuela tan pronto me pareció algo patético. Lo que realmente quería era ir a pedirle consejo a Isabel o sus padres. Sin embargo, inmediatamente supe que era una mala idea dar marcha atrás. Ir a la universidad era mi camino hacia adelante, si tan solo pudiera encontrar la forma de pagar mis estudios. Si trabajaba las horas necesarias para pagar la matrícula, no iba a tener tiempo suficiente para asistir a clases. Se supone que tener ambición era algo bueno, entonces, ¿por qué me sentía tan atascado?

El bus pasó frente a un edificio de ladrillo con ventanas de vidrio. En la marquesina había un letrero que decía *Ejército de los EE.UU. — enlístate hoy.* Los marines, la fuerza aérea y el ejército, todos tenía una sección ahí. Había visto esa oficina de reclutamiento en la Avenida Church antes, pero nunca se me ocurrió entrar a ver. Recordé un día de 1991, en Los Limones, cuando un grupo de amigos y yo vimos por la ventana de la casa de un vecino adinerado un noticiero que mostraba soldados del ejército de los EE.UU. defendiendo Kuwait de la invasión de Sadam Hussein. El vecino le daba energía a su televisor con un generador eléctrico. Esa vez agarré un palo de madera y jugué que era un valiente soldado estadounidense que, con arma en mano, prevenía que un peligroso dictador le hiciera daño a gente inocente.

Jalé el cable para pedirle al conductor del bus que parara. Me bajé del bus y entré a la oficina de reclutamiento. Un soldado afroamericano calvo, musculoso y vestido con uniforme hizo a un lado la carpeta que tenía en manos y se acercó a mí. Me vio a los ojos y me ofreció la mano. "Soy el sargento Miller", dijo.

"Soy Aquilino Gonell, señor", dije, dándole un fuerte apretón de manos.

"Aqua . . . ¿cómo dices?". Le costó pronunciar mi nombre.

Como mi segundo nombre es Antonio, le dije, "Llámame Anthony. Es más fácil". El nombre completo de mi hermano es José Luis, pero la gente le decía Tony. Tal vez yo quería tomar su nombre, al igual que su actitud ruda y valiente.

"Claro. Ahora dime, ¿cómo te podemos ayudar hoy, Anthony?".

"¿Si me alisto en el ejército hoy aún podría ir a la universidad?", pregunté.

"Sí. Puedes ingresar ya sea a las fuerzas de reserva o realizar servicio activo". El sargento Miller me entregó un panfleto. "Servicio activo significa que recibes un salario de veintiún mil dólares para ser parte del ejército tiempo completo, una vez termines tu entrenamiento. Tras seis meses, el programa educativo G.I. Bill cubre toda tu matrícula".

Pero yo no podía esperar tres años para ir a la universidad. Quería terminar mis clases de verano e inscribirme al próximo semestre. "¿Qué significa estar en reserva?".

"Significa que te van a pagar por realizar dieciocho semanas de entrenamiento básico en el verano, más un entrenamiento de catorce días al año e ir un fin de semana al mes a la base. Fuera de esos compromisos, tienes la libertad de ir a la universidad".

"¿Y el ejército podría ayudarme a pagar mi matrícula este año?".

"Sí". Me mostró una gráfica donde decía que iba a recibir $251 al mes por estar en reserva si estaba inscrito en la universidad como estudiante a tiempo completo. "También puedes solicitar una asistencia de matrícula después de que vuelvas a tu estación principal, en la Unidad de Asuntos Públicos de Fort Totten, en Queens, Nueva York".

"¿Y qué pasa si hay una guerra? Los que están en reserva son los últimos en ir, ¿no?", pregunté y pensé que los soldados que están en reserva los aparta el ejército para "enviarlos después". Esperaba que no hubiera guerra; al menos no hasta obtener mi diploma.

El hombre se rio. "A veces los que están en reserva son los primeros en ir a combate". Añadió, "Hay un bono de bienvenida".

"¿En serio? ¿De cuánto?".

"Diez mil dólares", dijo.

Eso era mucho dinero para mí. Definitivamente me ayudaría a obtener mi título universitario. "Entonces, me quiero enlistar a las fuerzas de reserva, señor. Lo más pronto posible".

"¿Qué te ocurre?", preguntó. "¿Cuál es la prisa? ¿Estás en problemas?".

"No. Terminé la escuela hace poco. Asistí a Wingate High School. Y acabo de empezar la universidad. Estoy en Long Island University y no tengo antecedentes. Usted puede revisar. Solo necesito irme de aquí".

Después de llenar los documentos, el supervisor del sargento Miller escaneó mis papeles, vio que había nacido en la República Dominicana y me preguntó, "¿Eres ciudadano estadounidense?".

"No, señor. Solo tengo una *green card*". Sacudí la cabeza, pues estaba preocupado que eso afectara las posibilidades que me aceptaran.

"En ese caso, solo puedes estar en el ejército por ocho años. Más tarde, si quieres continuar tu servicio, tienes que completar el proceso de naturalización", me explicó el hombre.

"¿Eso qué es?".

"Es el proceso que realizas para convertirte en un ciudadano estadounidense".

Me pareció raro que usaran la palabra "naturalización" como si fuera antinatural nacer en otro país.

"¿Tienes alguna identificación?", me preguntó el supervisor.

Regresé al día siguiente con mi pasaporte, mi certificado de nacimiento, prueba de domicilio, mis calificaciones y una hoja con mi calendario universitario. No iba a correr riesgos. Nunca antes había estado seguro de nada más en la vida.

"Okey. Firma aquí y aquí", me dijo el sargento Miller. Hice lo que me pidió.

"El próximo martes te iré a recoger a las 0800 horas y te llevaré al Fort Hamilton, cerca del puente Verrazano, donde puedes tomar la prueba ASVAB en el MEPS, y así te asignamos un MOS", dijo.

"MEPS. MOS. ¿Qué es eso?". No entendí qué significaba ninguno de los acrónimos que usó.

"MEPS. *Military Entrance Processing Station* y *Military Occupation Skills*. (Estación de Procesamiento de Entrada Militar y Habilidades de Ocupación Militares)".

"Hombre, con el acento que tengo, cualquier trabajo me sienta bien", le dije.

"ME UNÍ AL EJÉRCITO", le dije a mi mamá esa noche. "Si termino el entrenamiento de dieciocho semanas, me ayudan a pagar la universidad".

Estaba nervioso y me sentía culpable de dejar a mi mamá, pues yo era su confidente más cercano y ella apenas hablaba inglés. Yo era su intérprete cuando iba al doctor. Le había ayudado a llenar el formulario para que obtuviera la ciudadanía y las peticiones escritas para poder traer a Giovanny y Liliana a Brooklyn. Me alegraba el hecho que ella quería ser una ciudadana estadounidense. Pero, entre perder a Isabel, a causa de su esposo, y a Tony, por su novia, sumado a la tensión que había en casa, tenía que alejarme. Pensé en comprar un boleto de vuelta a la República Dominicana, pero recordé las palabras sabias de mi abuelo Fillo. Necesitaba encontrar una manera de seguir adelante en este país, y el mejor plan que tenía era unirme al ejército.

"¿Estás seguro, Quilo?", preguntó mi mamá.

"Primero, voy a tomar los exámenes finales en LIU, para así terminar el semestre de primavera", le expliqué. "Luego, voy a ir a Carolina del Sur por unos meses, para hacer el entrenamiento. Y, después de eso, regreso a terminar la universidad el próximo semestre".

"Ay, mi Quilo vas a estar en el ejército", dijo mi mamá llorando; su rostro mostraba una mezcla de orgullo y terror.

Tuve que comprar una tarjeta de teléfono de diez dólares para llamar a mi abuelo Fillo y contarle que me había enlistado en el ejército de los Estado Unidos. "Es algo noble y altruista el servir a tu país", dijo. "Solo ten cuidado de no hacer nada que te deshonre o dañe tu reputación".

¿Cómo podría dañar mi reputación? ¿Consumiendo drogas? ¿Teniendo sexo? ¿No acatando órdenes? Sin siquiera haber empezado ya sentía la presión.

Ese martes, el sargento Miller me recogió en un Toyota Corolla y me llevó al Fort Hamilton para hacer un examen. Obtuve setenta puntos. Con ese puntaje solo podía trabajar manejando provisiones o como cocinero. ¿Quién antes había escuchado de un pelador de papas que realizaba actos heroicos?

Estaba decepcionado. Nada me resultaba fácil. Cada hito se retrasaba porque era un inmigrante y no tenía dinero. Constantemente tenía que alcanzar a los demás. Lo único que me mantenía motivado era no darme por vencido y saber que estaba dispuesto a trabajar más que los demás.

"No te fue bien en matemáticas", me dijo Miller.

Coño. Tenía razón el Sr. Díaz.

"Sé que puedo mejorar, señor. ¿Puedo tomar de nuevo la prueba?", pregunté.

"Dentro de una semana. Si mejoras tu calificación, tendrás más opciones de trabajo", dijo. "Ve a comprar un libro llamado *Army Services Vocational Aptitude Battery* (*Serie de aptitud profesional para los servicios del ejército*). Te va a ayudar. Es el mismo que estudian los agentes de la policía antes de hacer su examen de admisión".

Encontré un ejemplar del libro en el Barnes & Noble de Manhattan, cerca de donde solía comprar mis suministros para pintar y dibujar. Desempolvé los cuadernos que usaba con el Sr. Díaz y estudié por cinco días seguidos. Cuando volví a tomar la prueba, obtuve ochenta y cinco puntos. Con esa calificación podía ser parte del departamento legal, el de administración, o ser miembro de la infantería o de la policía militar. Como nunca antes había tenido un arma en mis manos, seleccioné ser parte del departamento de administración de personal. Finalmente, sentía como que tenía opciones en la vida.

Las horas que pasé jugando al baloncesto y levantando llantas pesadas en el taller de llantas me prepararon para el examen físico, el cual aprobé sin problemas. Después de que dos médicos revisaron mi fortaleza física y mental, me dijeron que podía empezar mi entrenamiento durante el verano, después de terminar mi semestre en la universidad. Para estar listo, empecé a correr de camino al taller de llantas y de vuelta a casa; corría un total de siete millas al día. Para ahorrar más dinero, me quedé en casa hasta terminar la universidad. Viví fuera únicamente durante mis entrenamientos militares.

El 13 de junio, estaba en medio de un examen en LIU cuando el sargento Miller me llamó a mi teléfono. "¿Por qué no estás en el Fort Hamilton?", preguntó.

"¿De qué hablas? Estoy en la universidad".

"El bus del ejército está esperándote en el MEPS del Fort Hamilton", dijo.

"Te dije que primero tenía que tomar mis exámenes finales". No entendía qué estaba pasando. Estaba seguro que le había dicho cuándo yo terminaba de estudiar. "Ya pagué por el semestre y debo terminarlo".

"Genial". Oí sarcasmo en su voz. "Entonces empiezas el entrenamiento básico el 23 de julio".

"¿Puedo empezar después de mi cumpleaños?", pregunté. "Voy a cumplir veintiuno".

"Mira, ese es el último curso de entrenamiento del verano". Estaba impaciente. "Ya te perdiste la primera ronda. Estás inscrito, así que debes ir o serás declarado AWOL".

"¿Qué es eso?".

"*Absent without official leave* (Ausente sin permiso oficial). Firmaste un contrato con el gobierno de los Estados Unidos. Quebrantarlo significa arruinarlo todo: tu calificación crediticia, tu puesto laboral y el resto de tu vida. Ni siquiera vas a poder obtener un trabajo en McDonald's".

Bienvenido al ejército de los EE.UU.

9

Poner en marcha

Carolina del Sur, 1999

"TIENEN DIEZ SEGUNDOS PARA SALIR DEL BUS Y FOR-
mar una fila fuera del edificio, junto al asta de la bandera.
"¡Vamos! ¡Vamos! ¡Salgan de ahí, maldita sea!", gritaron los
instructores militares.

Había sido un viaje tranquilo a Fort Jackson en Charleston, Carolina del Sur, junto a los otros sesenta reclutas, treinta hombres, treinta
mujeres, todos de mi edad. Había visto a otros cinco que parecían hispanos, dos asiáticos, veinte afroamericanos y el resto eran blancos.
"Supongo que somos el escuadrón de los latinos", les dije a las dos
muchachas lindas que estaban sentadas detrás de mí, Christina López
y Carmen Ríos. Ellas se rieron, pero nos duró muy poco la alegría.

En cuanto llegamos a la base, seis sargentos entraron al bus y nos
gritaron a todos adentro. El largo viaje nos había dejado cansados y
hambrientos. Lisa, la recluta afroamericana que estaba a mi lado, salió
a tropezones con sus maletas y abrumada por la prisa. Los sargentos

vieron su torpeza y le gritaron, "¡Bájate! ¡Rápido! Tu mami y tu papi ya no te pueden ayudar". Lisa salió corriendo del bus solo con una de sus bolsas de viaje, cuando se tropezó y cayó al suelo. Empezó a llorar mientras su ropa caía al suelo. Me sentí mal por ella.

"¡Llévate todas tus porquerías!", le gritó un sargento blanco y calvo mientras agarraba otra de las maletas de Lisa y la tiraba por la ventana del bus. "¡Levanta el culo! ¿Cuál es tu maldito problema?", preguntó, lo que provocó que Lisa llorara con más fuerza.

"A ver, déjame", le susurré, levantando las cosas de Lisa mientras cargaba mis bolsas de viaje y mi mochila, y mientras llevaba las bolsas de Lisa sobre mi hombro. Dejé caer todo cerca de la asta de la bandera y volví a ayudarla.

"¿Qué demonios crees que estás haciendo?", me gritó el sargento calvo.

"Solo ayudo a mi compañera, señor", dije, nervioso. No quería que escucharan mi acento.

"¿Eres su papi o su niñera?", me gritó. "Deja eso. No estás en tu barrio. Habla inglés y deja de tartamudear".

Era justo lo que temía. El sargento me había regañado por mi forma de hablar. Cuatro oficiales diferentes con sombreros de instructores militares me rodearon, y cada uno me ladraba órdenes contradictorias.

"Levanta su bolso", gritó una oficial mujer que vestía un uniforme verde.

"Déjalo ahí. No lo levantes", me dijo un oficial asiático.

"¿Por qué no sigues mis instrucciones? ¡Me estás desobedeciendo!", dijo la primera.

"Tienes que ayudar a tu equipo", gritó otro, un tipo musculoso que llevaba un sombrero café tan abajo que apenas podía verle los ojos. Su placa de identificación decía FIGUEROA, un apellido latino.

"Eso intentaba hacer, señor", balbuceé, con la esperanza de que fuera un poco más benevolente conmigo.

"¿Quién te dio permiso de hablar?", me gritó en la cara. No tuve suerte.

La escena parecía sacada de una caricatura. Pensé en los sargentos sádicos de las películas *Full Metal Jacket* y *A Few Good Men*. Estaba confundido. Era como si ellos trataran de engañarme, y yo no sabía siquiera cómo responder. Otro recluta que intentó acatar todas las órdenes que recibió fue humillado aún más. Así que me quedé ahí, viendo hacia adelante y recibiendo el abuso en silencio. Estaba arrepentido de haberme enlistado. ¿En qué me había metido? Desafortunadamente, era ya muy tarde para cambiar de parecer. Como los agentes no lograron obtener una reacción de mí, fueron a atormentar a alguien más. Todos corrían de un lado a otro, intentando descifrar qué hacer. Como estaban molestos que algunos reclutas se habían quedado atrás, otro sargento nos obligó a hacer lagartijas, abdominales y saltos de tijera. Los oficiales continuaron siendo abusivos, tratando de asustarnos y quebrantar nuestra voluntad para ver a quién podían sacar y quiénes de nosotros eran lo suficientemente fuertes y tenían madera para ser buenos soldados.

"Ya no son civiles", gritó uno. "Métanse eso en la cabeza. Vamos a quitarles todos los malos hábitos".

Nos dieron órdenes de hacer ejercicios durante noventa minutos más bajo el asfixiante sol. Caminamos como cangrejos sobre hormigas y en suelo enlodado, hicimos más saltos de tijera, abdominales, lagartijas y abdominales de bicicleta sobre nuestras espaldas. Todos sudábamos y nos hacía falta el aire. Finalmente nos permitieron tomar agua e ir al baño.

"La próxima vez, llenen sus cantimploras o pueden morir de sed", nos dijo un sargento cuando ya era muy tarde.

Tenía tanta hambre que comí rápidamente un horrible trozo de ternera con arroz y sopa de maíz en el comedor. Mientras comía, me decía a mí mismo que debía llevar siempre bolsitas de sal, pimienta y salsa de tomate para agregarle un poco de sabor a la comida insípida que nos daban. A continuación, formamos una fila para que nos cortaran el pelo. En segundos arruinaron mis largos rizos y me dieron un corte militar. Acto seguido, revisaron nuestras pertenencias para ver si llevábamos algo de contrabando, y nos quitaron nuestros teléfonos celulares, Walkmans, Game Boys, billeteras y fotos, y las metieron todas en una bolsa militar de tela.

"¿A dónde diablos crees que vas? ¿Crees que estás de vacaciones?", un sargento le gritó a uno de los reclutas. "No vas a ver estas porquerías por tres meses".

La mayoría de los reclutas estaban muertos del miedo. Como yo había crecido con pocas pertenencias, de hecho, de niño jugaba con piedras, esta regla no me impresionó. Pero el horario, sí.

"¿Tenemos que levantarnos a las cuatro de la mañana?", pregunté.

"Quieres decir las 0400 horas, soldado Gonell", me recordó un sargento. Tardé un tiempo en acostumbrarme a la forma militar de decir la hora. Empecé a usar mis dedos para contar después del doce.

Debíamos dormir a las 2300 horas, pero era imposible porque cada vez más reclutas llegaban cada hora y abrían y cerraban las puertas de un golpe, y dejaban caer sus bolsas en el suelo, las cuales hacía un ruido sordo. La mañana siguiente, para mi cumpleaños número veintiuno, desperté antes del amanecer por el sonido de botes de basura siendo aventados al suelo y tubos de metal golpeando los marcos de nuestras camas.

"Asegúrense de llenar sus dos cantimploras", les recordé a todos. Como algunos reclutas no llevaron suficiente agua, nos "quemaron", pues fuimos castigados hasta sentirnos exhaustos después de dos horas de ejercicios de calistenia. Una recluta vomitó y otra se desmayó y requirió atención médica.

El sargento Willingham, un oficial afroamericano mayor, me permitió usar un teléfono público para llamar a mi mamá para advertirle que no iba a poder hablar con ella durante las siguientes dieciocho semanas. "Estoy en la base. Estoy bien, pero no te puedo llamar hasta diciembre". Le di el número de la base, pero le dije que no llamara a menos que fuera una emergencia. Iba a ser el período de tiempo más largo que iba a pasar sin hablar con mi mamá. Como no podía protegerla, me preocupó que mi papá la maltratara durante ese tiempo.

Nos llevaron entonces a una clínica médica, hicimos una cola y cada recluta recibió varias inyecciones en cada brazo, siete en total, para prevenir la hepatitis, enfermedades meningocócicas, sarampión, paperas, rubeola, polio y gripe. Una hora después, cuando fui al baño, vi que mi pene se había encogido. Otro recluta tuvo la misma reacción.

"¿Qué demonios nos dieron? ¿Un anticonceptivo forzoso?", pregunté, medio en broma.

"Tal vez no quieren que tengamos sexo", dijo otro.

"O que embaracemos a alguien", dijo alguien más.

"Quizás sea hinchazón o algún otro efecto secundario", dijo el sargento Willingham. "Las inyecciones van a evitar que se enfermen. Es por su propio bien". Me pareció alguien empático mientras nos explicaba las reglas, los rangos, a quién saludar y cuáles eran los castigos por romper la ley o ausentarnos sin permiso. Nos advirtió que, si nos ausentábamos sin permiso, seríamos enjuiciados bajo el Código Uniforme de Justicia Militar, el cual, muchas veces, era más estricto que el sistema de justicia civil.

La mañana siguiente, una ambulancia se llevó a alguien al hospital porque intentó suicidarse en el edificio al lado del nuestro. Escuché rumores que en años anteriores reclutas que extrañaban estar en casa, sentían miedo y se suicidaban, colgándose de perchas metálicas o usando las sábanas de sus camas. Los padres de algunos de ellos los habían obligado a enlistarse en contra de su voluntad, pensando que el ejército iba a corregir sus actitudes negativas. Quizás el tener a un padre complicado e incapaz de tener una buena comunicación con sus hijos y dos abuelos que eran duros como capataces me habían preparado para el ejército. Estaba acostumbrado a navegar los humores inconsistentes de mi papá y a ser castigado y culpado por los errores de los demás. Así que el trato áspero de los oficiales del ejército me intimidaba menos.

Lo único positivo de estar en ese universo tan extraño y autoritario era que las jóvenes reclutas vestidas de caqui coqueteaban conmigo, lo que hacía que me olvidara de Isabel. A pesar de que los dormitorios de las mujeres estaban lejos de los nuestros, nos era permitido fraternizar en público. Lucy, una tejana alta de pelo castaño, solía sonreírme. Cuando marchábamos cara a cara ella me guiñaba el ojo y me tiraba besos. Un día íbamos juntos y ella intencionalmente me acarició la mano. Era emocionante intentar darle un beso sin que nadie nos viera. Pero nunca estábamos solos, y Lucy se graduó del entrenamiento antes que yo. Antes de irse, ella y yo intercambiamos direcciones y nos escribimos cartas. Yo había rociado de mi colonia Nautica en el papel donde escribí mi dirección y su hoja de papel olía a perfume Victoria's Secret con olor a pera.

Una tarde durante el receso, Sophia, una rubia bajita de Oklahoma, me vio escribiendo poemas y me pidió que le leyera uno. Ella también escribía poemas. Empezamos a almorzar juntos. En septiembre, empezamos a tener acceso a entretenimiento por las noches. Sophia y yo nos besamos a escondidas en el boliche, en el cine y durante un concierto que no fue cancelado a pesar de las lluvias torrenciales. Cuando dejó de llover, apareció un arcoíris muy romántico en el cielo. Desafortunadamente, Sophia no dejaba de pensar en el novio que había dejado en casa así que no estaba lista para tener relaciones íntimas con nadie más.

En Wingate High, las muchachas que conocía eran afroamericanas, hispanas o inmigrantes como yo. Aquí, yo les llamaba la atención a mujeres blancas nacidas en los EE.UU, que no era mi tipo, quizás porque nunca antes había conocido a una. A pesar de que creía que no me miraba bien con mi corte militar, y otros soldados eran más altos que yo, vi que mi cuerpo empezaba a verse más delgado y musculoso. Pensaba que por eso les llamaba la atención a las mujeres. Más tarde, llegué a la conclusión de que se sentían atraídas hacia mí por mi caballerosidad. Los otros hombres a veces eran unos cerdos, y tenían actitudes racistas y sexistas. Una vez, uno de los reclutas blancos me escuchó hablarle en español a la soldado López y me dijo, gritando, "Oye, mojado, ahora estás en los Estados Unidos, así que habla inglés".

"Hoy, me acosté con Diane del Segundo Escuadrón detrás de los arbustos", nos dijo un soldado una noche cuando estábamos en el cuartel. "Me la chupó y sin saber mi nombre. Qué puta es". Los demás empezaron a compartir sus historias. Encontraron a otro tipo en cama con dos reclutas en el dormitorio de mujeres. Él dijo que era sonámbulo y que ellas lo habían violado. Él fue expulsado del ejército.

Durante los conciertos, si los reclutas varones querían bailar con una chica, ellos simplemente se acercaban a una y empezaban a restregarse a sus espaldas y a robarles besos sin su consentimiento. Yo nunca di el primer paso. Si alguien se acercaba a mí, les preguntaba si querían bailar o si podía darles un beso. Yo les abría la puerta y las consentía durante nuestras citas. Lo único que tenía que hacer para destacar era comportarme como un caballero.

En octubre, nos permitieron por primera vez salir de la base durante tres días. Varios de nosotros alquilamos una habitación en un hotel barato, y ahí compartí el cuarto con otros dos compañeros. Cuando los otros estaban distraídos, Cara, una chica muy linda de veintitrés años de Nueva Jersey con pelo corto se acercó a mí, me lamió la oreja y me dijo que quería acostarse conmigo. La segunda noche, después de que todos se fueron a cenar, nosotros nos quedamos solos para tener un poco de privacidad. Cuando Cara apagó las luces y cerró la puerta, me puse nervioso. Mi hermano y mis amigos de la escuela habían estado con muchas mujeres ya, pero yo todavía era virgen. Tras crecer con cuatro abuelos católicos y conservadores, tenía la idea de que, si me acostaba con alguien, tenía que proponerle matrimonio y comprometerme con la relación, y que antes debía tener un trabajo y un lugar donde vivir. Eso obviamente no ocurrió con Cara, quien era más asertiva y tenía más experiencia que yo. Tras apenas unos minutos, ella ya me había quitado el pantalón.

"Yo nunca he hecho esto antes", le confesé. "No sé qué hacer".

"Yo te enseño", dijo con calma mientras alcanzaba un condón que me costó ponerme.

Entre la rara sensación del látex, el miedo a que mis compañeros de cuarto regresaran al hotel y nos encontraran, y que estaba convencido que las inyecciones que me había dado el gobierno habían arruinado mi aparato reproductor, me sentía al límite. Terminé tan pronto escuché un ruido en la puerta.

Aunque se sintió bien, sabía que Cara no estaba satisfecha, y me di cuenta de que no lo había hecho bien. Antes de que pudiera ofrecerme para darle placer de otra manera, escuchamos que alguien metía una llave en la puerta y corrimos al baño para vestirnos y así no nos vieran desnudos.

"Perdón. Sé que no lo disfrutaste", le dije. "Deberíamos volver a intentarlo".

"Estuvo bien", dijo.

No me sorprendió que Cara perdiera el interés. Aun así, casi ya no pensaba en Isabel y me emocionaba que a los veintiún años, ya no era virgen e inocente. Todo cambiaba y sentía que el futuro era prometedor.

Durante las dieciocho semanas que duró el entrenamiento básico y los dos meses adicionales cuando recibí entrenamiento de nivel avanzado, aprendí a aumentar fuerza, disparar varios tipos de armas, navegar con confianza la carrera de obstáculos, protegerme de armas químicas, biológicas y nucleares, interpretar mapas, realizar ensayos con bayonetas y cómo tirar granadas. Pero tuve algunos retrasos. No entendía qué significaban palabras como "protocolo", "enlistados", "propagación", "despliegue" o términos como "reglas de enfrentamiento". Apunté cada una de ellas y le hablé a la soldado López para que me las explicara y me ayudara a pronunciarlas correctamente.

Aunque era un buen corredor, pasar horas bajo la fría lluvia provocaron que me empezaran a silbar los pulmones y a tener contracciones en el pecho, lo que activó el asma que no había sufrido desde niño. Cuando me permitía ir más despacio y que los demás me rebasaran, el instructor militar, quien iba hasta atrás, me decía, "Puedes hacerlo mejor. Alcanza a los demás". Nunca le dije que tenía asma, para que no me enviaran a casa por órdenes médicas. Correr diez millas todos los días hizo que me empezaran a doler las rodillas. Las pastillas de ibuprofeno que recibía del ejército no me ayudaban.

Sin embargo, yo era competitivo. "Te apuesto que puedo hacer más lagartijas que tu", le dije a otro recluta. Mientras trabajaba en la cocina, hacía pulso con los demás. Me exigía más durante actividades que no tuvieran impacto sobre mis rodillas. Después de obtener 287 puntos de los 300 disponibles de la prueba física del ejército, y 38 de 40 de la prueba de tiro, un instructor militar pidió verme.

"Como tus calificaciones son tan altas, te nominamos para ser el soldado de la semana".

"¿Qué tengo que hacer, sargento?", le pregunté, y me sentía agradecido por haber sido considerado.

"Practicar. Tienes dos semanas para prepararte para la prueba". Me explicó que en la prueba evaluaban la apariencia personal, el comportamiento, conocimiento de los procedimientos, entrenamientos, costumbres y cortesías militares.

Diez miembros de nuestro batallón competimos uno a la vez una tarde de noviembre frente a comité de cinco sargentos. Yo era el único latino. Ocho eran blancos y uno era afroamericano. Me dirigí a cada superior por su nombre antes de responder el cuestionario que duró una hora. Al final, me volvieron a llamar.

"Soldado Gonell, tus calificaciones fueron las más altas y, por lo tanto, de tu batallón, tú eres el soldado de la semana", dijo el sargento Willingham. Nuestro comandante me entregó un certificado y una moneda de oro que aún conservo y que tenía un escudo estadounidense con el mensaje *DEFIENDE Y PRESTA SERVICIO: ORGULLO*

MILITAR. Además, me dieron otras dos medallas. La primera era por obtener un logro militar y la otra era una condecoración del ejército, la Medalla al Mérito del Ejército y el Reconocimiento del Ejército, respectivamente. Puse ambas en la solapa de mi uniforme.

Fue el honor más grande que había recibido en mi vida. Siempre me vi a mí mismo como alguien que permanecía fuera, alguien a quien la gente veía de menos o les provocaba lástima. Pero ahora, de repente, era un ganador. Me elogiaron por haber tenido un mejor rendimiento que mis compañeros que tenían todo tipo de procedencia y cuyas calificaciones eran más altas que el promedio. Me había enlistado en el ejército para escapar de mis problemas y para poder pagar mi educación. Sin embargo, el ejército aumentaba mi autoestima y me enseñaba a ser tan bueno o incluso mejor que los demás.

La mañana siguiente, el instructor militar Figueroa me entregó un ejemplar del periódico militar *Stars and Stripes*. Él me mostró una fotografía mía donde estaba junto a los otros cuatro ganadores de los otros batallones. Recorté la noticia y la guardé para dársela a mi mamá.

Cuando el sargento McDermott se enteró de que me gustaba el arte, me pidió que pintara la insignia del batallón en el suelo del cuartel y también a una imagen de Spawn, un superhéroe de cómics que protege su ciudad del mal. Terminé los dibujos la noche antes de mi graduación. Pinté con la ayuda de una linterna mientras todos dormían. El sargento McDermott firmó mi anuario. Escribió en él, "Buena suerte. Espero que llegues lejos pues eres un gran líder. Gracias por dibujar a Spawn. Mantén la concentración, la motivación, y no dejes de pintar".

En el ejército todos éramos iguales, hasta que El Día de la Familia puso en evidencia nuestras desigualdades económicas. La tarde que nos graduamos del entrenamiento básico, mi pelotón escribió una canción inspiracional que cantábamos a los superiores y nuestros familiares que llegaron a celebrar con nosotros. Me sentí excluido al ver a todos saludando a sus padres, hermanos y parejas, quienes habían viajado para la graduación. Como sabía que ni mi mamá, mi papá, ni

Tony tenían dinero para pagar el boleto de vuelo o no podían tomarse unos días de vacaciones, no les pedí que fueran a verme a Carolina del Sur. Pasé ese día con las reclutas Christina López y Carmen Ríos, preguntándome si ellas también venían de familias de inmigrantes con escasos recursos.

El 15 de diciembre, volé de vuelta a Nueva York con planes de reportarme a mi estación y luego continuar con mis estudios en la Universidad de Long Island en enero. Gracias al salario que recibía del ejército y la ayuda del programa G.I. Bill, me sobraba un poco de dinero. Llevaba mis bolsas militares sobre los hombros cuando llegué a casa. Sorprendí a mi mamá cuando vio que estaba en la puerta. No habíamos hablado en dieciocho semanas y me gustó abrazarla.

"¿Por qué no me avisaste que ya regresabas? No me arreglé", me dijo. "Y no tengo nada de comer para ti".

"Quería sorprenderte". Bajé mis maletas.

"Te miras bien, Quilo, mi niño guapo". Me abrazó con fuerza.

Había una pila de cartas en mi cama, y ahí vi una del ejército dirigida a mi madre. Era de mi comandante y decía lo siguiente:

Querida señora Gonell, a su hijo le fue solicitado que compitiera contra varios de sus compañeros frente a los altos funcionarios más sobresalientes del ejército de los EE.UU. Él obtuvo la calificación más alta de todos los competidores y fue declarado el ganador de la competencia. Sus logros responden a los estándares más altos del servicio militar. Considero que esta victoria es tan solo el inicio de una exitosa carrera militar. Felicidades.

Le traduje la carta a mi mamá y a ella se le llenaron los ojos de lágrimas. Le mostré el certificado, la foto del periódico y la moneda de oro que me dieron. Estaba de pie, en la mejor forma física de mi vida. Había perdido peso y ganado músculo. Pesaba un total de 169 libras.

"Ya no más rizos", le dije a mi mamá mientras ella tocaba el corte militar que había reemplazado mi cabello largo.

Cuando mi papá llegó a casa, me dio la mano y me preguntó, "¿Cómo estás?". Lo dijo con un tono amable que yo nunca antes había escuchado. Era como si todo hubiese cambiado.

"Estoy bien", le dije, y sentía que tenía más control sobre mí mismo. "Qué bueno verte".

Durante la cena, noté que mi papá le hablaba con gentileza a mi mamá, y volteaba a verme a cada rato. No estaba seguro si él demostraba un nuevo tipo de respeto porque me había convertido en un soldado o si me tenía miedo porque sabía que podía derrotarlo en una pelea.

10

Nuevos uniformes

Brooklyn, 2000

PUEDE QUE MIS LOGROS MILITARES HUBIERAN AUMEN-
tado mi autoestima, pero mis problemas económicos me derribaron. La esperanza que tenía de que el ejército pagara por mi
universidad rápidamente se esfumó. El cheque que recibía del programa
G.I. Bill, un total de 251 dólares al mes, no me alcanzaba para comprar
libros o para cubrir mis gastos de transporte o vivienda. Y nunca recibí
el bono de diez mil dólares que me prometió el sargento Miller. Estaba
furioso. ¿Qué podía hacer? Cuando volví a la oficina de reclutamiento,
me dijeron que Miller había recibido un acenso y había sido transferido
a otro estado. Su reemplazo no quiso darme su número de teléfono o
dirección, y me dijo, "No podemos hacer nada. El sargento Miller estaba a cargo de tu contrato, y tu bono de bienvenida no está acá".

Como había tenido prisa de alejarme de mi papá, estúpidamente
había confiado en Miller y había firmado la línea punteada sin antes
revisar el contrato dos veces. Aun así, le pedí a mi comandante de

unidad que investigara qué podía hacer. Efectivamente solo el sargento Miller podía interceder por mí. No era como si se pudiera hacer una búsqueda de Google. En esa época, el internet apenas empezaba. Si quería encontrarlo, tenía que hacer llamadas de larga distancia que no podía pagar. No tenía el tiempo ni los recursos para desenredar la burocracia del ejército. En vez de eso, me las arreglé combinando pequeñas becas con los subsidios del Pell Grant (Subvención Pell) y algunos préstamos estudiantiles. Hice eso pues tenía pánico que mi diploma se atrasara, como había pasado con todo en mi vida.

Fue aún más difícil tener veintidós años y lograr mantener mi trabajo en la tienda de llantas y mi estatus militar mientras trabajaba como residente y asistente universitario veinte horas a la semana, para así recibir ayuda del programa Pell Grant. Eso significaba responder llamadas telefónicas, llenar solicitudes, mostrar el campus a visitantes, recibir estudiantes que se mudaban a las residencias universitarias y procesar la salida de quienes salían de las residencias. También, yo reportaba problemas a la directora de las residencias universitarias, era el anfitrión de eventos y tomaba las fotos para el anuario universitario. Hacía todo esto y tenía que mantener un promedio de 3.5 para ser parte del programa de honores. Además, mis padres me pedían ayuda en el restaurante cuando estaban cortos de personal. Les ayudaba a hacer entregas, servir la comida y comprar los ingredientes que les hacía falta.

Busqué becas deportivas con más fondos, pero no era lo suficientemente ágil como para jugar al baloncesto, fútbol o béisbol. Durante un partido casual de baloncesto en el gimnasio de la universidad, el entrenador nos sacó para darle lugar a las porristas. Me sorprendió ver a cuatro porristas hombres. Vi que el entrenador les enseñó cómo tirar a las chicas hacia arriba mientras mantenían el equilibrio. Cuando le pregunté al entrenador sobre el grupo de porristas de LIU, me dijo que necesitaban a otro hombre y que los porristas recibían tres mil dólares por semestre que recibía como un descuento en su matrícula. Hice las pruebas y me pidieron que me uniera a los Black Birds, un equipo de porristas multicultural compuesto de cuatro hombres y seis mujeres. Yo era el único latino.

Disfruté ser parte del equipo y de inmediato me convirtió en alguien popular. En el almuerzo comía alitas de pollo y papas fritas en la cafetería junto a mis compañeros Mammud, Nick, Victor, Chris, Radina, Lisa, Alexa, Nicole, Candace y Syaid. Todos me llegaban a saludar. Pero no le conté a mi familia, pues pensaba que iban a reaccionar igual que otras personas.

"¿Ser porrista no es solo para mujeres?", me preguntó mi amigo Peter.

"Eso no es un deporte", se burló John, quien jugaba al baloncesto y había recibido una beca deportiva.

"Oye, me ayuda a pagar la matrícula", respondí. "Además, puedo estar y viajar con las jóvenes más guapas". También era retador físicamente, lo que me permitió permanecer en forma para el ejército.

Mi armario en la universidad se convirtió en un vestidor donde guardaba todas mis identidades. Para ir a clase usaba mi ropa de civil: una camisa de vestir y pantalones color caqui. Cuando tenía que ir a la base militar, me ponía mis pantalones y camisas verdes camufladeadas y botas negras que tenían que estar bien lustradas. Para las prácticas con el equipo de porristas, usaba mi camiseta blanquinegra de la Long Island University, pantalones negros y un par de tenis Nike. En el taller de llantas, me ponía unos *jeans* desgastados, camisas de franela y unos tenis viejos que no me molestaba ensuciar y llenar de grasa.

Sabía que hacía demasiadas cosas, pero no tenía alternativa.

En el ejército corría más, era el mejor a la hora de saludar y levantaba más que mis compañeros, pero en la universidad no podía competir con mis compañeros de clase cuyas familias tenían más recursos económicos que la mía. Yo aún apoyaba a mis familiares. Aunque no le daba dinero a mi papá para ayudar a su amante o su segunda familia, me sentía obligado a darle dinero a mi mamá que ella luego enviaba a mis abuelos, a pesar de que yo había acumulado miles de dólares de deuda y no podía pagar mis cuentas.

Durante el primer año de clases, saqué buenas notas. Pero, después de que mi consejero escolar me motivara a tomar clases obligatorias de matemáticas y ciencias, mis notas bajaron. Cada vez que finalmente lograba agarrar ritmo en las clases, mis responsabilidades militares interrumpían mi fluir. Perdía un sinnúmero de horas yendo de un lado a otro en bus y tren. Le rogaba a mi papá o al tío Federico que me llevaran a Queens, pero muchas veces estaban demasiado ocupados para hacerlo. Mi sargento de suministros, una mujer casada afroamericana de Brooklyn de unos treinta años y con rastas en el pelo, llamada Ann Merryll, solía llevarme a la base y de vuelta a casa. "Déjame que te dé dinero para la gasolina", le dije, pero ella se negó. Para mostrarle mi agradecimiento, después de terminar mis quehaceres, le ayudaba a organizar archivos y mover equipo, raciones de comida, uniformes y armas. Pero eso significaba que no les dedicaba el tiempo necesario a mis estudios.

"Oye, ¿por qué te permiten reprogramar tus exámenes?", se quejó Peter un viernes cuando iba de camino al Fort Totten.

"Estoy en reserva", le dije. "Tengo que entrenar cada mes, siempre que me llaman".

"Oye, que mierda, hombre", dijo.

Durante mi segundo año en la unidad de asuntos públicos de la fuerza, fui ascendido y obtuve el rango de soldado de primera clase. Me emocionó cuando mi comandante gestionó un viaje de dos semanas a Seúl en octubre de ese año. Fue inspirador visitar la zona desmilitarizada entre Corea del Sur y Corea del Norte donde, en 1953, firmaron un acuerdo de armisticio que detuvo la Guerra de Corea. Aún era un sitio muy hostil. Los soldados en la zona estaban medio escondidos detrás de estructuras fortificadas y apuntaban sus armas al otro lado como si en cualquier momento iba a reanudarse el conflicto.

Una ciudad moderna enmarcaba el horizonte de Corea del Norte, intentando engañar a los surcoreanos. Pero era una ciudad falsa y vacía; era una de las muchas metáforas que representaban ese gobierno.

De vuelta a los Estados Unidos, tuve una escala larga en un aeropuerto en Japón, así que compré recuerdos: un dibujo del Monte Fuji para mi mamá, una billetera para Tony, un sombrero para mi papá. Si contaba Japón, y para mí contaba, ya había estado en cuatro países: la República Dominicana, los Estados Unidos, Corea del Sur y Japón. El mundo me invitaba a explorarlo.

A pesar de la angustia que me provocaban mis estudios, y no poder pagar mis deudas, lo mejor de ir a la universidad era hacer nuevos amigos. Quería vivir en los dormitorios universitarios con mis compañeros de clase, pero después de ver que otros estudiantes fumaban marihuana, tomaban sin parar, inhalaban cocaína, se la pasaban molestando y peleaban con otros estudiantes, es decir, hacían todo menos estudiar, me recordó a las fraternidades que salen en la película *Animal House*. Quizás ellos tenían el dinero para salir de fiesta todos los días porque sus padres les daban dinero. Si yo hubiera hecho lo mismo, habría provocado un escándalo o habría sido declarado de baja deshonrosa. Cada mes, durante los entrenamientos, el ejército hacía pruebas de drogas al azar. Estaba más a salvo viviendo con mi mamá y mi papá. Desafortunadamente, cuando el primo Agusto finalmente se fue de la casa, para que alguien nos ayudara a pagar la renta, mi papá le arrendó el cuarto a Pablo, un taxista dominicano de cincuenta y cinco años que era primo de un primo. Aun así, era bonito llegar a casa todas las noches y comer el arroz, habichuela y carne que preparaba mi mamá. A veces ella incluso me lavaba la ropa.

Como era ya una tradición para mí hacer todo tarde en la vida, cuando cumplí veintidós años decidí aprender a manejar. Debajo de nuestro apartamento estaba una escuela de manejo llamada Villagran Driving School. Por cien dólares me dieron clases de manejo y un examen para obtener mi licencia de conducir. Pensé que tener esa licencia me iba a ayudar a ir al trabajo y a la universidad, pero al final la necesitaba por algo mejor.

"Mi amiga quiere que conozcas a su hija Natalie", mi mamá me dijo un día. "Le mostré la foto que te tomaron en el ejército y dijo que eras muy guapo. Ella tiene veintiún años y es soltera".

"¿De dónde son?".

"Ella viene de una familia muy linda de Puerto Rico", dijo. "Tienen una empresa con la que tu papá hizo negocios una vez".

¿Qué más da? Yo también estaba soltero, y me sentía solo. Llamé a Natalie y me di cuenta de que cuando hablaba inglés no tenía un acento. La invité a cenar y me sugirió que fuéramos a TGI Friday's en Sheepshead Bay.

"Claro. Yo invito. Pero, vas a tener que pasar por mí", le advertí. "A menos que no te importe que tomemos el tren para nuestra primera cita".

Ella me recogió en su Honda Accord. "Si quieres seguir saliendo conmigo, tú vas a tener que venir para recogerme", bromeó.

"Sí, pronto, te lo prometo. Acabo de regresar del entrenamiento básico y no he tenido tiempo de obtener mi licencia", me disculpé.

Natalie era hermosa y parecía una típica joven universitaria. Llevaba un collar de perlas y un suéter de cuello V, era más alta que Isabel y tenía el cabello más largo. Esa noche cenamos alitas picantes, camarones y daiquiris de fresa. Ella me contó que ya se había graduado de la universidad y trabajaba en la empresa de su familia. Ella era más culta y sofisticada que yo, y por trabajo iba seguido a Sudamérica, Asia y Europa. Le gustaban las películas extranjeras y los espectáculos de Broadway de los que leía en *The New York Times*. Yo más bien era un tipo que consumía el *Daily News*. Supuse que no era lo suficientemente refinado para ella.

Pero me animé cuando íbamos de vuelta de cenar y ella dijo, "¿Ves la salida 10 en el Belt Parkway? Allá es donde las parejas van a besarse".

"¿Y por qué no vamos hacia allá?", le dije en broma.

"Tal vez la próxima vez", dijo sonriendo, pero cambió de parecer y nos llevó al muelle Canarsie.

Era un sitio tranquilo. Nos sentamos en una banca que apuntaba a la Bahía Jamaica y escuchamos el sonido de las olas. Luego caminamos tomados de la mano.

"Aquí es donde crecí yo", dijo. "¿Verdad que es muy lindo?".

Pensé en cuál sería su impresión de la finca de mi abuelo Fillo con su letrina y sin acceso a electricidad.

Quería ser respetuoso y comportarme como un caballero, así que no intenté besarla, y fue una buena decisión porque esa noche me invitó a conocer a sus papás y a Sparkle, su adorable pekinés, que se sentó en mis piernas.

"Le caes bien. ¿Tienes perros?", preguntó.

"En la finca teníamos muchos animales".

"¿Pero no aquí en Brooklyn?".

Negué con la cabeza; no le dije que apenas podíamos alimentar a todos nuestros parientes que iban y venían de la casa.

Sus padres me mostraron su impresionante casa de dos pisos con tres habitaciones, tres baños, un patio y amueblado con muebles antiguos. El padre de Natalie había estado en el ejército antes de empezar su negocio. Ella y sus dos hermanos asistieron a la universidad. Su hermano era policía. Ellos eran la primera familia latina adinerada que yo conocía de cerca; era una familia mucho más exitosa que la mía. Me avergonzaba saber que mi padre desperdiciaba cada oportunidad que tenía. El dueño del taller de llantas donde Tony y yo trabajábamos había puesto en venta la tienda. Él pedía un adelanto de quince mil dólares y mensualidades de mil dólares para jubilarse en la República Dominicana. Tony y yo le rogamos a mi papá para que invirtiera en la tienda. Ni siquiera lo consideró. En vez de eso, se gastó su dinero en las apuestas y jugando a la lotería. El taller de llantas valía un millón de dólares. Yo estaba determinado a romper el ciclo de fracasos que perpetuaba mi papá, y sabía que obtener un título universitario me iba a ayudar.

Mientras la madre de Natalie sacaba flan y bizcocho de brazo gitano, su papá nos sirvió coquito, una bebida puertorriqueña a base de ron, y me preguntó qué planes tenía para el futuro.

"Estoy estudiando artes de los medios de comunicación en la universidad, señor. Pero, ahora que soy soldado, veo que el ejército me está abriendo más puertas para mí que mis estudios".

Acto seguido, la mamá de Natalie dijo, "Tú estás abriendo esas puertas". Pensé en ese momento que su reacción era una buena señal.

11

Manantial

Brooklyn, 2000

DECIDÍ ABRIR MÁS PUERTAS PARA MÍ Y MI MAMÁ. Ella había sido la hija mayor de trece hijos, y había sido obligada a dejar la escuela para ayudar a cuidar a sus hermanos más pequeños y trabajar en la finca; apenas llegó al quinto grado. Mi padre casi no le prestaba atención a ella. Cada dólar extra que ganaba mi mamá se lo enviaba a sus padres. Me preocupaba que se sacrificara de más.

"Empieza a pensar en ti misma", le dije una vez. "No vas a tener suficiente para tu jubilación".

A mi papá no le interesaba obtener la ciudadanía americana, pero a ella le obsesionaba hacerlo, porque eso le permitiría traer a mis medio hermanos, Giovanny y Liliana, que ya eran adolescentes y podían obtener la ciudadanía de forma automática. Le conseguí a mi mamá un libro lleno de preguntas sobre historia estadounidense, y yo le hacía las preguntas en inglés.

"Popular sovereignty, limited government, separation of powers, checks and balances, and federalism are the five principles of American . . . (La soberanía popular, el gobierno limitado, la separación de poderes, el equilibrio de poderes y el federalismo son los cinco principios de la democracia estadounidense)".

"Da-mucrisi", dijo, pero lo pronunció mal. Estaba nerviosa de equivocarse, fallar la prueba y perder la oportunidad de obtener la ciudadanía.

"De-mó-cra-si", pronuncié muy despacio. Ella repetía las palabras, como una vez hice con la ayuda de la Srta. Rodríguez. Grabé las respuestas en una cinta que ella escuchaba una y otra vez mientras hacía las tareas del hogar. En vez de poner música, ella escuchaba esa cinta.

En la primavera del 2000, le di a mi mamá quinientos dólares para cubrir los gastos del proceso de ciudadanía. Además, le enseñé a llenar los formularios, y el día de su entrevista la llevé a la corte. Seis meses después, los servicios de inmigración de los EE.UU. le avisó por correo que debía ir a que le tomaran las huellas digitales, realizar un control de antecedentes y presentar prueba de su residencia para terminar con los requisitos. Ella estudió muy duro para memorizar hechos de la historia de los Estados Unidos, sus actos cívicos y lecciones de política que debía saber para aprobar la prueba de ciudadanía. En el verano, ella recibió la carta que la felicitaba por haber aprobado la prueba. La carta además la invitaba a ser juramentada como ciudadana estadounidense. Mi mamá estaba súper feliz.

"Quilo, Quilo, ¿qué dice aquí?", me preguntó, sonriendo. Estaba tan emocionada que no se dio cuenta de que si tan solo le daba la vuelta a la página iba a encontrar la misma información en español. Cuando se lo mostré empezó a reírse.

Esa mañana soleada, mi mamá y yo tomamos el tren A hacia la corte de migración para ir a la ceremonia. La corte estaba ubicada en el 26 Federal Plaza, un edificio muy alto ubicado en el bajo Manhattan. Mi mamá se arregló el pelo, se maquilló y se vistió de manera muy elegante. Se puso un vestido floreado blanco y azul y tacones. Como ya no me quedaba el traje que había comprado para mi graduación de la escuela, me puse unos pantalones caquis, una camisa blanca y una corbata roja que yo mismo até. Ya le tocaba a mi mamá graduarse y que alguien celebrara sus logros.

El evento ocurrió afuera. Cientos en el público vieron como cincuenta inmigrantes de veinticinco naciones se convirtieron en ciudadanos estadounidenses. Todos vestían los mismos colores. Una mujer colombiana, que estaba al lado de mi mamá, llevaba un vestido rojo. Un hombre africano llevaba una corbata con los colores de la bandera de los Estados Unidos. Un hombre del Oriente Medio llevaba un uniforme de los marines. Cada uno recibió una pequeña bandera de los Estados Unidos y la ondearon mientras Doris Meissner, la comisionada de inmigración y naturalización, habló sobre el poder y el privilegio de ser un ciudadano estadounidense. Me emocioné mucho con el final de su discurso. Ella dijo, "Nuestro país es un mejor lugar por tenerlos a ustedes".

"Sabina Gonell, levante su mano derecha y repita después de mí", un oficial de la corte le dijo a mi mamá.

Vi desde un costado cuando mi mamá de cuarenta y un años repitió el juramento de lealtad de los EE.UU. y tomé unas fotografías cuando le entregaron su certificado. Todos estaban muy felices. La gente aplaudió cuando la vocera dijo, "Felicidades a nuestros nuevos ciudadanos".

"Este es el día más feliz de mi vida. No creía que fuera a pasar hasta que tuviera la prueba en mis manos". Mi mamá sonreía mientras mostraba el documento que decía su nombre. "Finalmente soy una estadounidense, Quilo, y quiero traer aquí a Liliana y Giovanny".

Era mediodía y le ofrecí a mi mamá invitarla a comer o a ir a Times Square o llevarla a ver la Estatua de la Libertad por ferry, para celebrar ese día.

"No, tengo que volver a trabajar", dijo ella.

"Pero hoy es tu día. Disfrútalo. Olvídate del trabajo por unas horas".

"No puedo. Me lamento que, por tu edad, ya no puedes obtener la ciudadanía a través de mí".

Ver que ella lo logró me ayudó a desmitificar el proceso de naturalización y a encender una llama dentro de mí. Después de todo, no quería arriesgar mi vida por un país donde no podía ni siquiera votar. Sin embargo, después de acompañar a mi mamá durante el proceso, no tenía los quinientos dólares que necesitaba para pagar otra toma de huellas digitales y el control de antecedentes.

"¿No puede ayudarte el ejército?", dijo ella.

No había pensado en eso. Se lo mencioné a una de mis supervisores, la sargento Ramos-Mendell. Ella logró que la papelería y la autorización de seguridad fueran procesadas más rápidamente, y que a través del ejército se me eximiera de los pagos. Sin embargo, semanas después, en la oficina del seguro social en Brooklyn, vi que habían escrito mal mi primer nombre en la solicitud. Tuve que volver, presentar mis documentos oficiales y volver a llenar todo para corregir ese error.

Mi mamá había disfrutado de su ciudadanía por apenas un mes cuando mi papá causó más problemas en la casa al llegar un día con la niña de nueve años que tuvo con Estela.

"Esta es tu hermana, Stephanie. Se va a quedar con nosotros por una semana", me dijo muy casualmente, como si presentar a la hija que tuvo con su amante fuera cosa de todos los días.

Habíamos estado en este país por ocho años, pero mi papá, en vez de mostrarnos lentamente a su segunda familia, simplemente apareció un día con Stephanie. Yo estaba furioso. Mi mamá miró con odio a mi papá. Me sentí mal por ella, pero como mi papá pagaba la renta, no podíamos hacer mucho más que tragarnos la ira.

"¿Tienes hambre, mi amor? ¿Quieres algo de tomar?", mi mamá le preguntó a la niña, ella siempre muy dulce y elegante.

"Sí, gracias", Stephanie respondió en español.

Mi mamá le sirvió un vaso de jugo de naranja y un poco de sopa de pollo. Vi fijamente a Stephanie, quien se parecía a mí a esa edad. Ella era muy linda y tenía broches en su largo cabello negro. No le iba a decir a mi papá que se fuera al carajo enfrente de una niña tan pequeña. No era culpa de ella.

"Hola", le dije en español. "Yo soy Aquilino, pero me puedes llamar Quilo".

"Está bien, hermano, te llamaré Quilo", respondió en inglés.

Lo peor de todo es que, sin decirme nada, mi papá dijo que Stephanie dormiría en mi habitación. Me relegaron a la sala y tuve que mover todas mis cosas en ese momento.

Mi papá nunca nos explicó por qué Stephanie de repente tenía que quedarse con nosotros, pero tiempo después mi mamá me dijo en secreto que la niña le había dicho, "¿Por qué te llevaste a mi papi lejos de mí?". Ella repetía las mismas mentiras de su madre Estela, quien ahora vivía en el Bronx con el hermano de Stephanie.

La mañana siguiente, mientras me alistaba para ir a clases, mi papá me llamó por teléfono. "Ven a ayudarnos. Un mesero no vino a trabajar. No hay nadie más". Mi mamá y mi papá ya estaban en el restaurante. Stephanie estaba dormida. A pesar de que me molestaba tener que responsabilizarme por ella, la desperté y juntos caminamos tres calles hasta llegar a la pizzería. Ella señaló los camiones de bomberos, las radiopatrullas y a una ambulancia que estaba enfrente del restaurante con las luces encendidas y la sirena puesta. Brinqué sobre las bardas que había puesto la policía y corrí hacia dentro pues tenía miedo de que alguien hubiese entrado a robarles a mis papás. *¿Los apuñaló?*, pensé. *¿O algo peor?*

"No puedes entrar", me dijo un policía.

"Este es el restaurante de mis papás. ¿Qué pasó?".

Cuando mi mama encendió el horno para hacer una pizza, una fuga de gas provocó una explosión y le causó quemaduras de tercer grado en su rostro, brazos, pecho y cabello, dijo.

Me dejaron entrar y vi que estaba en una camilla y corrí a verla.

"¿Qué pasó, Quilo?", preguntó; todavía estaba consciente. "No puedo ver".

"Vas a estar bien", dije, alcanzando su mano, pero se veía muy quemada y llena de sangre. Toqué su pierna. Mi papá corrió a tomar unas toallas mojadas para aliviar el dolor.

"No sé qué pasó", le dijo a la policía y a los bomberos en un inglés muy pobre.

Volteó a verme y noté que estaba muy asustado. A continuación, me dijo, "¿Te puedes llevar a Stephanie?".

Pensé que mi papá iba a cerrar el restaurante e ir con nosotros al hospital, pero no fue así.

No tenía otra opción. Puse a Stephanie dentro de la ambulancia y nos llevaron rápidamente hacia el Centro de Quemados del Hospital New York Presbyterian. Mi mamá aún estaba consciente y gritaba, "¡No puedo ver nada, Quilo! ¿Me voy a quedar ciega?". El paramédico le dio morfina. Mientras consolaba a mi mamá y Stephanie, quien también estaba llorando, intenté no prestarle atención a la piel que se desprendía de sus mejillas o al olor a ropa y carne quemada.

Mi mamá había pasado del momento más sobresaliente de su vida al peor desastre en solo unas semanas. Estaba enojado y culpé a mi papá por el accidente. El que preparaba las pizzas le había advertido a mi papá muchas veces que debía reparar la llama piloto del horno porque el quemador estaba flojo y le hacía falta un tornillo. Como mi papá era muy tacaño, no hizo caso y lo reparó él mismo. Tuvimos suerte que no estallara todo el edificio y matara a todos adentro. Supuse que mi mamá había estado molesta y preocupada ese día, después de que mi papá tomó la estúpida decisión de llevar, de la nada, a su otra hija a la casa.

En el hospital, los paramédicos se apuraron a llevar a mi mamá a una habitación donde nosotros no podíamos entrar. Me preocupé porque no sabía quién iba a pagar los gastos médicos. Había intentado ingresar a mis papás a Medicaid después de que mi mamá obtuvo la ciudadanía, pero su solicitud fue denegada porque ella era muy joven y no estaba debajo de la línea de pobreza.

Mientras esperábamos recibir noticias, le compré a Stephanie un plato de cereal con leche. Era la primera compra que hacía con mi tarjeta de crédito universitaria. En la tarde nos dejaron ver a mi mamá. Estaba medicada, y despertaba y perdía el conocimiento a cada rato. Las enfermeras le habían puesto un antifaz en los ojos y la habían envuelto como una momia, de la cintura a la cabeza. Me explicaron que debían cambiarle las vendas dos veces al día.

"¿Dónde estoy quemada?", ella me preguntaba una y otra vez. "¿Qué tan mal estoy?".

Me sentía angustiado que no podía aliviar su sufrimiento. Entonces, traté de consolarla diciéndole que iba a estar bien, que iba a recuperar la vista y que necesitaba cirugía reconstructiva. Yo simplemente repetí las palabras del doctor con la esperanza de que tuviera razón. Mi papá, mi Victoria, mi Federico y mis primos se turnaron para ir a ver a mi mamá al hospital esa semana. Llamé a Tony, pero estaba de viaje en Pennsylvania con su esposa Karina; estaban viendo casas. Me molestó mucho que tardaron tres días en llegar a ver a mi mamá. Como mi papá apenas ayudaba, todo el peso cayó sobre mis hombros.

Dos semanas después, los doctores le quitaron las vendas. Primero le quitaron las gazas que tenía sobre sus ojos.

"Todo está muy borroso", dijo mi mamá.

"No ha usado sus ojos en dos semanas, señora", dijo el doctor. "Puede que le tome un tiempo recuperar la vista".

Unos minutos después dijo, "Esperen, ya puedo ver mejor". El doctor le quitó dos capas de vendas de su cabeza. Debajo su piel era púrpura.

"¿Está lista para verse en un espejo?", preguntó el doctor. Cuando ella asintió con la cabeza, una enfermera puso un espejo frente a ella.

"Ay, mi cara, ya no sirve, ¡se arruinó mi vida!", lloró mi mamá viéndose la piel quemada y enrojecida.

"Sí sirve", dijo el doctor. "Solo va a tardar más tiempo en sanar sus heridas".

"Mamá, te ves bonita como siempre", le mentí al ver que tenía chamuscada la orilla del cuero cabelludo. Me pregunté si le volvería a crecer el cabello ahí.

Cuando le dieron de alta a mi mamá un mes después, una enfermera y yo la ayudamos a vestirse en el baño. Era un milagro que pudiera caminar, hablar y ver.

"Usted va a lograr borrar algunas de las cicatrices si usa esta crema todos los días", le dijo la enfermera. Nos mostró cómo aplicarle la crema y nos advirtió que el proceso de recuperación para mi mamá iba a ser largo.

Otra enfermera la llevó en su silla de ruedas frente al hospital, donde estaba mi papá esperándonos en su carro. La ayudé a subirse al asiento de atrás. Después de que nos llevó a casa, mi papá regresó a trabajar. Obviamente no me ayudó a cuidar a mi mamá. La llevé al baño y a la ducha todos los días, le apliqué la loción en su piel. Le hice sopa de pollo con fideos, arroz, habichuelas y le di de comer hasta que ella podía comer por sí sola. La llevé a sus citas con el doctor. Me dije que ser un buen hijo era tan importante como ser un buen estudiante y soldado.

Stephanie se fue poco tiempo después. Su madre estaba tan molesta que mi papá había desaparecido por meses que terminó con él. Ella decidió mudarse a Maine con sus hijos. Aunque sabía que algunas circunstancias estaban fuera del control de mi papá, me prometí terminar la universidad y nunca ser como él.

Natalie le envió a mi mamá una tarjeta de "Recupérate pronto" y un gran ramo de rosas, de parte de ella y sus papás. Me aliviaba saber que mi novia era una muchacha dulce de una familia solidaria que me apoyaba mucho. Sin embargo, durante el fin de semana del Día del Trabajo, mientras cenábamos Natalie bajó la mirada y me dijo, "Mi mamá piensa que debería estar con alguien que sea capaz de darme un mejor futuro".

12

Grados de separación

Brooklyn, septiembre 2001

ESTABA DESESPERADO POR DEMOSTRARLE A LA MAMÁ de Natalie que estaba equivocada, y pensé que lo lograría si me graduaba de la universidad y conseguía un buen trabajo. El viernes 7 de septiembre, después de clases, tomé el tren hacia el World Trade Center, pues tenía muchas ganas de hacer mi primera tarea de la clase de fotografía digital. Con mi nueva cámara Canon PowerShot 4, tomé fotografías de la plataforma del observatorio desde donde podía verse toda la ciudad. Hice planes para volver el fin de semana siguiente y tomar más fotos. Ese domingo, mi comandante me pidió que fuera al centro de apoyo regional en Queens y entrenara a un recepcionista novato. Acepté, a pesar de que hacía malabares con mis clases, mis responsabilidades como porrista y que tenía que atender a mi mamá. Necesitábamos el dinero extra. Dos días después, en la mañana del martes 11 de septiembre, un colega entró corriendo y no podía respirar.

"Vengan rápido", gritó. "¡En las noticias enseñaron que un avión impactó el World Trade Center!".

Todos estaban en silencio, en *shock*. Después de que el segundo avión impactó la otra torre, mi comandante reunió a un equipo de soldados para que fueran a la Zona Cero. Como estaba en la base, había recibido entrenamiento y sentí el llamado de ir a rescatar a los heridos, me ofrecí para ser parte de ese equipo, pero mi comandante insistió insistió en que quedara con mi trabajo de oficina.

"Eres parte de administración. Debes empezar a llamar a los miembros de nuestra unidad para que vengan a prestar servicio".

Seguí las órdenes. Tomé un listado de nuestra unidad y empecé a llamar a soldados miembros de la unidad de asuntos públicos, que fue algo difícil porque los teléfonos celulares cerca de las torres no tenían señal. También llamé a mi mamá y Natalie desde un teléfono de línea fija para avisarles que yo estaba bien. Los trenes habían dejado de operar, así que esa noche, a las once, la sargento Merryll me llevó a mí y a un especialista de nuestra oficina en Queens de vuelta a Brooklyn. Todos íbamos en silencio. Nunca imaginé que nuestro país sería atacado o que vería a los Estados Unidos así de vulnerable. Estábamos en *shock* mientras escuchábamos las noticias desde la radio. Tanta gente inocente había sido asesinada a sangre fría. Asumimos que el ataque era una declaración de guerra. Me había enlistado al ejército para evitar estar con mi papá y para terminar la universidad, no para pelear al otro lado del mundo, pero en ese momento mi papá y mis clases parecían irrelevantes. Ese terrible matanza cambió todo para mí.

Cuando llegué a casa, mi mamá estaba dormida. Mi papá y nuestro nuevo compañero de cuarto, Pablo, miraban la televisión y compartían sus teorías.

"¿Estás bien?", preguntó mi papá. Asentí con la cabeza. "¿Qué está pasando? ¿Qué significa todo esto para ti, Quilo?".

"Todavía no estoy seguro", le admití.

"A los Estados Unidos los agarraron de sorpresa", dijo Pablo. "Eso le pasa a los EE.UU. por meterse con otros países. Les salió el tiro por la culata".

"Ni siquiera sabes de que estás hablando", le reproché a Pablo. "¿Tienes idea de lo que esto va a provocar en mí y mi familia? Puede que me vaya a la guerra mañana".

"Si yo fuera tú, iría a comprar un boleto de avión de vuelta a la RD", dijo Pablo. "Eso es lo que voy a hacer yo".

"Tú puedes huir porque no estás en el ejército. Pero yo nunca haría algo así", le dije. Estaba muy molesto. "Has recibido muchos beneficios por haber estado en este país por más de veinte años, ¿y el día que alguien nos ataca quieres irte como un cobarde en vez de pelear? ¡Pues yo no!".

Esa semana la pasé muy frustrado porque solicité permiso para unirme a la misión de recuperación de Manhattan, pero fue denegada cuatro veces. No había leído que solo veinte personas salieron con vida de las torres, así que no había nadie más quien rescatar de entre los escombros. En el metro, hacia la base del ejército, siempre iba vestido con mi uniforme camuflajeado, pero nunca nadie volteaba a verme. Pero, ahora, la gente iba a hablarme, me abrazaba, me daba sus bendiciones y deseaban que tuviera buena salud. Una mujer dijo una oración y dibujó una cruz en mi frente.

No sentía que mereciera recibir atención por hacer tareas administrativas, así que intenté unirme a la guardia costera. Ellos habían evacuado a gente a Nueva Jersey, y estaban listos para actuar en caso de otros ataques. Pero cuando el reclutador se enteró de que ya estaba en el ejército, negó mi entrada. "No puedes hacer ambas cosas", dijo. "Legalmente no puedes ser parte de dos entidades militares al mismo tiempo".

Hablé con mis comandantes. "Convóquenme para lo que sea", les dije. "Me salgo de la universidad si es necesario".

"Si te necesitamos, te llamaremos", dijeron. Pero nunca nadie me llamó.

El entrenamiento obligatorio anual ese año fue en octubre, en

Egipto, junto a una coalición de varios países que formaban parte de la OTAN. Me alegraba estar más cerca de la acción. Pasé dos semanas en el Oriente Medio con miles de soldados de Italia, Francia, Kuwait y Alemania, como parte de un entrenamiento llamado Bright Star (Estrella Brillante), el cual había sido planeado mucho antes que ocurrieran los atentados del 11 de septiembre. Ahora la ira y el duelo colectivo de los soldados internacionales nos otorgó un impulso conmovedor durante esos catorce días. Como vestíamos los uniformes del Ejército de los EE.UU., era como si yo y los miembros de mi equipo tuviéramos un blanco en la espalda. Estábamos en alerta y nos dijeron que debíamos tener las armas cargadas en todo momento, y que cerráramos las cortinas en los buses, por si acaso. Echaba vistazos y tomaba fotos al quinto país que había visitado.

Hicimos un recorrido por las pirámides egipcias, vestidos como civiles y escoltados por policías egipcios. Entré a una. Me había impresionado saber que seres humanos habían construido esa estructura usando piedra caliza 4,500 años atrás. Por tres días estuvimos en un hotel muy lindo en Cairo. Le compré a mi mamá una postal del Rey Tut y a Natalie un cartucho egipcio con su nombre tallado en él. El estar inmerso en la cultura árabe y recibir el mejor trato me hizo sentir una extraña yuxtaposición tras escuchar los reportes que revelaban las identidades de los diecinueve hombres que habían secuestrado tres vuelos llenos de pasajeros estadounidenses. Quince eran de Arabia Saudita. Dos de los Emiratos Árabes Unidos. Uno era de Líbano. El último era de Egipto. Pero no iba a estigmatizar a toda una nación, a un grupo de personas o una parte del mundo, por un grupo de terroristas. En los Estados Unidos también había muchos villanos.

Al final, abracé a los otros soldados, intercambiamos parches y uniformes con todos ellos mientras ellos fumaban tabaco con sabor ahumado de una *hookah* y cantábamos canciones de Bon Jovi. Como muchos de mis colegas en el ejército y civiles en casa, sentía un fervor patriótico, y apoyé la guerra contra el terrorismo que anunció el presidente George W. Bush el 20 de septiembre de ese año. Los arquitectos de los ataques del 11 de septiembre eran terroristas de al-Qaeda guiados por Osama bin Laden y Khalid Sheikh Mohammad. Entendí que el objetivo de nuestro presidente era desmantelar a al-Qaeda y estropear sus operaciones en Kabul, a través de la disolución del gobierno talibán. Eso tenía sentido, ya que los talibanes estaban refugiando a bin Laden y se rehusaban a entregar a los criminales de al-Qaeda que nos atacaron. Estaba más que listo para ir a Afganistán para formar parte de la Operación Libertad Duradera.

En su lugar, me enviaron de vuelta a los Estados Unidos.

En Nueva York, todo regresó a la normalidad. Vi cómo los Yankees perdieron la Serie Mundial y llevé a Natalie a ver la comedia romántica francesa *Amélie* en el Lincoln Center. Tiempo después, sus padres salieron de viaje y me quedé a dormir en su casa. Soñaba con casarme con ella algún día. Pero mi horario tan caótico me mantenía muy estresado y nuestros calendarios rara vez coincidían.

"Casi no te veo", se quejó una vez. "No estás disponible".

"No es como que sea un holgazán", intenté defenderme. "Voy a clases, estoy en el ejército, tengo que trabajar y cuidar de mi familia".

"Ya lo sé, pero no estás ni cerca de terminar tus estudios", dijo.

Ser juzgado de esa manera me sacudió por dentro, a pesar de que entendía por qué Natalie estaba tan impaciente. En la escuela secundaria resentía el hecho que mis antecedentes evitaban que obtuviera el sueño americano. Por eso criticaba a Isabel, aunque me arrepentía de haberlo hecho. Ahora yo era el que no podía mantener el ritmo.

"Mis papás no pudieron pagarme la universidad como los tuyos", señalé. Natalie ganaba mucho dinero en el negocio de su familia; ella había caído casualmente a un puesto de trabajo.

Recordé que su hermano era un agente de la policía en Nueva York.

"Estoy pensando en tomar la prueba de admisión de la academia de la policía después de terminar la universidad. Al final, sé que voy a tener éxito. Solo necesito un poco más tiempo", le dije, intentando convencerla a ella y a mí mismo.

"Pero parece que no estás ni cerca de sentar cabeza".

"¿Es lo que tú quieres o es lo que quiere tu mamá?", le pregunté. Me sentía inadecuado. Deseé que no hubiéramos pasado tanto tiempo con sus padres, pues no me había dado cuenta de que habían puesto un reloj sobre mi espalda, me juzgaban y pensaban que era deficiente.

"Mi mamá no sabe cómo me siento yo", dijo. "Yo me voy a preocupar por ella. Tú haz tu trabajo".

Para tener más éxito y ser más útil, renuncié a la tienda de llantas y corté un anunció que vi en el *Daily News* que decía que se necesitaban agentes de seguridad en el centro de Manhattan. Después de tomar un curso de certificación de tres días, obtuve un trabajo en Bell Security, Inc., quienes me enviaron al banco Chase de la calle Liberty, cerca del World Trade Center. Me pagaban 450 dólares a la semana y recibí un uniforme más: una camisa azul oscuro y una corbata roja, blanca y azul. Patrullaba el área y ponía atención a los vehículos que pasaban cerca. "Si ves algo sospechoso, usa tu radio para llamar a la policía", me dijo mi jefe. Por primera vez en la vida, quería ser un policía.

Después de mis turnos, solía caminar cuatro calles hacia la Zona Cero; el sitio tenía una atracción magnética que no podía resistir. Veía los escombros donde incluso semanas después las torres seguían en llamas y escombros aún emitían humo. Me sentía poseído caminando por ahí. Me impresionaba que estos enormes edificios de metal habían sido derribados y que casi tres mil personas habían muerto ahí. Tan solo días antes de los ataques, había tomado fotografías en la plataforma del observatorio. Pude haber muerto. Ver la valla llena de fotografías y nombres de todos los que murieron ahí, las flores y las cartas que desconocidos dejaron ahí, me hizo sentir abatido e indefenso. Caminando a un lado de los paramédicos, los bomberos y agentes de la policía, sabía que también debía ser un rescatista.

"¿Hay algo que pueda hacer para ayudarles?", pregunté, ofreciéndoles una caja de ocho cafés de tueste medio de Starbucks.

"Ya hay suficiente gente aquí. Es un área restringida. A menos que tengas un permiso o una placa, no puedes entrar", me respondió un oficial y tomó las bebidas. "Pero gracias por el café".

Sentí como si me negaran la entrada a mi vocación, lo que me hizo querer estar ahí aún más.

EN NOVIEMBRE, TOMÉ la prueba de naturalización en Queens. El administrador, un hombre blanco de unos cincuenta años, me dio la bienvenida. Él llevaba un *pin* de la bandera americana en su chaqueta. Tenía fotos de su hijo enmarcadas por una corona de flores que mostraban que había muerto durante los ataques del 11 de septiembre. Pensé en preguntarle sobre su hijo, pero no quería ser entrometido o arruinar mi entrevista.

"¿Por cuánto tiempo has vivido en los EE.UU.?", preguntó.

"He vivido en Brooklyn desde 1992, señor".

"Es raro que los jóvenes digan 'señor'", respondió. "Debes estar en el ejército".

"Sí, señor. Estoy en las fuerzas de reserva militar".

"¿Quién es nuestro presidente ahora mismo y quién era cuando llegaste al país?".

"Ahora el presidente es George W. Bush. Cuando llegué el presidente era su papá, George H. W. Bush".

"¿Qué tipo de gobierno tenemos en este país?".

"Tenemos una república democrática y federal, señor".

"Ya terminamos", dijo. Me sorprendió. Esperaba más preguntas y que fuese más difíciles de responder.

"Si vistes un uniforme y estás dispuesto a morir por un país que no es el tuyo, entonces te lo has ganado". Él puso los sellos de aprobación en mis documentos. "Gracias por tu servicio, soldado", dijo, entregándome una pequeña bandera americana y una dirección en Brooklyn dónde iba a ser la ceremonia de juramentación.

Mi mamá aún no estaba bien para salir de casa y Natalie tenía que trabajar, así que el jueves 15 de noviembre del 2001, a las 0900 horas, fui vestido con mi ropa militar en el metro al Tribunal del Distrito de EE.UU. para el Este de Nueva York, cerca del puente de Brooklyn. A pesar de que estaba solo, sentía una conexión con los setenta y cinco otros migrantes que estaban ahí. Muchos usaban sus uniformes, igual que yo. Había policías, bomberos, miembros del ejército, la marina y la armada. Caminé las cinco calles que separaban la corte, donde ocurrió la juramentación, y LIU, sujetando mi pequeña bandera americana junto al certificado oficial que decía que Aquilino Antonio Gonell era un ciudadano de los Estados Unidos de América. Me cambié en los vestuarios y me puse la ropa que usaba todos los días en la universidad y fui a mi clase de fotografía.

"Oficialmente soy un ciudadano estadounidense", le dije a mi supervisora de becas; fue la única persona a la que le di la noticia ese día.

"Felicidades. Ahora, ve a archivar algunos documentos", dijo en broma.

13

En reserva

Irak, otoño 2003

PARA EL DÍA DE ACCIÓN DE GRACIAS, TODO IBA viento en popa. Tras tres cirugías de injertos de piel, la recuperación de semanas que requería cada una, alejarse de la luz del sol y tomar antibióticos, mi mamá casi se había recuperado. Su piel aún estaba roja, pero las cremas de manteca de cacao borraron las cicatrices. Afortunadamente, ella podía caminar, vestirse, bañarse y comer por sí sola. Mi mamá juntó dinero con mi ayuda y la ayuda de Tony para comprarle boletos de avión para Giovanny, quien tenía veintiún años, y Liliana, de diecinueve, para que llegaran a los Estados Unidos. Liliana obtuvo su propia habitación, mientras que Giovanny dormía en la sala. Me quedé con la habitación más pequeña y Pablo se fue de nuestra casa. El apartamento estaba lleno de gente, pero mi mamá se sentía muy feliz de tener sus hijos en los Estados Unidos, y mi papá estaba encantado de tener más ayuda en la pizzería.

Disfruté cuando recibía ascensos en el ejército. Pasé de soldado,

soldado dos, soldado de primera clase a especialista, y con cada uno recibía un aumento de salario y dos medallas, una por logros en las Fuerzas de Reserva y otro por buena conducta. Esperaba que una vez fuera nombrado sargento, obtuviera más privilegios o flexibilidad, pero no había pasado aún. Me sentía impaciente e insatisfecho en mi trabajo como agente de seguridad. Les pedí a parientes y otros inmigrantes que conocía que me recomendaran trabajos que no requirieran diplomas universitarios y que pagaran al menos cincuenta mil dólares al año (lo suficiente para mantener a mi familia) y con beneficios médicos. Investigué otras posiciones de servicio público en sanidad, como bombero, oficial penitenciario y en la academia de policías.

Tony me puso en contacto con nuestro primo Modesto, quien recientemente había empezado a trabajar como policía en Baltimore. Modesto me invitó a que lo visitara y a acompañarlo mientras estaba de turno. Durante el trayecto, él vio un carro estacionado con una pila de multas de tráfico encima y realizó un control de matrículas.

"¿Por qué te molestas con algo tan pequeño?", le pregunté.

"El vehículo está aquí de forma ilegal. Cuando tienen seis multas en el parabrisas, eso nos indica que algo anda mal". El operador le dijo a mi primo por el intercomunicador que el vehículo había sido reportado robado una semana antes. Modesto pidió que remolcaran el carro y lo llevaran a un lote de la policía para investigar si había sido usado en otros crímenes. Él me enseñó a prestarles más atención a mis alrededores.

Mi otro primo, Edgar, trabajaba para la policía de Miami. Fui a verlo un fin de semana y le pregunté si podía ir con él también.

"Me encanta este trabajo. Protejo a mi comunidad y saco a los criminales de las calles", dijo Edgar.

Me entregó un chaleco antibalas para poder acompañarlo mientras vigilaba a un informante que iba a comprar cocaína. Después de la transacción, el comprador se fue corriendo. Edgar lo persiguió. Yo no tenía armas para defenderme, pero igual perseguí al sospechoso, salté escaleras y corrí por pasillos, persiguiéndolo. Después de atraparlo y mientras procesaban al tipo, Edgar dijo, "Aunque hay mucho crimen aquí, siento que puedo provocar un cambio positivo en la comunidad".

Yo también necesitaba provocar un cambio. En Brooklyn, recortaba el periódico *The Chief* buscando anuncios sobre trabajos en seguridad local, federal o estatal. Le dije a Modesto que había tomado exámenes de admisión para las academias de policía de Nueva York, Florida, Maryland, D.C. y Virginia.

"Hay dos departamentos policial en D.C.", me dijo. "La policía metropolitana es la de la ciudad de Washington, D.C. La policía del Capitolio es la policía federal".

"¿Cuál es la diferencia?", pregunté.

"La policía metropolitana vela por la ciudad. La policía del Capitolio protege los edificios de Capitol Hill", dijo él.

Tras recordar el viaje tan motivante que había experimentado cuando fui a D.C., apliqué también para ser parte de la policía del Capitolio. Rápidamente llegó la decepción después de enterarme de que había reprobado algunos de los exámenes por apenas unos puntos. La matemática aún me resultaba demasiada difícil. Tenía la esperanza de que me dejaran tomar la prueba de nuevo, igual que solía hacerlo mi antiguo profesor, el Sr. Díaz. Antes de que pudiera preguntar, recibí un mensaje de la sargento Ramons-Mandell que decía así, "Atento. Te van a transferir a una unidad de movilización. Hoy te van a enviar las órdenes". ¡Iban a enviarme al Oriente Medio!

Se sintió como un golpe mortal. Tenía sentimientos encontrados. Quería ver que los terroristas responsables por los ataques del 11 de septiembre se enfrentaran a la justicia y fueran castigados en nombre de los familiares de las víctimas, y por eso me ofrecía como voluntario para ir al extranjero. Pensamientos sobre valentía, sacrificio y obtener venganza por la masacre de estadounidenses inocentes se apoderaron de mí. Sin embargo, en ese momento, en el 2003, las contradictorias teorías políticas del presidente Bush habían puesto un freno en mi

entusiasmo y me volví un escéptico. Luego de enfocarse en los talibanes, al-Qaeda y Osaba bin Laden, en Afganistán, él empezó a culpar
al dictador iraquí Saddam Hussein. No estaba tan ansioso de unirme
a una operación que no estuviera conectada con bin Laden o los terroristas responsables por matar 2,977 civiles en suelo estadounidense.
Los débiles argumentos de Bush que decían que un miembro de la inteligencia iraquí se reunió con uno de los terroristas cinco meses antes
de los ataques, y que Irak tenía armas de destrucción masivas, armas
nucleares, biológicas y químicas, eran debatibles e incluso motivaron
manifestaciones alrededor del mundo en contra de la guerra. Si recientemente no hubiese recibido mi ciudadanía y no estuviera en el ejército,
yo también hubiera manifestado en contra de esta guerra injustificada.
Pero no podía darme ese lujo. Me había comprometido a cumplir con
mis obligaciones, sin importar las órdenes que recibiera.

Había firmado un contrato de seis años para ser parte de las fuerzas
de reserva, con dos años más en servicio inactivo. Ahora, el presidente
Bush, el comandante en jefe de los EE.UU., nos había convocado y
movilizó a 130.000 soldados estadounidenses para pelear en contra de
lo que él llamó *The Axis of Evil* (el Eje del mal). Recordé la Guerra del
Golfo del presidente George H. W. Bush, en 1990, la que había visto en
la televisión a los diez años, cuando aún estaba en la República Dominicana. ¿Acaso Bush Jr. solo intentaba terminar lo que había empezado
su padre, como decían los comentaristas de izquierda en los periódicos
y noticieros? Vengarse del terrorismo parecía algo claro y motivador.
Adentrarse en una zona de guerra cuestionable era aterrador. Fui a una
misa en español en una iglesia cercana. Había ido un puñado de veces
antes, yendo a buscar ahí a alguna buena mujer católica para que fuera
mi novia. Pero ese día fui a rezar para obtener un guía, para que mi
mamá sanara y para que yo volviera a casa sano y en una sola pieza.

"Bush está enviando más tropas al Oriente Medio", le dije a mi
mamá esa noche. "Me van a enviar para relevar a los soldados que envió
de primero".

"Tenía miedo de que eso fuera a pasar. ¿Tienes que irte ya?", me preguntó muy nerviosa. "¿No puedes ir después de terminar la universidad?".

"No tengo alternativa. Tengo previsto estar allá durante un año", le expliqué. "Voy a terminar de estudiar después".

Le di la noticia a Natalie. Estábamos en el muelle de Canarsie, donde fue nuestra primera cita. "Temo hacerte perder el tiempo o decepcionarte a ti o tus padres. Te amo, pero deberías salir con otros tipos. No quiero que me esperes. No hay garantía que vuelva a casa".

"¿Cómo puedo responder a esto?", dijo, molesta. Igual que mi madre, Natalie deseó que no tuviera que ir, pero yo no tenía opción.

"Toda mi vida va a estar en pausa. ¿Qué pasa si esperas por mí un año y no he vuelto? Podría perder la vida o un brazo, o volverme loco y acabar destrozado. Sigamos en contacto y si es el destino que estemos juntos entonces . . .". Le di la dirección donde podía enviarme cartas. No quería lastimarla. Sin embargo, con apenas veinticuatro años, me sentía abrumado, no sabía siquiera si tenía un futuro y no podía soportar más presión.

Mi mamá preparó una deliciosa cena de pernil al horno, arroz, gandules y pastel de guayaba. Más tarde, mi tío Federico me sacó fotos con mis papás, Liliana y Giovanny, por si acaso. En una foto estábamos los cinco sentados muy cerca el uno del otro en el sofá. Mi papá vestía su chaqueta más linda color azul marino e inclinó su cabeza sobre la mía. Parecía el hermano gemelo de mi papá, solo que más joven. Si no conocieras mi historia, dirías que éramos una familia promedio muy feliz. Le di a mi mamá poder notarial, códigos de acceso a mis cuentas bancarias y mi dirección, y les pedí a todos que me enviaran cartas. A continuación, llamé a mi abuelo Fillo y él hizo una oración muy especial por mí.

El 7 de diciembre del 2003, el aniversario de los ataques a Pearl Harbor, los cuales empujaron a los Estados Unidos a participar en la Segunda Guerra Mundial, me enviaron a Fort Dix en Nueva Jersey.

Allá nos dieron vacunas contra el ántrax, viruela y la tuberculosis, las cuales me hicieron sentirme enfermo por cuarenta y ocho horas. Aprendimos sobre combate en el desierto mientras la temperatura estaba a diez grados, entre lluvia fría y nieve. Luego volamos hacia el Oriente Medio. Durante una escala de tres horas en Irlanda, bebimos una cerveza amarga local llamada Guinness. Como el turista que soy, compré varios llaveros con la bandera verde, blanca y naranja de Irlanda para mi mamá y Natalie. Era pues, el sexto país que visitaba. Después, todos descansamos en el suelo del aeropuerto y usamos nuestras mochilas militares como almohadas.

Al llegar a Kuwait, mi séptimo país, me dieron detalles de nuestra misión: "Relevar a la unidad principal para reabastecer provisiones militares". Algunos soldados de mi unidad que fueron convocados, no llegaron y fueron declarados AWOL (ausente sin permiso oficial), arruinando así su reputación. Otros más encontraron vacíos legales, como decir que estaban embarazadas o tenían pie plano. Yo tenía pie plano, pero nunca consideré usar eso como excusa para no prestar servicio (como sí lo hizo Donald Trump en 1968, de una forma tan infame, para evitar ser reclutado).

"No quiero ir a la guerra. Nunca me enlisté para ser enviado a combate", confesó el especialista Guzmán, un soldado latino de mi edad que sí se presentó.

"¿Qué diablos? ¿Pensaste que te unías a los *boy scouts*?", le pregunté.

"Solo buscaba una manera de pagar mis estudios".

"Te entiendo". Le di una palmada en el hombro.

"Nunca imaginé que iba a ir a pelear al otro lado del mundo", admitió.

En el entrenamiento básico, vimos una película de la Segunda Guerra Mundial llamada *The Thin Red Line* (*La delgada línea roja*). Imaginé que así era el combate, que ocurría dentro de las trincheras con rifles y granadas. Recordé lo que nos dijo mi instructor militar, "Entrenen como pelean y peleen como entrenan. Si aquí entrenan a medias, van a hacer lo mismo cuando estén en combate". Yo estaba seguro de estar listo mentalmente.

En la base militar de Kuwait, vivimos en largas tiendas blancas en vez de edificios como los que teníamos en Carolina del Sur o en Fort Totten. Tras dos semanas de calor sofocante, empecé a extrañar las tormentas de nieve de Brooklyn. Todo era tan aburrido y anticlimático, hasta que me sorprendió cuando nuestra capitana nos ofreció para ir a Irak. Después de pasar cinco días en medio de tormentas de arena, no sabía qué esperar. Oficiales como capitanes, tenientes, coroneles, mayores y los generales tenían más autoridad y un salario más alto. Como uno de tantos sargentos (un puesto no comisionado) a cargo de 109 soldados, pensé que podía soportar cualquier cosa. Esa serenidad duró apenas unos minutos. Después de iniciar nuestro vuelo de noventa minutos en un avión C-130, el piloto anunció por el intercomunicador que, para evitar que nos derribaran, iba a hacer tres maniobras agresivas que consistían en caer en picada desde una gran altura y a gran velocidad mientras disparaba bengalas. Mi estómago dio vueltas. Me agarré de la correa roja de cargamento que estaba a mi lado mientras revisaba una y otra vez que tuviera bien puesto el cinturón de seguridad. Algunos de mis compañeros empezaron a rezar. Guardé silencio, intentando esconder mi nerviosismo y mientras tocaba la imagen de Santa Clara que guardaba en el bolsillo para la buena suerte.

"Si tienen tapones para los oídos, pónganselos", nos advirtió el piloto.

Yo no tenía. Así que pasé de usar mis brazos para prepararme ante la turbulencia a meterme los dedos en los oídos para evitar el malestar. Por el cambio de presión, los tímpanos de todos vibraron durante dos semanas.

"Toma ibuprofeno para el dolor", nos sugirió un miembro de la tripulación.

Aterrizamos en Balad, en febrero del 2004, y nos mostraron nuestro alojamiento: una ciudad compuesta de tiendas de campaña. Cientos de tiendas verdes de diez por doce pies, hechas de tela y nylon, cubrían una milla de la base militar iraquí de nombre LSA Anaconda. Algunas de las tiendas estaban cubiertas de cinta de aislar azul de Home Depot para evitar filtraciones, y eso no era una buena señal. Adentro de las tiendas había polvo, hormigas, pulgas y arañas camello, que tienen ese nombre por comerse el estómago de los camellos. Éramos la segunda oleada de soldados que ocupaba la base. Desgraciadamente, antes de nuestra llegada, el ejército no había mejorado casi nada. Todo era un asco. Era un desastre primitivo. No había baños, solo baños portátiles. Por razones sanitarias, teníamos que quemar la mierda en un barril de metal y moverlo con una vara mientras lo mezclábamos con combustible de avión. No había cocinas ni cafeterías, solo unos cuantos edificios militares y ningún tipo de protección. Me recordó a las millas de terreno baldío en la República Dominicana, solo que aquí había letreros en árabe, no en español. En fosas de quema incinerábamos los desechos, todo desde desechos médicos a llantas, partes de cuerpos y basura. Una torre de espeso humo negro se elevaba y era empujada por el viento. El olor era denso y rancio. No supe que los gases eran tóxicos hasta que volví a Brooklyn, cuando ya era muy tarde.

Había leído lo que una vez dijo el filósofo Ralph Waldo Emerson, "Ten cuidado con lo que deseas, pues lo conseguirás". Después de insistir en ser un héroe vengador al otro lado del mundo y participar en la guerra contra el terrorismo, ahora deseaba ser un chico normal que va a la universidad y estar de vuelta en mi apartamento de Brooklyn sin ventanas. Sin embargo, decidí aprovechar la oportunidad al máximo. Mientras exploraba la base, me topé con una de las primeras unidades que llegaron. Tenían programado salir el día siguiente. Habían instalado una vieja televisión en blanco y negro y una antena de satélite, para verla cuando no tenían nada que hacer.

"¿Qué van a hacer con la televisión y la antena cuando se vayan?", le pregunté a un sargento.

"Regresa mañana. Es tuya por veinticinco dólares".

"Está bien", le dije. Me alegró haberlo hecho, pues estuvimos por seis meses en nuestros "alojamientos temporales". Necesitábamos algún tipo de entretenimiento para compensar por el tedio y la falta de provisiones y planificación. Una noche, en el noticiero, un corresponsal estadounidense mencionó los planes que teníamos de reunirnos pronto con líderes iraquíes. De inmediato, le avisé al comandante del batallón. Le dije que nuestra reunión se había visto comprometida. Él cambió la hora de la reunión. Al día siguiente un líder iraquí nos dijo, "Logramos a arrestar a unos insurgentes que oyeron en la televisión que ustedes iban a venir el martes. Ellos tenían lista una emboscada". De no ser por mi rapidez mental, varios soldados hubieran muerto. Así que esa vieja televisión sirvió para algo.

La primera vez que ejercí mis derechos como votante fue desde Irak. Allá voté por correspondencia en contra del presidente Bush.

14

El frente de batalla estaba en todas partes

Irak, 2004

YO ESPERABA EN LA COLA AFUERA DE LA TIENDA DE PX, que era como un kiosco improvisado de Walmart, ubicado en un edificio abandonado donde solo permitían entrar a cinco soldados a la vez. El sargento Prendergast, un superior panameño, mucho mayor que yo y a quien admiraba, estaba al lado mío, haciendo bromas. Era amable y jovial; el tipo de oficial que yo aspiraba a ser.

"Oye, sargento, ¿podemos adelantarnos en la cola? Nuestra unidad va de vuelta a casa en una hora. Solo necesito comprar unos regalos para mi esposa y mis hijos", dijo un soldado que estaba a la par de otros dos colegas.

"Adelante, tropas. Nosotros llegamos ayer. Estaremos aquí atrapados durante un año", respondió el sargento.

"Gracias". El soldado corrió hacia adentro con sus dos amigos.

Mientras yo esperaba en la tienda para poder pagar los M&M's y

Skittles, una explosión me derribó e hizo que todo dentro de la tienda se sacudiera. Dos explosiones más acabaron con las ventanas. Alguien gritó que insurgentes iraquíes disparaban morteros. Empezó a sonar la alarma de la base. Estaba tan asustado que me escondí detrás de la entrada de concreto mientras gritaba, "¡Cúbranse!" hacia el sargento Prendergast. Me ahogaba con el humo que de repente estaba por todos lados. Salí a traspiés y sentí olor a pólvora. Estaban muertos los tres soldados que el sargento Prendergast dejó que se adelantaran. El cuerpo de quien habló con el sargento estaba en el suelo, decapitado. Su cabeza estaba hecha pedazos a un pie de su cuerpo y había sangre por todas partes. Los otros dos habían perdido sus brazos y piernas, y les había caído vísceras en su chaleco antibalas. Era una imagen confusa y surreal. Yo estaba aturdido e intenté no vomitar mientras veía que había otros cinco soldados heridos. Nunca antes había visto ese tipo de matanza. Me quedé ahí quieto por unos segundos, hasta que finalmente logré pedir ayuda.

"No me quiero morir. ¿Por qué estoy aquí?", preguntó el especialista Guzmán. Dejó caer su arma y casco, y gritó, "Solo quería ir a la universidad. No puedo con esto". Tenía un ataque de pánico porque pensaba que lo iban a matar. Corrió hacia las carpas, gritando. (Más tarde, recomendé que le realizaran una evaluación psiquiátrica; sus resultados lo enviaron de vuelta a casa, pues era obvio que emocionalmente no estaba listo para estar en combate).

Vi a mi alrededor y encontré al sargento Prendergast dentro de un refugio subterráneo cerca de la entrada de la tienda de PX. Salió para evaluar la situación. A pesar de que había estado en combate antes, el sargento estaba aturdido y agitado. Después de ver a nuestro compañero decapitado y recordar lo que había ocurrido, sus ojos se le llenaron de lágrimas. Temí que se sintiera responsable por las muertes de los soldados que había dejado entrar en su lugar. Si no lo hubiera hecho, el mortero le hubiera arrancado la cabeza a él.

Me habían advertido de ataques organizados por el clérigo iraquí llamado Muqtada al-Sadr, quien estaba en contra de que estuviéramos en su país. Había escuchado noticias de que, antes de nuestra llegada, se había disuelto el ejército iraquí y las fuerzas de seguridad, que tenían unos 400.000 miembros. Eso promovió la creación de un grupo de más de veinte mil militares que se habían convertido en rebeldes y quienes no querían que nosotros estuviéramos en su país. Sabía que Irak era peligroso, pero me dije a mí mismo que como no estábamos en el frente de batalla íbamos a estar a salvo. Sin embargo, rápidamente me di cuenta de que el frente de batalla estaba en todo Irak. Apenas habían pasado dos semanas y ya habíamos perdido miembros de nuestra base. Tenía miedo que eso volviera a pasar.

Al volver a la ciudad de las carpas, vi a Cindy, una especialista de veintitrés años que le gustaba coquetear conmigo. Originaria de Brooklyn, Cindy era una mujer afroamericana muy atractiva de pelo largo. Ella tenía los pies en la tierra más que Natalie, y, además, hablaba más fuerte y era más atlética que ella. Igual que yo, ella era una inmigrante que deseaba que el ejército pagara por sus estudios y entendía el tipo de presión que sentía constantemente.

"Acabamos de sobrevivir un ataque. Mataron a tres soldados estadounidenses que estaban a horas de volver a casa", le dije. "Uno fue decapitado. Apenas pudimos recuperar su cabeza pues estaba partida en tres pedazos".

Ella tampoco lo podía creer. "Lo siento mucho", me dijo, tocando mi uniforme ensangrentado en busca de alguna herida.

"Estoy bien", le dije. Me abrazó por un rato mientras yo seguía hablando sin parar. "Sus familias no van a poder celebrar que vuelvan a casa. En vez de eso, van a recibir sus cuerpos dentro de un ataúd y tendrán un funeral". Tenía miedo de que justo eso le pasara a Natalie. *¿Cómo voy a mantener a salvo a los 109 soldados que están a mi cargo?*, me pregunté. "Le pido a Dios que no tengamos que pasar por algo así".

Llevábamos máscaras antigás en caso de ataques nucleares, biológicos y químicos, pero no había armas de destrucción masiva en

Irak. No obstante, las armas, los morteros y las bombas dirigidas a nuestros soldados eran aterradoras. No podía sacar las imágenes de esos tres soldados muertos de mi cabeza. Me mantuve ocupado, para así enterrar el recuerdo de ese pobre soldado sin cabeza.

Ver a Cindy todos los días durante la primavera me ayudó. Ella vivía con otras tres mujeres con quienes se turnaba para llevar amigos hombres a la carpa donde vivían. Como llevaba una cámara digital Canon PowerShot, me convertí en el fotógrafo oficial de nuestra compañía. Le mostré a Cindy las fotos que tomaba, y ella posaba para mí vistiendo varios atuendos y sombreros. Cuando vio las fotos que tenía de Natalie y yo en mi computadora le confesé que aún tenía sentimientos por ella, a pesar de que no habíamos estado en contacto desde mi salida. Cindy me aseguró que ella solo quería divertirse y no estaba lista para sentar cabeza o tener una relación seria con alguien. Empezamos a dormir en las carpas inocupada y a tener relaciones a escondidas siempre que podíamos.

El ejército mejoró la base. Para mayo, ya había remolques de Burger King y Pizza Hut, un cine, gimnasio y hasta una piscina. Estas amenidades fueron construidas por contratistas iraquíes y filipinos quienes recibían un salario de cinco dólares al día. Ingenieros estadounidenses instalaron una estación de satélite para que pudiéramos hacer llamadas y enviar correos electrónicos. Llamaba a mi mamá un par de veces al mes, quejándome que nadie de la familia me enviaba cartas o paquetes como los que recibían los otros soldados.

Cuando me ascendieron a sargento ayudante, lo tomé como una buena señal. Luego, me enteré de que cinco primer sargentos habían renunciado. Uno de ellos, quien había abogado a favor de la invasión de Irak, se había dislocado el hombro él mismo y tuvo que ser evacuado a Alemania. Otro se iba a dormir todas las noches a las 2100 horas e ignoraba todo lo que pasaba a su alrededor y sin importarle lo que le ocurriera a su unidad. Nadie quería tener ese trabajo. Era muy difícil lidiar con todas las muertes y los heridos tras un ataque, pero era aún más difícil lidiar con una invasión polémica y mal planificada que sabíamos que no podíamos ganar.

Mis problemas y preocupaciones aumentaron en mayo cuando me mandaron a llamar de la carpa del sargento Prendergast. "Recibimos una queja en contra tuya", dijo. Me sacudió saber durante nuestra plática privada que Smith, el actual primer sargento, me había acusado de tener una relación inapropiada con Cindy. Él insistió que no podía fraternizar con personas con rangos inferiores porque había un "desequilibrio de poder", a pesar de que relaciones como la que tenía con Cindy ocurrían con frecuencia en las bases militares. No entendía por qué Smith me señalaba.

El sargento Prendergast me defendió. "Si tuviera que disciplinar al sargento Gonell por eso, tendría que sancionar a todos acá. Incluso nuestra capitana está saliendo con un E-5", le respondió a Smith.

No se me había ocurrido que mi relación con Cindy era considerada inapropiada. Yo era tres años y dos rangos mayor que ella, y pertenecemos a pelotones diferentes. Yo no era su jefe. Yo trabajaba en otro sitio, no la supervisaba, y, lo más importante, nunca la había coaccionado a hacer nada. Cuando le pregunté si ella creía que había un desequilibrio de poder entre ella y yo, Cindy se rio y dijo que no. Insistió que no sentía ningún tipo de obligación conmigo.

"Todos lo están haciendo y yo fui quien me acerqué a ti, no tú a mí", me recordó. Me alegraba de escuchar eso, ya que llegué a verla como una compañera con quien podía confiar.

Para vengarse de Prendergast, el primer sargento Smith, un sureño alto y calvo que parecía a una tortuga ninja, decidió mantenerme ocupado todo el tiempo haciendo trabajo complicado. El día siguiente, tuve que trabajar diez horas cuidando el hospital de la base que estaba lleno de detenidos iraquíes que habían sido heridos en combate. Vi cuando llegó un helicóptero que transportaba soldados enemigos y civiles heridos. Algunos habían perdido brazos, dedos, piernas. Otros llegaban con heridas expuestas en el estómago y se defecaban sobre sí mismos.

Sentí empatía por Afra, una niña iraquí de tres años con moñas que había sido víctima de una explosión y había perdido parte de sus rodillas, dedos y su mejilla derecha, lo que dejó expuestos sus dientes. La habían abandonado para que los estadounidenses cuidaran de ella. Nadie llegó a buscarla. Yo no hablaba mucho árabe, más que frases militares básicas y el *As-Salaam-Alaikum*, un saludo musulmán que significa "que la paz sea contigo". Como soldado extranjero, sentía que era algo absurdo si se lo decía a Afra, así que le di algunos M&M's y Skittles, e hice caras chistosas par que se riera. Le enseñé a decir mi nombre. En el entrenamiento aprendimos a hacer un torniquete para detener el flujo de sangre y cómo brindar primeros auxilios, pero como no había recibido un verdadero entrenamiento médico, no podía hacer mucho para ayudarla. Me sentía impotente.

Después, el primer sargento Smith me ordenó realizar misiones de convoy para interactuar con los locales, compartir provisiones y comida en las escuelas para "ganar su confianza y que piensen bien de nosotros". Me nombró el encargado del correo y me pidió entregar paquetes enormes y cartas a nuestro pelotón compuesto de veinticinco soldados estadounidenses que trabajaban en la prisión de Abu Ghraib, la cual, tiempo después, ganó notoriedad. De camino a la prisión, tenía que esquivar artefactos explosivos improvisados que estaban ocultos dentro de animales muertos o enterrados en las carreteras y que amenazaban nuestro desplazamiento. Temía que Smith me quisiera muerto.

Una noche en la base, mientras yo cuidaba la torre junto a otro soldado, nos dispararon. Balas impactaron justo debajo de nosotros. Ambos disparamos hacia dónde venía la agresión hasta que dejaron de disparar. Hasta donde sé, las balas que disparé nunca hirieron a nadie. Cuando los soldados recibían medallas por muertes confirmadas de iraquíes que los habían emboscado en la base o fuera, en secreto agradecía no estar en la lista de condecorados.

Una semana más tarde, llevé a mi capitana en un Humvee a través de una zona rural muy pobre, como parte de un convoy de ocho vehículos que eran escoltados por dos helicópteros Black Hawk para ir a entregar paquetes que les enviaron a nuestros soldados. Ella cambió mi rifle por un revólver, por si acaso fuéramos atacados mientras yo iba al volante. Me sentía incómodo, pues nunca nadie me había enseñado a usar una pistola. Pero ella dijo, "No te preocupes, solo apuntas y disparas, usando las dos manos". Por suerte, no tuve necesidad de usarla.

Cuando íbamos regreso a la base, un niño iraquí nos pidió una botella de Gatorade. Tim, un soldado blanco del Medio Oeste de los Estados Unidos, le tiró una botella.

"¿Qué acabas de hacer?", pregunté.

"Solo les di una botella a los *hajis*", dijo Tim, usando un insulto racial para gente árabe.

"No tenemos Gatorade", dije. "¿Qué le diste?".

"Orina, sargento". Tim sonrió de manera burlona.

En el espejo vi que el niño tomó un trago y de inmediato lo escupió. Me enojó muchísimo ver eso. Había escuchado que Tim maltrataba a prisioneros y contratistas iraquíes, que los mantenía bajo el sol sin darles comida o agua. Cuando volvimos a la base le llamé la atención por la botella llena de orina, su crueldad y haber dicho ese insulto racial.

"Denigrar a la gente en su propio país, eso solo va a empeorar la situación, va a hacer que los iraquíes nos odien más de lo que ya nos odian y los va a motivar a buscar la venganza. Tu comportamiento puede provocar la muerte de alguien", le grité. "¿Cómo te sentirías si alguien te llamara *cracker*, *redneck* o *white trash*? Eres un tonto. Si vuelvo a oír que usas algún insulto racial o maltratas a alguien, voy a reportarte y recomendar severas acciones disciplinarias".

Como había sido víctima de prejuicios, no era algo que yo iba a tolerar de mis tropas.

En el verano, nos mudamos de la ciudad de las carpas a filas de remolques, y en cada uno vivían dos soldados. Me hice amigo de mi compañero de remolque, el sargento ayudante Desir, quien tenía la misma edad que yo, el mismo rango y también era de Brooklyn. Teníamos

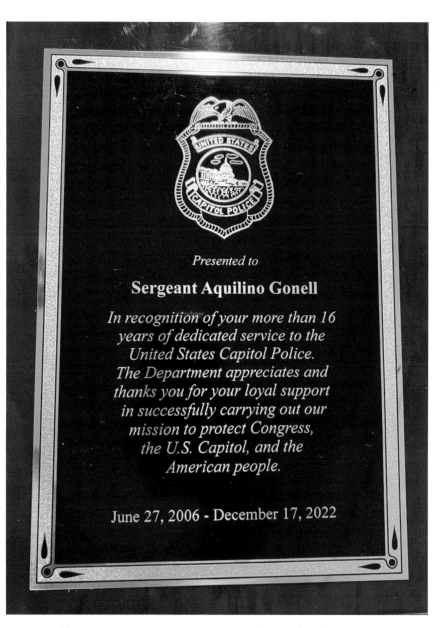

Presented to

Sergeant Aquilino Gonell

*In recognition of your more than 16
years of dedicated service to the
United States Capitol Police.
The Department appreciates and
thanks you for your loyal support
in successfully carrying out our
mission to protect Congress,
the U.S. Capitol, and the
American people.*

June 27, 2006 - December 17, 2022

Este es un reconocimiento que recibí por los dieciséis
años que presté servicio militar.

Estoy orgulloso de mi placa de policía.

El presidente Biden durante la ceremonia de entrega de la Medalla de Oro del Congreso, en la Casa Blanca. *Foto cortesía de la Casa Blanca*

Conociendo al general Miley.

Mi hermano Tony, mi mamá y yo, en los años ochenta.

Mi abuela Andrea y mi abuelo Fillo estrenando su casa
nueva en Santiago, República Dominicana.

Mi abuelo Fillo vistiendo el traje nuevo que
le regalé una vez que yo estaba de visita en la
República Dominicana.

Mis abuelos Josefita y Bienvenido despidiéndose de mí.

El día de nuestra boda. De derecha a izquierda, empezando arriba: mi hermana Stephanie, mi papá, yo, Mónica, mi hermana Liliana y su bebé recién nacido, mi mamá y mis hermanos Tony y Giovanny.

Yo durante mi primera misión de convoy en Irak, 2004. Tomé esta fotografía con mi cámara nueva.

Manteniendo la línea y luchando en contra de la turba; acá fue cuando los insurrectos me lesionaron el hombro.

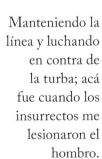

Capturas de videos que muestran dónde exactamente estaba yo dentro del túnel. Las flechas señalan mi ubicación. *Cortesía de la Sedition Hunters Community*

Aún en alerta. Esta foto fue tomada unos días después del 6 de enero. Visto mi uniforme de la unidad de disturbios civiles.

Foto tomada después de la investidura presidencial de Joe Biden; este fue el último día que presté servicio a tiempo completo.

La presidenta emérita de la Cámara de Representantes Nancy Pelosi y yo durante los American Spirit Awards donde ambos recibimos reconocimientos por haber defendido la democracia constitucional de nuestro país.

Siendo un modelo a seguir para mí hijo, como el que yo nunca tuve.

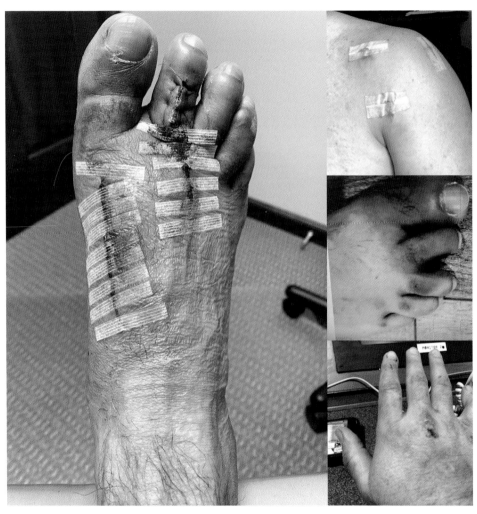

Imágenes de mis heridas más severas; souvenirs que me dieron los turistas pacíficos. Así fue cómo los simpatizantes de Trump demostraron su apoyo a la policía.

Agradeciéndole a Jon Stewart por haber promovido el PACT ACT y
por el apoyo que brindó a los equipos de respuesta inmediata.
Fotografía por Frank Thorp V

Con los ojos puestos en un mejor futuro.

Mi hijo colocándome mi placa de sargento durante la ceremonia en la obtuve el ascenso; fue un momento que me llenó de orgullo.

dos camas pequeñas, un armario y aire acondicionado. En otros remolques estaban los baños y las duchas, a unos veinte pies de nuestro remolque. Ya no teníamos que lidiar con el polvo, las hormigas, las pulgas o las arañas camello. Fue un gran avance. Usamos dos sábanas para poner una cortina en medio del remolque y así tener un poco más de privacidad.

Lo mejor de ese año fue ayudar a soldados inmigrantes de Barbados, África, Jamaica e incluso una dominicana, la especialista Ureña, a llenar sus documentos para obtener la ciudadanía.

"¿Por qué pelear por tu país si no puedes votar?", dije, apresurando al ejército a procesar las solicitudes de esos soldados para que ellos pudieran prestar servicio en Irak como ciudadanos estadounidenses. La ceremonia de naturalización fue realizada en la embajada de los EE.UU. de Irak, ubicada en la Zona Verde de Bagdad. Los soldados tuvieron que ir en convoy. El acto ocurrió en una carpa adornada con serpentinas rojas, blancas y azules. Los soldados recibieron su certificado mientras recitaban el juramento de lealtad a la bandera. Esa experiencia motivó a algunos a prolongar sus contratos en el ejército. Sentía que tenía mucha experiencia en ese tema, a pesar de que recientemente había obtenido mi ciudadanía. Seis meses después de haber llegado a Irak, empecé a considerar enlistarme de nuevo, ya que me ofrecían un bono de diez mil dólares libre de impuestos. Me aseguré tenerlo todo por escrito esta vez, no como el dinero que me prometieron al enlistarme la primera vez y que nunca recibí.

Pero, para el Día de Acción de Gracias, cambié de parecer y cambió mi estado de ánimo cuando el sargento ayudante Desir y yo fuimos asignados a realizar vigilancias rotativas de veinticuatro horas en las torres de vigilancia.

"Hay una camioneta blanca que se acerca a la base, dispara morteros desde lejos y luego se va. Le decimos Mortar Mike", nos advirtió un especialista. "Tengan cuidado".

El enemigo no fue el que me afectó esa noche, sino otro soldado estadounidense. Después de recoger la comida para los seis que vigilábamos la torre ese día festivo, llegué diez minutos tarde al punto de vigilancia.

"¿Dónde demonios estabas?", me gritó el sargento Clarke, originario de Brooklyn, de mi edad, pero que estaba un rango debajo del mío.

"Oye, fui a traerles la cena", le expliqué mientras me bajaba del Humvee para empezar a entregarles a todos su comida. "Burr quería bistec. Jones pidió pollo, y había una larga cola para el pavo y las papas".

"Debiste haber empezado antes", me gritó Clarke. Era obvio que estaba exhausto de los turnos largos e irritado porque tenía que trabajar durante el Día de Acción de Gracias mientras que los otros soldados tenían el día libre. Yo estaba igual de tenso y molesto, pero no iba a tolerar que me faltara el respeto.

"Cuida tu tono y no olvides que tengo un rango mayor que el tuyo", le dije.

De vuelta al Humvee descapotado, le dije que se apurara para que pudiera llevarlo a su remolque. Él se subió y se sentó en la parte de atrás. De camino, él me tiró su casco y me golpeó la cabeza. Por suerte llevaba puesto mi casco. Frené de golpe y él cayó de bruces, reventándose el labio. Brincó del vehículo y me dijo que peleáramos.

"Súbete, no tengo tiempo para tus pendejadas", le dije. "Tienes diez segundos, Clarke".

Como no siguió instrucciones, me fui. Lo denuncié y llené un reporte en la División de Investigaciones Criminales. Fue degradado de rango y tuvo que hacer trabajo adicional durante quince días. Pude haber logrado que lo expulsaran y procesaran, pero pedí que redujeran su castigo, para que le sirviera de advertencia.

Me tomaba mi rango muy en serio y seguía las reglas al pie de la letra, con el objetivo de tratar a todos por igual y así ignorar clicas, nepotismo, favoritismo y sobornos. Me llenaba de ira cuando soldados actuaban de forma condescendiente y me trataban de forma injusta, igual que mi padre. Como sabía el daño que eso podría causar, me enfoqué en ser más prudente que él. Al final de mi año en Irak tenía planes de ayudar a Clarke para que recuperara su rango y así ser establecido en su totalidad. Pero primero tenía que enviar un mensaje claro: No. Se. Metan. Conmigo. Coño.

15

El ejército que tú tienes

Irak, 2004

FUE UN AÑO LLENO DE DECEPCIONANTES MODELOS A seguir. Mi papá no me mandó ni una sola carta y no pedía hablar conmigo cuando llamaba a mi mamá por teléfono, ni siquiera cuando los llamaba al trabajo. Casi no tuve noticias de mis abuelos. El presidente Bush insistió que nuestras operaciones militares eran necesarias para desarmar a Irak, liberar a su gente y proteger al mundo del grave peligro que representaba un régimen criminal que amenazaba la paz con armas de destrucción masiva, lo cual resultó ser una mentira. Durante una conferencia de prensa, cuando alguien le dijo al Secretario de Defensa Donald Rumsfeld que algunos soldados tenían que buscar chatarra y piezas de metal entre la basura para poder revestir sus vehículos, él respondió, "Vas a la guerra con el ejército que tienes, no con el que quisieras tener". Así justificó los errores que cometió su administración a la hora de planear para una guerra dudosa la cual nuestro país no estaba listo para afrontar.

El sargento Clarke entendió el mensaje que no debía retarme, pero el primer sargento Smith aumentó su campaña de intimidación y me envió a vigilar las torres una vez más.

"¿Qué le pasa a tortuga ninja?", le pregunté al sargento Prendergast. "Sigue pidiéndome que haga trabajo pesado las veinticuatro horas al día. Estoy exhausto".

"Creo que él quiere que te vayas para que él pueda estar con Cindy", especuló Prendergast.

Me vi obligado a confrontar a Smith. "¿Estás celoso porque estoy con Cindy? No es como si ella le hiciera caso a un viejo perro como tú".

"Si fueran los viejos tiempos, te llevaría a la parte de atrás de la carpa y te haría pedazos", me amenazó.

"Uno de nosotros no saldría vivo, y ese no sería yo", le dije, apretando los puños.

"Ah, ¿sí? Se acercó a mí".

"Has lo que tengas que hacer. ¿Crees que puedes abusar de los reservistas solo porque estás en servicio activo y el comandante del batallón es tu amigo? Si pones un solo dedo sobre mí, voy directamente a la División de Investigaciones Criminales. Inténtalo, mal parido", le grité y eso hizo que diera un paso hacia atrás. Yo estaba agotado y sentía que iba a perder el control.

Fui a la vivienda de mi capitana y le dije a ella, "No puedo seguir trabajando así. El sargento Smith me tiene haciendo el trabajo de todos los otros sargentos. No es justo. Tengo que reportar cada lesión que ocurre en la base después de cada ataque, enviar el correo y montar guardia en el hospital y la prisión. Ya no puedo más. Degrádame. Quítame el rango. Me provoca demasiado estrés. No estoy durmiendo nada. Renuncio. Quiero ser un soldado otra vez". Así podría estar con Cindy sin tener que trabajar con el sargento Smith.

Mi capitana me dijo que no. "Voy a hablar con el sargento Smith cuando pueda", dijo ella. "Escuché que 50 Cent viene mañana a la base.

Deberías ir a su concierto". Un cantante popular cuyo nombre significa cincuenta centavos.

"Cincuenta centavos no es suficiente para quedarme, necesito un dólar", dije en broma.

Mi capitana habló con el sargento Smith, pero le entró por una oreja y le salió por la otra. Él siguió asignándome turnos de veinticuatro horas por hasta siete días seguidos, y apenas podía ver a Cindy. Una noche llenaba formularios en el edificio de la jefatura general del batallón. Estaba tan cansado, pues eran las 0100 horas, y escribí "Estado Unido" en vez de "Estados Unidos". Al día siguiente, el comandante del batallón vio que mi error aparecía en cincuenta formularios de premios que él había firmado antes y teníamos que repetir. "Espero que un sargento ayudante sea capaz de leer y revisar", me regañó enfrente de otros empleados, y remató con un humillante, "Malditos reservistas".

Al inicio, Cindy iba a verme mientras realizaba mis tareas y me preguntaba, "¿Qué necesitas? ¿Te traigo tu almuerzo?". Verla todos los días, hablar con ella de mis problemas, escaparnos para hacer el amor y abrazarla me ayudaba a soportar el abuso. Cuando dejó de llegar a verme, una gran tristeza se apoderó de mí.

"Dicen las malas lenguas que ella está saliendo con otro", me dijo el sargento Prendergast.

Oí decir que Cindy estaba con otro soldado latino. Afortunadamente, no estaba con Smith. Aun así, me sentí derrotado. Apenas dormía y estaba tan cansado de hacer lo que me pedía Smith que me molesté muchísimo cuando me di cuenta de que su plan de alejarme de Cindy estaba funcionando.

Al día siguiente mientras iba a la cafetería con Prendergast, un ataque mató a dos de nuestros cocineros iraquíes. El ejército había empleado civiles iraquíes para que trabajaran en la base. Ellos hacían trabajo de jardinería, cocinaban y eran nuestros intérpretes. Ahora, por temor que esos pobres trabajadores iraquíes hubiesen causado las explosiones, varios soldados estadounidenses prepararon sus armas, las cargaron y les apuntaron a los otros iraquíes que estaban en la base. Algunos locales a veces sí compartían secretos con el enemigo, pero la mayoría de iraquíes que trabajaban en la base solo buscaban un lugar seguro donde trabajar o un ingreso económico. La inocencia de nuestros trabajadores fue obvia cuando otra ráfaga de disparos impactó la cafetería. Fue hasta ahí que nuestros soldados se enfocaron en la verdadera amenaza.

A pesar de que mi unidad generalmente no entraba en combate, ese año las explosiones que ocurrían en la base me mantenían en vilo. Cada vez que alguien era herido de bala o era impactado por una explosión frente a mí, tenía pesadillas que luego se convertían en ataques de pánico. Sin el consuelo de Cindy, mi estrés aumentó considerablemente. No me había dado cuenta de que ella era el pegamento que me mantenía unido. Sin ella, me sentía solo y reprimido. Me desmoronaba. Cuando toqué fondo, llamé a mi mamá e intenté que no me escuchara llorar.

"¿Estás bien, Quilo?", preguntó.

"Estoy bien. Hace mucho calor aquí. Una botella de agua congelada se derrite en unos minutos. ¿Cómo estás tú?". Tenía miedo de preguntarle cómo le iba a ella con mi papá, considerando que yo no estaba presente para mediar la relación de ellos.

"No muy bien".

No había perdonado a mi papá por Estela, sus hijos o el accidente en la pizzería. Ya era un infierno antes de que me fuera, y ella me dijo que todo había empeorado. Le dije que no renovara el contrato de la pizzería y que usara mi tarjeta de crédito y el poder notarial que le di antes de irme para consignar un sitio nuevo cerca de Tony, en Pennsylvania. Así tendría dónde quedarse mientras normalizaba su situación.

"Aún eres joven. Tienes la ciudadanía. Puedes iniciar un segundo capítulo de tu vida", la motivé mientras yo me hundía más en la depresión. ¿Por qué siempre sabía lo que los demás debían hacer con su vida?

"Cuando Giovanny empezó a usar tu ropa", dijo, "le dije, 'Quilo va a volver. No actúes como si no fuera a volver'".

Reventé del enojo.

"¿Estás hablando en serio?", le grité. "¡Dile que deje mis cosas en paz! ¿Mientras estoy aquí peleando por mi país, él se roba mis cosas?".

"Solo las está tomando prestadas porque no tiene cosas bonitas y quiere impresionar a una muchacha", me explicó mi mamá. "Le voy a decir que no toque tus cosas. Todos los días prendo velas y rezo por ti, mi Quilo. Reza tú también".

Después de toda la energía y el dinero que había gastado para cuidar de mi familia, pensaría que en mis momentos más bajos alguien me ayudaría, que mi familia me enviaría las cartas, fotos y paquetes que tanto deseaba. En vez de eso, yo entregaba cajas y regalos a todos los otros soldados, pero yo no recibía nada. Era desgastante ser el comprensivo cuidador todo el tiempo, mientras la gente ignoraba mis necesidades. Darme cuenta de que mi hermano asumió que no iba a volver a casa me hizo sentir como si yo fuera algo descartable.

Por mi extraña manera de ver las cosas, decidí que si llamaba a mi mamá todos los días, ella se acostumbraría a ese hábito y luego se preocuparía si dejaba de llamarla, ella pensaría que algo malo había pasado. Así que dejé de llamar a mi familia. Intenté llamar a Natalie, pero como no me respondió, imaginé que estaba con alguien más. Como apenas dormía, y casi no comía, todo empeoró. Pasé de pesar 170 libras a 150; los pantalones me quedaban tan grandes que se me caían.

Una madrugada no podía dormir, así que entré al refugio subterráneo de concreto que usábamos para protegernos de los ataques. Alguien había escrito en la pared, con pintura de aerosol, "BLOKE DE CELDAS 424: PENA 12 MESES" con todo y errores ortográficos. Era una crítica al hecho de que nos habían obligado a estar en una zona de guerra. Yo también me sentía encerrado, y pensamientos negativos me bombardeaban constantemente. Odiaba al sargento Smith por haber arruinado mi relación con Cindy. Pensar que ella estaba con otro soldado me hacía mal. ¿Pero quién podía culparla? Mis días eran largos y ajetreados. Sentía que nunca iba a poder terminar la universidad. Le rogué a mi mamá que se mantuviera en contacto conmigo, pero ni ella ni mis otros familiares me mandaron cartas. Tony me envió una sola carta con una foto de él, su esposa Katrina y su hija, desde Pennsylvania, pero no volvió a escribir. Se habían olvidado de mí. Respondí a algunas cartas muy dulces de Natalie, pero ella también dejó de buscarme. Como le dije que debía salir con otras personas, asumí que había conocido a alguien más. Me sentía solo y abrumado, y tenía que escapar de todo el ruido dentro de mi cabeza.

Cargué mi rifle M-16 con cuidado, colocándole un cargador lleno de balas en la recámara y jalé la palanca de carga hacia atrás. Puse el rifle debajo de mi quijada y moví la pinza de seguro a disparo automático y luego a ráfaga. Mi dedo rozó el gatillo. De repente todo empezó a temblar a causa de dos explosiones, y alguien activó la alarma. Por un segundo, pensé que había jalado el gatillo. Pero, acto seguido, oí los mensajes que les pedían a todos que buscaran refugio.

Cindy fue la primera en entrar al refugio subterráneo. "¿Por qué estás acá?", dijo, la confundió verme tan agotado.

"Solo necesitaba estar un tiempo a solas", le dije. Sudaba y me temblaban las manos.

Ella vio que le había quitado el seguro al rifle y que estaba listo para disparar. "Por Dios, Anthony". Tomó el rifle y le quitó el cargador. "¿Qué te pasa, cariño?". Puso su brazo en mi hombro y empujó el arma aún más lejos de mí.

"Me cuesta lidiar con todo esto", balbuceé. "No puedo dormir".

"Tienes que dejar de cuidar de los demás y empezar a cuidar de ti, ¿me entiendes? Hazlo por mí".

Me sentía en calma con ella ahí. Busqué en mi bolsillo la lista de mi unidad, para empezar a contar a los soldados que tenía a cargo, pero en vez de eso encontré la imagen de Santa Clara, de mi abuelo Fillo. ¿Había estado ella viéndome? Estaba a punto de decirle a Cindy lo que sentía realmente, cuando otros soldados llegaron al refugio subterráneo y se sentaron al lado nuestro. Ellos no tenían ni idea de lo que había pasado.

"Sargentos del pelotón, necesitamos hacer un conteo. ¿Están todos aquí?", pregunté. Aún era capaz de asumir el rol de líder y cuidador.

Cuando todo acabó, le pedí a Desir que hiciera mis tareas durante su día libre. Dormí por diez horas, me desperté, fui a ducharme y regresé a la cama. Al día siguiente me ofrecí a hacer misiones fuera para alejarme de la base y del sargento Smith. Me esforcé en dormir más y hacer ejercicio, jugar al baloncesto en la cancha y correr seis millas al día, para así aliviar mis angustias y recuperar mi equilibrio mental.

En febrero, mientras nos preparábamos para volver a casa, recibimos la orden de desactivar las palancas de cargas de nuestros rifles y entregar las municiones que no habíamos usado. Llamé a mis papás para decirles cuándo iba a regresar a casa. Llamé a Natalie también, pues me sentía afortunado de volver ileso y en una pieza, con los mismos 109 soldados con los que empecé mi año de servicio en Irak. Como recibimos ataques por todos lados en la base, el ejército nos catalogó como combatientes delanteros. Durante mi último tramo del servicio, recibí otras cinco medallas por haber prestado combate en el extranjero junto a mi compañía.

Aterrizamos en la base militar de Nueva Jersey, y yo estaba impaciente por volver a casa y molesto porque teníamos que pasar tres días más en Nueva Jersey generando informes y resúmenes de lo que hicimos durante la guerra. Devolví mi rifle el primer día. Entre que tenía que acostumbrarme a otro uso horario, mi síndrome de estrés postraumático y que estaba muy cansado, simplemente bloqueé el recuerdo de lo que había pasado en el refugio subterráneo ese día, pero durante semanas mis manos intentaban tomar el rifle, como por memoria muscular, y eso que ni siquiera tenía puesto el uniforme.

16

De vuelta a casa

Brooklyn, 2005

CUANDO VOLVÍ A BROOKLYN, EL 26 DE FEBRERO DEL 2005, estaba muy feliz por ver que Natalie estaba junto a mis padres con un ramo de rosas. Había manejado dos horas hasta el Fort Totten para sorprenderme. La abracé con fuerza mientras nos besábamos.

"Me alegro mucho de que estés aquí", le dije a Natalie en el oído.

Se veía muy linda. Vestía unos *jeans* negros y una chaqueta, y traía suelto su pelo largo y sedoso, como si acabara de ir al salón de belleza.

"¿A dónde quieres ir a cenar?", me preguntó.

Imaginé una cena tranquila en casa, para volver a poco a poco a la vida pública. Estaba nervioso, y una parte de mí seguía en Irak. Los desconocidos me parecían sospechosos y respondía a los sonidos inesperados.

"¿Qué tal si vamos a TGI Friday's?", sugirió Natalie. "Antes te gustaba mucho".

"Vamos allá, entonces", dijo mi mamá.

Respiré profundamente. "Claro. Tengo antojo de pollo rostizado, camarones y unos daiquiris de fresa".

Al llegar, la anfitriona nos llevó a una mesa en medio del restaurante, pero le pedí que nos moviera a una mesa en una esquina, cerca de la salida. Me senté con la espalda contra la pared, para así tener vista de todo el restaurante y para estar listo en caso de cualquier ataque sorpresa. De inmediato empecé a examinar a todos los que entraban, como hacía mientras estaba en Irak. Conté tres salidas en total, y planeé cómo podíamos escapar rápidamente, por si acaso.

Cuando un mesero dejó caer una bandeja y un plato se estrelló en el suelo, pegué un brinco y apenas me di cuenta de lo ansioso que estaba y lo fácil que era asustarme.

"¿Qué tal estuvo Irak?", dijo mi papá después de que pidiéramos unas bebidas, aperitivos y los platos fuertes.

"Preferiría hablar de ustedes. ¿Qué hay de nuevo?".

"Empecé a trabajar como taxista otra vez", me dijo mi papá.

"Yo tomé las riendas del negocio familiar", dijo Natalie, quien aún vivía con sus padres.

"Entonces, Quilo, ¿cuáles son tus planes?", me preguntó mi mamá.

"Quiero volver a la universidad, para así graduarme pronto", dije. "Ya solo me falta un semestre".

Hablamos nimiedades mientras cenábamos la comida que yo insistía en pagar. Fue mejor de lo que esperaba. Fue lindo tener una cita doble —hasta después de cenar, cuando me di cuenta de que se habían separado mis papás—.

No me lo dijeron explícitamente, pero cuando volvimos al apartamento vi que ya no estaban las cosas de mi mamá. Resulta que dos meses antes ella había dejado a mi papá y se mudó a Lehigh Valley con Liliana y Giovanny. Ellos vivían cerca de Tony. Esa noche, mi mamá durmió en la habitación extra del apartamento. "Tengo que volver a Pennsylvania temprano por la mañana", me dijo. A pesar de que yo la había motivado a que dejara a mi papá, era inquietante estar de vuelta en Brooklyn sin ella.

Después de ir a cenar con Natalie la noche siguiente, me llevó de vuelta a la casa de sus padres. Ya estaban dormidos en el piso de arriba. Ella puso mantas y almohadas en el suelo de la sala.

"¿Y tus papás?", pregunté al ver que no había puertas en la sala.

"Mi papá duerme como un tronco".

"¿Y tu mamá?".

"No te preocupes por ella", dijo, desabotonándose la blusa. "Te extrañé mucho".

Nos despertamos la mañana siguiente y su mamá estaba de pie sobre nosotros, mirándonos.

"¿Quieren tomar café?", preguntó. Ella no estaba tan entusiasmada con mi regreso como su hija.

UNA VEZ QUE oficialmente terminó mi contrato militar, el 7 de mayo, ya no quería saber nada del ejército. Pero ellos no habían terminado conmigo. Como el dicho que escuchamos durante entrenamiento básico, ese dice que *U.S. Army* (el Ejército de los EE.UU) significa *Uncle Sam Ain't Releasing Me Yet* (El tío Sam no me va a dejar ir todavía), un oficial de retención del Fort Totten intentó convencerme que me volviera a enlistar.

"Solo si invaden el país", le dije.

Me hizo firmar una hoja que decía que había recibido asesoría de retención. Fui liberado de mi asignatura y ubicado en un grupo de exmilitares llamado la Reserva Lista (Ready Reserves o RR), en donde podía ser llamado a prestar servicio en caso de alguna emergencia durante los últimos dos años de los ocho que duraba mi compromiso con el gobierno. Un reclutador me llamó para decirme que mi nombre seguía apareciéndole como alguien que debería pasar otra temporada en Irak o Afganistán, y dijo, "Hay muchas unidades que necesitan de tus habilidades".

Inquieto y fuera de mí, temía que me enviaran al extranjero otra vez. Como no quería que una guerra en la que yo no creía volviera a interrumpir mis estudios o mi relación con Natalie, me ofrecí como voluntario en la unidad de atención médica en Nueva York. Me asignaron a la octava Brigada Médica ubicada cerca del Puente Verrazano, en Staten Island. De forma absurda, el Departamento de Asuntos de los Veteranos de los Estados Unidos negó mis solicitudes para tratar mi fatiga de batalla que había sufrido en Irak, al igual que mis problemas de asma, los cuales empeoraron por haber sido expuesto constantemente a tormentas de arena y los humos tóxicos de las fosas de quema.

Al volver a la universidad me di cuenta de que los únicos estadounidenses a quienes les importaba lo que pasaba en Irak eran los familiares de los soldados que estaban allá y a los políticos que intentaban obtener una mejor puntación política. Todos los demás habían continuado con sus vidas, al igual que yo quería continuar con la mía.

Mantuve mi promesa de estar disponible para el llamado del tío Sam, pero entendí que la razón por la que las personas no hacían lo correcto era porque muchas veces duele hacer lo correcto. Todos se esforzaban por obtener el sueño americano, pero nadie le dice a la gente de las desventajas de ser ambicioso y valiente.

Estaba muy enfocado en terminar la universidad, así que me inscribí a la mayor cantidad de clases posible en el verano, para así obtener mi diploma en septiembre del 2005. Al fin, a los veintiséis años, me convertí en el primer miembro de mi familia en recibir un título universitario. Esta vez, mi mamá llegó al acto de graduación junto a mi padre. Él era un hombre más dulce desde que se habían separado. Ese pequeño pergamino enmarcado con mi nombre me había costado ocho años de mi vida, una deuda de sesenta mil dólares, la separación de mi familia y el estrés postraumático que obtuve en Irak y que temía que iba a acompañarme por el resto de mis días. Casi había pagado por ese título universitario con mi vida.

17

Volviendo a procesar

Washington, D.C., verano 2006

E N LA PILA DE CARTAS QUE RECIBÍ MIENTRAS ESTABA en Irak, había una carta de la Policía del Capitolio de los Estados Unidos. La carta decía que no pudieron procesar mi solicitud. "No pudimos contactarlo para finalizar la verificación de antecedentes", leí.

Con todo lo que pasó durante mi servicio militar, había olvidado de todos los sitios a los que había aplicado antes de irme. Me emocionaba pensar que todavía tenía la oportunidad de obtener un trabajo en la fuerza en D.C., la cual era mi primera opción, así que llamé al número que estaba en la parte inferior de la carta.

"La razón por la que no pudieron ponerse en contacto conmigo es porque estaba cumpliendo mi servicio militar. Estuve en el Oriente Medio durante un año", expliqué rápidamente. Entonces, di mi nombre completo, fecha de nacimiento, mi número de seguro social y dirección.

"El reclutador a cargo de tu solicitud se jubiló", me dijo el hombre que atendió mi llamada.

"Señor, ¿puede decirme si pasé o no el examen?", pregunté. Justo antes de salir del país me apresuré a tomar todos los exámenes que podía. Como me habían desmotivado mis notas, dejé de dar seguimiento a mis resultados.

"Voy a buscar su archivo, para revisarlo". El reclutador volvió unos minutos después y me dijo que había aprobado el examen con una nota de ochenta y un puntos.

Yo no podía creer lo suertudo que era. Por primera vez en la vida, hacía todo en el momento correcto. "¿Y ustedes no le agregan diez puntos al puntaje de los veteranos de guerra?", pregunté, recordando que había leído eso en un folleto militar.

"Sí. Esos diez puntos adicionales por haber prestado servicio militar lo ubican en el primer puesto de candidatos. ¿Puede usted venir la próxima semana a D.C. para actualizar su solicitud?", preguntó. "Puede que sea candidato para recibir las próximas clases que dan en la academia de policía. Lo único que se debe hacer es tomar un examen psicológico y una prueba de polígrafo".

El hombre sonaba más entusiasmado al saber que yo era un veterano. Me motivó y me hizo sentir como que había escogido el camino correcto después de todo y a pesar de que iba un poco más despacio que los demás.

Llamé a Natalie para contárselo. "Te tengo buenas noticias. Resulta que pasé el examen que tomé antes de irme a Irak para ser parte de la policía del Capitolio de los Estados Unidos".

Como un sargento veterano de veintisiete años con un título universitario de cuatro años y excelente prospecto laboral, finalmente me sentía lo suficientemente hombre para ser el esposo de Natalie.

"Ven conmigo a D.C. Podemos vivir de mi salario y estoy seguro que tú puedes encontrar un trabajo en poco tiempo".

Me imaginé una boda pequeña en Pennsylvania y otra en Nueva York, para complacer a nuestros padres. ¿O acaso ella preferiría fugarse?

Natalie hizo una pausa. Una pausa muy larga. "Pero mi familia y el negocio familiar están aquí en Brooklyn. ¿Por qué no buscas un trabajo aquí?", preguntó. "Mi hermano está en el NYPD (Departamento de Policía de Nueva York). Deberías hablar con él".

"Bueno, hay muchas cosas aquí en Nueva York de las que me quisiera alejar", le dije. Yo sabía que necesitaba estar lejos de algunos parientes. Sabía también que Natalie necesitaba estar cerca de los suyos.

"No puedo simplemente hacer mis maletas y dejar todo atrás", me dijo.

Yo sí podía.

A pesar de que estaba triste, no iba a rogarle a Natalie y obligarla a elegir entre sus papás y yo. Ella debía tomar esa decisión por su cuenta. Como no pudo tomar una decisión, me fui yo solo. Terminamos. Tiempo después, me enteré de que se había comprometido con un tipo de Brooklyn.

A FINALES DEL VERANO del 2006 compré un Honda Civic plateado con GPS portátil. Llené el baúl con mis maletas y comida del nuevo restaurante de mi mamá. Entonces, me despedí de todos. Tuve que ir a Glynco, Georgia, para un entrenamiento federal de tres meses. Como pensé que ese entrenamiento iba a ser similar al del ejército, que iba a comer en grupo y compartir literas con los demás, me sorprendió que nos alojaran en alojamientos nuevos y elegantes, similares a los cuartos de los hoteles. Tenía mi propia habitación con baño privado. Estupendo. Subía peldaños en el mundo. El grupo inicial estaba compuesto por veintiséis alumnos: hombres y mujeres, todos en sus veintes, igual que yo, y éramos una mezcla de afroamericanos, blancos, asiáticos y latinos. Me hice amigo de José García, de Honduras, y Vanessa Méndez, una joven dominicana que resultó ser prima de una amiga de la secundaria.

Algunos reclutas tiraron la toalla durante los primeros días de la

Semana del Infierno, cuando nos pusieron a hacer ejercicios tres veces al día. Después de que otros más reprobaran las pruebas o eran despedidos a causa de su mal comportamiento, el grupo se redujo a diecisiete personas. Solo doce nos graduamos, y yo casi no lo logro.

Las lecturas, la jerga jurídica y policial me confundieron mucho. Durante una sesión de derecho constitucional debía arrestar a un sospechoso por tener una orden de detención en su contra. Como no leí parte del material y no entendía del todo el procedimiento, juzgué mal el escenario ficticio y dejé ir al sospechoso. Aparentemente, eso fue un gran error. Debí haberle preguntado al operador si la orden de detención que había sido emitida en otro estado era extraditable, la cual era una palabra que no podía siquiera pronunciar. Por este error, caí al último puesto de mi clase. Estaba muy avergonzado y en peligro de ser despedido. Para corregir mi error, le pedí a García y Méndez que formáramos un grupo de estudio, y les cociné pastelitos de carne y pollo. En vez de salir de fiesta los fines de semana con los demás, nos quedábamos en el apartamento memorizando términos legales y haciéndonos preguntas el uno al otro. El esfuerzo valió la pena a la hora de tomar el examen final, el cual tenía una parte escrita, una prueba de tiro, una prueba de resistencia física y una sobre políticas policiales. Al final obtuve ochenta puntos.

Los 56.000 dólares que ganaba al año, con todos los beneficios, vacaciones pagadas y derecho a días de baja por enfermedad, era una compensación mayor a la que recibía en el ejército. Como estaba seguro de que podía mantenerme, le di a mi mamá diez mil dólares de lo que había ahorrado durante mi año en Irak para que pudiera ser la dueña del restaurante que arrendaba en Allentown. Ese restaurante, el cual mi mamá le puso de nombre Sabina's, como ella, les daría trabajos fijos a mis hermanos Giovany y Liliana, quienes no tenían títulos universitarios.

Me enorgullecía vestir mi nuevo uniforme, el cual era elegante pero muy cómodo, y consistía de un par de pantalones y camisa, ambos eran azul oscuro; una gorra de policía, botas, un cinturón, esposas, chaleco antibalas y un arma. En el ejército tenía que vestir camisas camuflajeadas de manga larga para protegerme del sol iraquí, y, además, llevaba un rifle M-16, municiones, un chaleco antibalas y una máscara antigás. Aquí aprendimos a usar armas más pequeñas y livianas y que eran más fáciles de llevar en una funda que iba en nuestro cinturón de herramientas.

"¿También quieres aprender a disparar con rifle?", me preguntó el instructor.

"No. Estoy bien. Usé uno de esos en Irak durante todo un año", le dije.

Yo era el único de mi clase que había estado en el ejército. Por el entusiasmo que mostró el reclutador, asumí que mi experiencia militar iba a ser percibida como una fortaleza. Nunca pensé que iba a ser una debilidad. Pero cuando el instructor nos habló de cuándo dispararles a los criminales y cuándo no, él, un oficial jubilado de unos cuarenta años, dijo, "Asegúrense de tener cuidado con los veteranos que han vuelto con problemas, con trastorno por estrés postraumático".

Eso me dolió. No me gustó que tuviera ese estereotipo de nosotros, como si fuéramos unos criminales o estuviéramos mal de la cabeza, pues fue incapaz de mostrar sensibilidad por lo que vivimos. La segunda vez que habló de los estereotipos de los veteranos que estaban "mal de la cabeza", sabía que debía ponerle un alto, de lo contrario iba a seguir molestándome. Ya no era un chico tímido de la universidad. Yo había sido un sargento militar que prestó servicio en el extranjero. Levanté la mano y le dije enfrente de todos, "Yo soy un soldado. Acabo de volver de Irak y sus comentarios me parecen ofensivos. Es algo injusto la manera que retrata a quienes con valentía prestaron servicio a su país".

"Lo siento", me dijo. Dejó de hacer referencia a quienes habían servido a su país y empezó a mencionar a otros tipos de personas a quienes debíamos evitar dispararles.

Después de pasar tres meses en Georgia, estuvimos reubicados en

Maryland para doce semanas más de clases. Luego, realizamos dos meses de entrenamiento de campo en D.C. Ahí nos enseñaron los planos, los procedimientos operativos estándar de todos los edificios del complejo de Capitol Hill y donde pasaban lista cada mañana. De los cinco reclutas latinos que iniciamos el proceso, solo García y yo nos graduamos. Ninguno de mis familiares llegaron a D.C. a ver la ceremonia, pero sí le envié a mi mamá algunas fotos de la insignia dorada de la Policía del Capitolio y mi certificado de graduación.

Una vez que empecé a trabajar, pude pagar la renta de un pequeño cuarto en el segundo nivel de la casa de García y su esposa. Les pagaba setecientos dólares al mes, les hacía comida dominicana y juntos íbamos a su iglesia católica los domingos. Sin embargo, siete meses después, García me dijo que su padre los visitaría pronto, dándome a entender que era hora de irme. Encontré un apartamento de una habitación a ochocientos cincuenta dólares en Alexandria, Virginia, a veinte minutos del Capitolio. Nunca antes había vivido solo. Compré mi propia cama y me sentí muy independiente a pesar de que mi mamá me había conseguido un sofá, una mesa, algunas sillas y una mesa de noche en una tienda de segunda mano en Pennsylvania, y que Tony y Giovanny me fueron a entregar con un U-Haul.

Al empezar a trabajar, me dijeron que debía reportarme a las 2300 horas, a las once de la noche, y con el uniforme puesto, a la Oficina de Detalles, cerca de la entrada baja del frente oeste del edificio del Capitolio. Mi reemplazo llegaría a las 700 horas, a las siete de la mañana. Me alegraba saber decir la hora como un militar, pues la policía hacía lo mismo. Pero, por error, había aplicado al primer turno, sin saber que eso significaba que debía vigilar el Capitolio de las once de la noche a las siete de la mañana, cinco días a la semana. Tampoco sabía entonces que tardaría tres años y muchas solicitudes para cambiar de turno.

En el cuarto de vestir, durante mi primer día, estaba un poco nervioso al ponerme el uniforme de policía pues no sabía qué esperar.

Mientras pasaban lista, me ubiqué junto a mis nuevos colegas, mientras el teniente les pedía a los seis nuevos reclutas que se presentaran.

"Soy el cabo Aquilino Gonell. Nací en la República Dominicana, pero crecí en Nueva York. Soy un veterano de guerra bilingüe y graduado universitario, y estoy contento de estar aquí y listo de empezar a trabajar", dije.

Todos aplaudieron y dijeron, "Bienvenido" y "Dime si tienes alguna pregunta".

Otro recluta y yo fuimos asignados para ir a buscar todas las entradas y salidas del Complejo del Capitolio de los EE.UU., la Casa de Representantes y el Senado, la Cripta, la Rotonda, el túnel de entrada y el antiguo edificio de la Corte Suprema. Sentía un gran propósito al saber que seríamos la primera línea de defensa que protege a los miembros del congreso y sus asistentes, mientras, al mismo tiempo, supervisábamos a millones de visitantes cada año. Justo debajo de la Rotonda, examinamos la Cripta, construida en 1827 como una entrada al Capitolio. Me ubiqué en el punto que indicaba el centro de D.C., recordé la vez que había estado ahí de visita con mi escuela y me sorprendió estar de vuelta en ese sitio. Había caminado un largo tramo para ser un empleado de ese lugar tan majestuoso. Sin embargo, me sentía como en casa y estaba más seguro de mí mismo y relajado que cuando estaba en Irak.

Una tarde, en el pasillo camino a la Oficina de Detalles, dentro de una de las áreas de descanso, vi a un grupo de oficiales afroamericanos platicando, revisando sus correos electrónicos en una de las computadoras de escritorio que estaban ahí y viendo un partido de los Redskins. En la siguiente habitación, solo había gente blanca.

"¿Hay algún tipo de segregación aquí?", le pregunté en español a uno de mis colegas latinos.

"Los oficiales se dividen en grupitos de su propia elección. Puedes frecuentar cualquiera", respondió. Acabé alternando entre los dos grupos. Por lo menos había igualdad de oportunidades; pronto ambos empezaron a burlarse de mi acento fuerte.

Durante mi primer año, revisaba los bolsos, mochilas e identificaciones de los visitantes antes de que pudieran entrar. Hice, pues, el mismo trabajo que hizo el policía que conocí cuando estaba en la secundaria. Al recordarme lo amigable que era él, empecé a platicar con el personal de mantenimiento y algunos senadores y sus asistentes que trabajaban hasta tarde durante las negociaciones del presupuesto y los debates sobre leyes controversiales. Casi todos los días me ofrecía para trabajar horas extra al otro lado de la calle, en los edificios de oficinas de la Cámara de Representantes. Trabajaba turnos dobles los fines de semana, para así aumentar mi salario y poder pagar mis deudas y ayudar más a mi mamá.

Un cuatro de julio, hice guardia en un concierto cerca del Jardín Botánico que fue grabado por PBS (Sistema Público de Radiotelevisión), con Jimmy Smits de anfitrión y con la participación de Huey Lewis and the News, Taylor Hicks y Jerry Lee Lewis. Me interesaba más la música en español que la música en inglés, así que pasé las siguientes horas hablando con Harry Dunn, un colega oficial afroamericano de Maryland que medía seis pies y siete pulgadas, y había jugado americano en la universidad. Era divertido trabajar con él, pues me molestaba todo el rato, se burlaba de mi acento y me decía,

"Habla inglés, hombre, no entiendo ni una palabra de lo que dices".

"*Fuck you*. Eso sí lo entiendes, ¿no?", le dije. Me gustaba ser amigo de Harry.

MIENTRAS YO VIGILABA el Senado, algunos políticos blancos mayores se quejaban con regularidad de que sus invitados tenían que pasar por seguridad, o decían entre dientes, "Okey", cuando caminaban frente a mí sin siquiera voltear a verme.

El senador Joe Biden no era así conmigo. Siempre fue amable, platicador y tenía un interés genuino en la gente con la que hablaba. La primera vez que lo conocí, me preguntó de dónde era.

"De la República Dominicana. Acabo de volver de prestar servicio en Irak", le dije, recordando que él fue uno de los setenta y siete senadores que votaron a favor de la guerra.

"Gracias por tu servicio", dijo. "Los inmigrantes son los que hacen que los Estados Unidos sea un gran país".

El senador Biden invitaba a grupos de personas a que llegaran al Capitolio fuera del horario de oficina y él se comportaba como un guía turístico, les contaba historias a las personas y les hablaba sin parar, algo que ellas disfrutaban mucho.

Una noche, un nuevo senador junior de Illinois llamado Barack Obama salió de la puerta lateral de una reunión de presupuesto para fumar un cigarrillo. "Les fue bien a los Bears, ¿no?", dijo, después de que el equipo de su ciudad ganara un partido de fútbol americano. Otra vez me preguntó. "¿Cómo está tu familia? ¿Qué tal la pasaste el fin de semana?".

"Bien, gracias. Acabo de regresar de unas vacaciones", le dije. "¿Qué tan tarde se van a quedar hoy?".

"La ley solo necesita unas enmiendas más, después de eso se levanta la sesión", dijo Obama. "Probablemente vamos a terminar a las diez".

Tres pausas y tres cigarrillos después, a eso de la una de la mañana, dijo que otro senador obstruía a los demás e intentaba prevenir que aprobaran la ley.

Después de obtener la presidencia, unos corresponsales lo grabaron hablando a favor del *Affordable Care Act* (Ley del Cuidado de Salud a Bajo Precio), y yo aparezco en ese video, en el fondo. Mi abuelo Bienvenido y abuela Josefita me vieron en el noticiero de la República Dominicana y me llamaron para decir que estaban muy orgullosos de mí. Me encantaba mi trabajo, y sentía que hacía algo importante mientras era testigo de momentos históricos todos los días.

Durante la próxima década y media, desempeñé diferentes funciones y brindé seguridad a varios presidentes, expresidentes y futuros presidentes como Clinton, Bush Jr., Obama, Trump y Biden. Todos, excepto Trump, me dieron la mano y me dieron las gracias por protegerlos. No estuve de acuerdo con todas las políticas de Bush, especialmente su decisión de invadir Irak. Sin embargo, les mostré respeto y aprecié como cada uno de ellos se tomó el tiempo de hacer una pausa y saludarme. Trabajé como agente de seguridad en los funerales de Gerald Ford, George H. W. Bush, el senador John McCain y la jueza Ruth Bader Ginsburg. El momento que me impresionó más que cualquier otro fue cuando fui escolta de la jueza Sotomayor, la primera jueza hispana en formar parte de la Corte Suprema de los Estados Unidos, cuando iba a sus audiencias de confirmación. Sabía que ella era de Puerto Rico y como sentía que ella era una de nosotros, le dije, "Felicidades" en español.

"*Thank you*", contestó, en inglés, así que le respondí en inglés.

"Es un honor conocerla, y me alegro mucho de que haya obtenido este trabajo", le dije y ella sonrió.

Mis parientes en la isla estaban más impresionados cuando me pidieron liderar el grupo de escoltas del presidente dominicano Leonel Fernández cuando iba de camino a una reunión con el senador de los EE.UU., Robert Menéndez. El día siguiente, recibí muchas llamadas de larga distancia de mis familiares, diciendo que me habían visto en las noticias.

DURANTE MIS PRIMEROS tres años en D.C., cada dos semanas iba a Pennsylvania para ayudar a mi mamá con su restaurante. Estaba muy cansado, y esperaba con ansias mis dos semanas de vacaciones en la República Dominicana, en agosto del 2007. Me sentía generoso y entonces ofrecí pagarle a mi papá un viaje de ida y vuelta a la isla con la esperanza de que nos sirviera para mejorar nuestra relación, pues sería el primer viaje que haríamos juntos. Sin embargo, dijo que estaba muy ocupado, pues tenía que trabajar por dieciséis horas al día, que tenía demasiadas responsabilidades y no podía ir de vacaciones. Me enojó su respuesta negativa, pues no solo me desatendía a mí. Mi papá no había visto a sus padres ancianos en más de ocho años. ¿Cuál era su problema? Era como si le hiciera falta algo dentro, algo esencial.

Viajé solo, y me quedé con mi abuelo Fillo y abuela Andrea por unas noches.

"Cuando era policía novato, me compré este traje en la tienda de Macy's, pero como he estado haciendo ejercicio y sacando más músculo, ya no me queda", le dije a mi abuelo Fillo, entregándole un par de pantalones negros, una chaqueta también negra y una camisa de vestir blanca. Mi abuelo me había dicho que no tenía un traje y lo único que se ponía era la desgastada ropa que usaba en la finca.

"Muchas gracias por este regalo", me dijo. "Pero no debiste haberte molestado. No necesito nada".

"Venga, póngaselo", le dije.

Me alegró ver que le quedaba a la perfección.

"Muy guapo", dijo mi abuela y le dio un beso en la mejilla.

Yo sabía que le gustaba porque se lo puso para cenar. Aquella noche, tomé cerveza y comí un poco del sabroso sancocho de mi abuela, una sopa rústica que extrañaba mucho. Además, les mostré algunas fotos de cuando estaba en Irak vestido como soldado y otras con mi uniforme de policía.

"Estoy orgulloso de ti", me dijo. "Perseveraste, y ahora ves los frutos de tu esfuerzo".

"De no haber sido por nuestra plática, probablemente hubiera dejado la escuela y me hubiera convertido en un taxista, como mi papá", le dije.

"Me alegro de que no fuera así", dijo mi abuelo Fillo. "Ser un soldado estadounidense y un policía son trabajos muy honorables. Ayuda a todos los que puedas. Nunca te olvides de hacer lo correcto y nunca hagas algo que comprometa tu integridad".

Desde la última vez que había ido a la República Dominicana, mis abuelos se habían mudado a una casa nueva hecha de bloques de cemento con tres habitaciones y dos baños en Santiago. Mi papá, mi hermano, mi tío Federico y yo juntamos el dinero para comprarles esa casa nueva. La idea era que se retirara de la finca, pero a no le gustaba esa idea. Varias veces a la semana, mi abuelo Fillo tomaba un bus destartalado y viajaba dos horas para llegar a la casa, cargando plátanos, melones, papas y gandules en un saco, y luego viajaba otras dos horas de vuelta a la finca. Vi de dónde mi papá y yo heredamos nuestra ética de trabajo.

"Deberías vender la finca y así disfrutar de tu jubilación cómodamente en la ciudad", le dije.

"Me gusta más la finca. Todo es más callado allá", dijo al mismo tiempo que una motocicleta aceleró y pasó enfrente de su casa. "Además, tengo que cuidar de mi tierra".

Mi abuela me contó de los problemas que tenía mi abuelo con su tierra: ladrones desarmaban las cercas para así poder entrar fácilmente a cortar árboles para obtener leña, y, además, le robaban de sus cosechas. Él iba y venía cada vez más seguido para proteger su propiedad. A veces, él era su propio sereno y dormía afuera en su hamaca con un machete y su perro al lado.

Pasé un tiempo en la playa de Puerto Plata con mi tío Carlos y su esposa. Luego, fui a ver a mi abuelo Bienvenido y mi abuela Josefita, y después fui a la Cascada de los 27 Charcos de Damajagua en las montañas, un sitio donde no había estado desde que tenía doce años.

Antes de irme, fui a despedirme de mi abuelo Fillo. "Te amo", le dije y le di un gran abrazo. "Te veo el próximo verano".

Dos semanas más tarde, mi tío Carlos me llamó cuando estaba de turno en el Capitolio y me dijo que había ocurrido un accidente terrible. "La carga de una patana Mack se le había roto el sostén de carga. Dentro llevaba tuberías de concreto, las cuales rodaron por la carretera y aplastaron el bus donde iba Fillo". Mi abuelo tenía setenta y seis años.

Me sentía abatido por haber perdido la única figura paterna que había admirado en mi vida.

No podía tomar más días libres del trabajo y comprar un boleto de avión para ir al entierro de mi abuelo, pero sí pagué 800 dólares por un viaje de ida y vuelta para mi papá.

"Debiste haber ido conmigo y pasado tiempo con él cuando todavía podías", lo regañé.

"Tienes razón. Debí haber ido", dijo mi papá, con los ojos llenos de lágrimas.

La primera vez que fui a una iglesia en Virginia fue para encender una vela para mi abuelo Fillo y decir una oración, en la cual pronuncié su verdadero nombre: Porfirio Gonell. Pensé que él le había pedido a Santa Clara que me cuidara a mí, pero no a él. Era como si hubiera entregado toda su suerte y se olvidó de guardar un poco para sí mismo.

18

Bailando en la oscuridad

Washington, D.C., julio 2008

ESTABA EXHAUSTO DESPUÉS DE UN TURNO DE DIE-
ciséis horas, pero no quería pasar una noche de sábado solo.
En mi apartamento me cambié de ropa, me puse una cam-
isa Armani, un par de *jeans* muy bonitos y unos zapatos de vestir de
cuero negro. Acto seguido, fui a Muse, un bar discoteca del que había
escuchado cosas buenas. Para su noche de música hispana celebra-
ban el Día de la Independencia de Colombia. Tenía muchas ganas de
tomarme un mojito. El ponche de ron y los suaves ritmos latinos me
hicieron mover las caderas.

"¿Quieres bailar?", le pregunté a una mujer de pelo oscuro que estaba sentada en el bar.

"No, lo siento. Estoy con mis amigas", dijo, volteando a ver a otro
lado.

"¿Te gusta la salsa?", le dije a una rubia de vestido verde que estaba
sentada en una mesa.

"Acaba de llegar mi comida", dijo, mostrándome su hamburguesa.

"¿Quieres ir conmigo a la pista de baile?", le pregunté a una tercera chica que estaba cerca de la puerta.

Ella movió la cabeza, diciendo que no y se fue.

A la 1:30 de la mañana y tras tres ponches, estaba listo para darme por vencido cuando vi a una joven muy hermosa con cabello entre marrón y rojizo bailando salsa ella sola en una esquina. Ella era delgada, vestía unos *jeans*, una blusa metálica que brillaba, tacones y llevaba unos aretes plateados. Tenía, además, pestañas largas y los labios pintados de rosa.

"No conozco todos los pasos de salsa, pero sé lo básico", le dije. "¿Quieres bailar un rato?".

Le ofrecí la mano y ella la tomó.

Era una bailarina encantadora, y daba vueltas y se movía al ritmo de la música sensual al igual que Shakira. Era electrizante, pero igualmente intimidante, bailar con ella, pues bailaba mucho mejor que yo y estaba fuera de mi alcance. Apenas podía seguirle el paso, y me sentía como un gringo torpe. Por suerte, de repente, pusieron una canción de bachata, mi estilo de baile dominicano favorito. Mientras bailábamos, la tenía de las manos, y ella y yo movíamos los pies al ritmo de la música, logré presentarme y aprender un poco de ella. Mónica era una colombiana de veintidós años que se había mudado acá a los quince. Recién se había graduado de la universidad y tenía planes de estudiar medicina. ¡Era hermosa, inteligente, sabía bailar y hablaba español! El único problema era que su hermano mayor, Juan, era un guardaespaldas muy estricto. Con razón pasaba cerca de nosotros y me veía todo el tiempo. Yo tenía veintinueve años en ese entonces. ¿Era muy viejo para ella?

Después de bailar por otra media hora, le pregunté si podía comprarle un trago.

"No acepto bebidas de tipos que no conozco", dijo ella. "Especialmente si están borrachos", añadió, lo suficientemente alto como para que su hermano la oyera.

"No estoy borracho en absoluto. Acabo de trabajar un turno de dieciséis horas, por eso parece que estoy cansado. Soy policía y trabajo en el Capitolio", dije con la esperanza de que él también escuchara lo que dije.

"¿En serio? ¿Otro?", dijo Juan. "No parece. ¿Quién carajos es él?".

No entendí por qué había dicho eso. "¿Puedo traerte una botella de agua?", dije, intentándolo de nuevo.

Ella se rio y me llevó de vuelta a la pista de baile. Cerca de las tres de la mañana, apagaron la música y encendieron las luces, pero nosotros seguimos bailando como locos.

"Bueno, bueno, se acabó el espectáculo", dijo el DJ, echándonos del lugar.

"Me gustó mucho bailar contigo. ¿Me das tu número?", le pregunté a Mónica mientras la acompañaba al carro de su hermano donde estaba él y su novia fulminándome con la mirada.

"Es que tengo novio", dijo ella.

Sentí una apuñalada en el corazón.

"Él también es policía", agregó.

Así que a eso se refería su hermano. Al menos yo era su tipo, ¿no?

"Solo me gustaría volver a bailar contigo", dije, intentando recuperarme.

"Tengo una amiga muy guapa y me gustaría presentártela", dijo ella, rechazándome de inmediato.

"Suena bien. Gracias". Mentí para obtener su número de teléfono. Me alegró mucho cuando ella pidió tomarse una foto conmigo antes de irse. Por supuesto que tenía la esperanza que esa no fuera nuestra última foto juntos.

Dos días más tarde llamé al número que me apuntó para ver si me había dado un número falso. Pero sí, era su número de teléfono. Después de hablar un rato, le dije que me podía llamar siempre que tuviera ganas de volver a ir a bailar, pero nunca me llamó.

Meses después, estaba borrando contactos de mi teléfono cuando me topé con su foto y número de teléfono. Me recordé de ella. La vi frente a mis ojos bailando en la pista de baile de Muse. Sentí una punzada y de inmediato le mandé un mensaje de texto. "Solo quería decirte hola. Espero que estés bien".

Ella respondió al mensaje y dijo que acababa de terminar con su novio. Yo estaba emocionado, y además agradecido de ser tan persistente. Muchos sueños que había tenido en la vida no habían ocurrido la primera vez, pero sí luego de una segunda oportunidad.

"Entonces, ¿te puedo llevar a cenar el sábado por la noche?", dije, intentándolo de nuevo.

Mónica estaba indecisa. La verdad era que sus papás no iban a permitirle que fuera a bares por sí sola. Juan tenía que estar junto a ella para protegerla, y yo no le caía bien a Juan. A él no le agradó que su hermana bailara con un desconocido. Sus papás tampoco estaban de acuerdo con que saliera con su hija. Le habían advertido que los policías y los dominicanos eran unos mujeriegos. Ya tenía una cuenta de dos *strikes* en mi contra. El tercer *strike* era mi edad; ellos creían que yo era muy mayor para ella. Pero no me rendí. Ese domingo por la tarde, de regreso a casa después de visitar a mi mamá en Pennsylvania, la llamé.

"¿Qué estás haciendo?".

"Estoy con mis papás, acabamos de llegar a casa; estábamos de viaje", me dijo.

"¿Puedo pasar a verte? Estoy cerca", le dije. "Tengo un regalo para ti. Mándame un mensaje con tu dirección".

Así me las arreglé para conocer a los papás de Mónica, en el parqueo de su edificio de apartamentos. Después de darles la mano, abrí el baúl del carro para mostrarles que estaba lleno de la comida dominicana de Sabina's, el restaurante de mi mamá. Dentro había ensalada de pulpo y camarones, pollo asado, cerdo asado, pastelitos, arroz con gandules, sancocho y algunos postres como flan, guayaba y pastel de tres leches. Mi mamá había empacado un poco de todo para que lo guardara en el congelador y así tener comida para varias semanas.

"¿Vas a tener una fiesta?", dijo Mónica.

"Vengo del restaurante de mi mamá. ¿Tienen hambre?".

"Estamos hambrientos", dijo Juan y todos se acercaron a las latas de metal.

Primero les di de probar pastelitos.

"Guau, esto está muy rico", dijo su mamá.

Juan tomó una porción de cerdo asado de otro contenedor. El papá de Mónica también probó un poco.

"A ver, prueba de este", dijo Juan, tomando un muslo de pollo.

Por suerte, mi mamá había empacado algunas servilletas. Nos quedamos ahí en el parqueo, comiendo detrás al baúl de mi carro con las manos, y casi nos acabamos toda la comida; eran unos comelones. Eran mi tipo de personas: una familia unida, sin pretensiones y con un gran apetito. Me los gané esa tarde mientras devorábamos un gran festín de comida dominicana.

"¿Podría entrar a usar su baño, por favor?", pregunté. "Llevo cuatro horas manejando".

En la cocina la mamá de Mónica dijo "¿Te puedo ofrecer algo de tomar?".

"Me encantaría tomar un vaso de agua", le dije.

"Tu mamá es una muy buena cocinera", me dijo el papá de Mónica.

"Si me permiten convivir con ustedes, prometo algún día llevarlos a todos al restaurante que ella tiene en Pennsylvania".

Pronto cumplí con esa promesa.

Mónica y yo nos casamos el 24 de octubre del 2010, un año y medio después de ese festín servido en mi baúl. Yo tenía treinta y un años, y llevaba un traje negro y una corbata rayada. Mi hermosa esposa de veinticuatro años llevaba un vestido corto color champaña y zapatos de tacón del mismo color para nuestra boda civil en Woodridge, Virginia. Entre los más de treinta parientes que llegaron a celebrar con nosotros estaban Tony, Karina y sus dos hijos; Giovanny; Liliana, quien acababa de tener su bebé; y mi media hermana Stephanie, que tenía dieciocho años y llegó vistiendo un hermoso vestido plateado. Yo intentaba convencerla de que ingresara a la academia de policía.

En el 2011, cuando el presidente Obama anunció que miembros de las Fuerzas de Operaciones Especiales de la Marina de los EE.UU. habían matado a Osama bin Laden, casi una década después de que lanzara el peor ataque terrorista en la historia de los Estados Unidos, sentí que finalmente se había hecho justicia. Sin embargo, la Guerra de Irak me parecía aún apenas una distracción trágica e innecesaria.

Ese mismo año, Mónica y yo le dimos la bienvenida a nuestro hijo Emmanuel. Le pusimos ese nombre pues significa, "Dios está con nosotros" y su nacimiento fue una bendición para nosotros. Había cumplido el sueño americano. Estaba muy feliz, pues tras tanto sacrificio y trabajo duro, podía ayudar a mis parientes y brindarle a mi hijo las oportunidades que sus abuelos, mis padres y yo nunca tuvimos.

SEGUNDA PARTE

19

Horas extra

Washington, D.C., 6 de enero de 2021

AQUEL MIÉRCOLES, LA ALARMA SONÓ A LAS CUATRO de la mañana. La apagué. Estaba exhausto. Durante los últimos seis meses había estado trabajando turnos dobles bajo protocolos adoptados por la pandemia. En el 2018 fui ascendido a sargento, lo que significaba que ahora estaba a cargo de mi propio escuadrón de la Unidad de Disturbios Civiles. Habíamos estado activos y en pausa una y otra vez durante el verano, a causa de los enfrentamientos entre miembros del movimiento Black Lives Matter (Las vidas de las personas negras importan) con la policía y seguidores de Trump que se concentraban cerca de la Casa Blanca. Generalmente, trabajaba el turno de medianoche. Pero, por si las manifestaciones se salieran de control, o que demasiados oficiales contrajeran el coronavirus, entonces, me cambiaron mi horario de trabajo. Me pidieron que trabajara de la siete de la mañana hasta "la hora que sea necesaria". Me sentía desorientado. Hoy podría estar en el trabajo por dieciocho horas seguidas y cumpliendo horas extra obligatorias, cuando en realidad prefería estar en casa con mi familia.

Como ella sabía que yo estaba agotado, Mónica se levantó para ayudarme a empezar el día. Milo, nuestro perro perdiguero de pelo corto, se despertó y saltó de su cama. Después de acariciarlo, Milo volvió a dormir. Yo quería hacer lo mismo. En vez de eso, me metí a la ducha y me vestí para salir. A pesar de la oscuridad y de despertar tan temprano, me encantaba amanecer en nuestra casa nueva en los suburbios de Virginia. Después de vivir en espacios pequeños durante una vida entera, esta gran casa colonial con tres baños y tres habitaciones me parecía un palacio. La casa tenía una canasta de baloncesto en la entrada, y una casa de árbol donde mi hijo tomó sus clases de cuarto grado, durante la crisis del coronavirus, para que sus clases fueran divertidas. En el jardín de atrás, planté maíz, habichuelas, berenjena y otros vegetales, en honor a mis dos abuelos. A los cuarenta y dos años, yo tenía una esposa y un hijo a quien adoraba, y un trabajo fijo que disfrutaba mucho. Ganaba buen dinero trabajando horas extras, y esperaba con ansias poder tomar la prueba de teniente. Sentía que lo había logrado, que tenía éxito en la vida.

Apenas unos días antes, habíamos celebrado el año nuevo y comimos las doce uvas de la buena suerte; es una costumbre para nosotros. Solo tenía que trabajar durante las próximas dos semanas, antes de la investidura del presidente electo Biden, y luego tendría un poco de paz y tranquilidad. Estábamos planeando ir de vacaciones a la República Dominicana, en cuanto aflojaran un poco las restricciones sanitarias.

Mónica tenía treinta y cuatro años, y acababa de empezar a estudiar enfermeria —su gran sueño de la vida—. Sin embargo, por la pandemia, ella también tenía que tomar clases virtuales. Ella estaba tan cansada como yo, por su duro calendario de clases. Pero, aun así, ese día se levantó a prepararme mi desayuno favorito: huevos revueltos, salami dominicano y mangú —plátanos verdes hervidos y luego machacados, y con queso y mantequilla—. No tenía hambre aún, así que ella los empacó para que los comiera después, anticipando que el revuelo político iba a hacer que ese día fuera un día largo y cansado. Le di un beso en la frente a mi hijo de nueve años, Emmanuel, quien seguía dormido y le dije, "Dios te bendiga", y luego le dije, "Te amo", a Mónica, antes de subirme a mi Jeep Cherokee borgoña a las 5:30 de la mañana.

De camino al trabajo, escuché un pódcast titulado, *Netflix Is a Joke* (Netflix es una broma). En él, el comediante mexicano americano Gabriel Iglesias, alias Mr. Fluffy, habló de su hijo de diecinueve años, Frankie, quien se negaba de irse de la casa o ir a la universidad, a pesar de que su papá había ofrecido pagarle los estudios. Gabriel quería enviar a su hijo a un programa de intercambio en el extranjero, con la familia de un estudiante en un país en vías de desarrollo para que apreciara los lujos que los jóvenes estadounidenses dan por sentado. Me dio risa, pues me sentía identificado con él, y pensaba en que Emmanuel, ya desde los cuatro años, se negaba a comer mangú y huevos revueltos, e insistía que le preparáramos panqueques y *tater tots* (papas fritas) para el desayuno. Cuando era niño, me sentía afortunado de tener algo que comer, pero no recuerdo haber tenido opciones de comida durante el desayuno. Con mi más reciente aumento salarial, me hacía feliz saber que podía darle a mi hijo una vida mejor que la que yo tuve, a pesar de tener más responsabilidades en el trabajo y el estrés que eso conlleva.

Cambié la emisora a una estación de noticias y me enteré de las violentas disputas que habían causado un grupo de nacionalistas blancos que manifestaban en el área. Informaron que el presidente de los Proud Boys (Chicos Orgullosos), Enrique Tarrio, había sido acusado de tener un arma con cargadores extendidos después de haber sido arrestado por quemar una pancarta de Black Lives Matter, en una iglesia del área. Me daba rabia que el otro grupo al que él pertenecía, Latinos para Trump, apoyaba a un candidato que perpetuaba el racismo.

Parecía como si el país se caía a pedazos. Durante el tumultuoso verano del 2020, un manifestante afroamericano me gritó en la cara,

"¡Eres un cerdo y un asesino!" mientras estaba a un lado del aparcabicicletas, durante un mitin político en D.C. Sentía como si yo hubiera sido agrupado de forma injusta con los policías malos, como Derek Chauvin, el policía de Minneapolis que fue hallado responsable por la muerte de George Floyd. Aún me sentía angustiado por ese cruel asesinato. Tras ver lo indefenso que estaba el señor Floyd, en el suelo, le dije a mis colegas más jóvenes, "Si alguna vez me ven usando la fuerza de tal manera, denme un golpe en la cara o tacléenme para que deje de hacerlo". No podía creer que los superiores de Chauvin habían ignorado dieciocho quejas previas sobre él y le habían permitido continuar trabajando como oficial de entrenamiento.

"¿Como te sentirías si yo dijera que tú eres un matón o que eres violento, solo con fijarme en tu aspecto, ropa, y color de piel?", le dije al manifestante. "Eso acabas de hacer conmigo. Tú no me conoces ni sabes nada de mi vida. Si yo hubiera estado ahí, me habría lanzado hacia Chauvin, para que dejara de hacerle daño a George Floyd".

Me dio gusto saber que esa persona escuchó lo que le dije, que no todos los que vestimos de azul somos iguales. Recientemente, y con regularidad, me sentía ofendido por jóvenes progresistas que pintarrajeaban el Monumento a la Paz con pintura roja y gritaban cosas como "¡Quítenle los fondos a la policía!", "¡Al diablo con la policía!", "¡Los policías son asesinos!" y "¡ACAB!", un acrónimo que significa *All cops are bastards* (Todos los policías son unos bastardos).

Cambié de estación, sintonizando Fox News, y presté atención sobre los puntos donde se iban a realizar los próximos mítines de derecha.

Había seguido de cerca el ciclo frenético de eventos que habían ocurrido después de que Trump perdiera las elecciones, y tenía miedo de que los republicanos que apoyaban el cumplimiento de la ley nos dieran la espalda y se pusieran en contra nuestra solo por hacer nuestro trabajo. Me había enterado de que varios agentes se habían arrodillado en el Frente Este del Capitolio, en solidaridad con los manifestantes de Black Lives Matter. A pesar de que habíamos recibido entrenamiento para mantenernos neutrales y no tomar bandos en público, entendía su sentir y por qué lo hicieron. Muchos sindicatos de policías en todo el país habían apoyado abiertamente a Trump dos veces, pero yo no. Ver que les tiraba toallas de papel a ciudadanos de Puerto Rico que sufrían después de haber sido devastados por el huracán María, en vez de darles alimentos, me pareció un acto frío, descorazonado y carente de empatía. Sus comentarios racistas, como cuando llamó "países de mierda" a naciones con una población mayoritariamente afrodescendiente o de color, o cuando dijo que los inmigrantes mexicanos son "criminales, traficantes de drogas y violadores" me hicieron sentir como si yo fuera el enemigo y tuviera un blanco en la espalda. Mi hijo hablaba inglés mejor que yo. Cuando viajábamos juntos me daba cuenta de que la gente nos miraba fijamente o de forma condescendiente, como si esos desconocidos pensaran que yo era menos estadounidense que mi hijo, o un inmigrante de menor categoría. Me indignó saber que la esposa eslovena de Trump había llegado a los Estados Unidos con el tipo de visa que él luego suspendió, y que ella patrocinó la ciudadanía de sus padres usando la "migración en cadena" que él luego denunció, para evitar que personas de color, como mi familia y yo, llegaran a los Estados Unidos. Después de esperar diez años, tres de mis tíos aún no podían obtener sus visas.

Sabía que las ideologías políticas eran complicadas y personales; que cada uno tenía derecho a una opinión. Yo me consideraba proelección, y era un defensor de las vacunas, la migración, la regulación de armas y creía que todos los ciudadanos tenían el derecho de votar, pero tenía parientes a quienes les tenía mucho respeto que se consideraban conservadores. Como muchas familias, llegamos a un acuerdo de no discutir sobre nuestros diferentes puntos de vista durante la cena. También intentaba no mostrar mis creencias en el trabajo, aunque a veces no podía evitarlo, como en noviembre del 2021, cuando un colega dijo, "Trump va a ganar, a menos que las elecciones sean un fraude".

"Él les hace bien a mis bolsas de acciones y mi fondo de pensión", agregó otro supervisor.

"Pero no les hace bien a las personas de color con esos comentarios tan racistas que hace", dije.

"Oye, él no habla en serio", insistió mi colega y se rio. "Las personas lo toman demasiado en serio".

"Su secretaria de prensa dijo que sus tuits hablan por sí solos", insistí.

"Sí, tiene una boca grande", continuó el supervisor, "pero la mayoría de veces solo está bromeando".

"Entonces, cuando él habla mal de los afroamericanos y los latinos, solo se está burlando a mis costillas, ¿no?", pregunté.

La división política que ocurría en todo el país había llegado hasta mi lugar de trabajo. Sin embargo, les recordé a los agentes que estaban bajo mis órdenes, que debíamos proteger a todos por igual, que nosotros no pertenecíamos a ningún partido político, y esto aplicaba aún más mientras aumentaban los desacuerdos entre la izquierda y la derecha. Durante la pandemia, miembros de Antifa (Antifascista) y Black Lives Matter dijeron que éramos "basura" y unos "bastardos". Conservadores y supremacistas blancos, quienes generalmente amaban a los policías y nos saludaban con el pulgar hacia arriba y gritaban "¡Estamos de su lado!" cuando íbamos por la calle, ahora nos consideraban traidores por no permitirles interferir con los resultados de las elecciones.

Apagué la radio.

Llegué al trabajo a las 6:10 de la mañana. Me estacioné en un estacionamiento designado bajo tierra, más cerca del perímetro del Capitolio que de costumbre. Después de prestar servicio en Irak, generalmente me resultaba fácil mantener la calma en D.C., pero al pensar en todos mis colegas que estaban enfermos con COVID, y tras el aumento en apoyo de los seguidores republicanos para invalidar las elecciones, me sentía tenso cuando marqué mi entrada y sabía que iba a tener que cubrir a los que estaban ausentes. Revisé el clima para ver cuántas capas de ropa necesitaba tener puesta. Me cambié en el vestuario. Me puse mi uniforme azul oscuro de ciclista de montaña, que era más casual que mi atuendo tradicional. Si usaba mi casco protector, máscara antigás y protectores de brazos, iba a sudar, aunque apenas estuviera a 40 grados afuera. Las telas más ligeras permitían mayor comodidad al usarlas debajo de equipo más pesado.

A las siete de la mañana, saludé a mis compañeros en el pasillo y les di un resumen de nuestro horario de labores. Tres oficiales diferentes me mostraron publicaciones en redes sociales bajo la etiqueta #StopTheSteal (#ParenElRobo) y que decían que había enfrentamientos cerca. "Estamos aquí para proteger sus derechos de la Primera Enmienda. Pero no somos amigos de ellos", les advertí. "Si nos consideran como un obstáculo para interrumpir el cambio de poder, puede que las cosas se salgan de control". Mientras esperábamos órdenes, me quedé callado, viendo mi teléfono en busca de actualizaciones y boletines con más información. Como había estado presente en todo tipo de manifestaciones, durante los últimos dieciséis años, confiaba en que podíamos manejar cualquier cosa.

Aun así, esa semana les dije a mi sargento mayor y teniente que debíamos discutir y practicar diferentes escenarios, para así aliviar un poco de la preocupación que tenían los miembros de mi equipo. Tenía la esperanza de que un par de sesiones de preguntas y respuestas serían suficientes para aclarar dudas y calmar la ansiedad de todos.

"Si un manifestante viene hacia mí, ¿cuáles son las reglas?", preguntó un joven oficial afroamericano y colega veterano de guerra.

"Si te golpea, está quebrantando la ley y puedes arrestarlo", respondió el sargento mayor.

"Si uso mi fuerza y alguien lo graba, podría terminar crucificado igual que Chauvin, ¿no?", preguntó un policía blanco y mayor.

"Por Dios, solo no asesines a alguien que ya ha sido aprehendido, sometido y está en el suelo", respondí.

"¿Una amenaza verbal es motivo de arresto?", preguntó una policía.

"Sí", respondió el teniente.

"Si dicen, 'Biden perdió y Trump ganó', ellos solo están haciendo uso de los derechos que ampara la Primera Enmienda, ¿verdad?", preguntó un colega asiático de unos veintitantos años.

"Depende si viene acompañada de una amenaza", le respondió el sargento mayor.

"¿Y qué pasa si las amenazas ocurren en línea?", siguió hablando el agente. "¿Cómo lidiamos con ellas?".

"Cualquier amenaza que veas, envíamela por correo electrónico", le dije. "Yo se las reenvío a la cadena de mando y te digo cómo podemos responder".

"¿Podemos llevar nuestros rifles, como hicimos durante las marchas de Black Lives Matter?", preguntó el veterano. Otros dijeron que se sentirían más seguros si llevaran consigo armas de más alto calibre que las pistolas que llevábamos siempre. Como yo también quería tener más protección, apoyé la moción de mis compañeros.

Un capitán refirió nuestra petición al equipo Containment Emergency Response Team (Equipo de Respuesta a Emergencias de Contención). "De momento no tienen autorizado usar armas de alto calibre para los disturbios civiles de hoy". Agregó, "También, mantengan a los manifestantes revoltosos de Antifa y Black Lives Matter lejos de los simpatizantes de Trump, para evitar que se maten los unos a los otros".

Durante la mañana del miércoles, ninguno de mis jefes parecía saber quiénes eran nuestros verdaderos enemigos o la fuerza con la que iban a arremeter contra nosotros.

20

La delgada línea azul

Washington, D.C., 6 de enero, 2021

A LAS 7:30 DE LA MAÑANA, REVISÉ EL CALENDARIO DE actividades diarias que estaba dentro de la oficina policial en el Capitolio. El coronavirus había diezmado a nuestro grupo. Docenas de agentes trabajaban de forma remota o estaban enfermos. Cubrí los faltantes lo mejor que pude con miembros de la unidad de Disturbios Civiles que estaba a mi cargo. Unos setenta oficiales del pelotón de nuestra división respondieron al control de asistencias en el Centro de Visitantes del Capitolio. Me alegró escuchar la voz de Harry Dunn entre la multitud. En cualquier otro día, hubiera ido a saludarlo, pero hoy no había tiempo. Respondíamos a un aluvión de preguntas y llevábamos mascarillas quirúrgicas para satisfacer el protocolo de la pandemia, lo cual solo aumentaba la ansiedad dentro del salón. Después de pasar lista, todos fueron a la cafetería para tomar café y comer algo.

En el pasillo vi que mi colega, el oficial Brian Sicknick iba camino al salón de descansos. Vestía su chaqueta azul de bicicleta de montaña.

Él era un hombre blanco, introvertido y veterano de guerra que tenía la misma edad que yo. Siempre que estaba bajo mi cargo y yo le pedía que trabajara horas extras, o que me ayudara con algo, él siempre se ofrecía sin quejarse. Era el tipo de agente que cualquier líder querría en su equipo. Nos saludamos rápidamente.

De vuelta a mi escritorio, comí la comida que me había preparado Mónica, mientras escuchaba unas canciones de reggaetón en mi teléfono y esperaba a actualizaciones a través de mi intercomunicador. La paz me duró muy poco. Algunos miembros de mi unidad interrumpieron mi desayuno para mostrarme publicaciones de Twitter, Facebook e Instagram que, además de perturbadoras, difundían desinformación sobre las elecciones y amenazas vagas que éramos incapaces de corroborar.

A las 8:17 a.m., Trump publicó un mensaje desconcertante en Twitter. "Hay estados que quieren corregir su conteo de votos, los cuales, ellos saben, estaban basados en irregularidades y fraude, además de ser parte de un proceso corrupto . . . Lo único que tiene que hacer Mike Pence es enviar los votos de vuelta *¡y ganamos las elecciones!* Hazlo, Mike, ¡este es el momento para demostrar valentía extrema!".

Era desconcertante ver videos de Trump hablándoles a sus simpatizantes durante un mitin político cerca de la Casa Blanca. "¡Nunca nos rendiremos! ¡Jamás vamos a conceder estas elecciones!". Terminó su discurso vociferante diciéndoles a sus simpatizantes que fueran hacia el Capitolio. "¡Vayan ustedes a recuperar nuestro país!", dijo en el video.

Circulaban videos de fanáticos de Trump que rodeaban a senadores republicanos en Colina del Capitolio. En uno de esos videos, Rudy Giuliani estaba frente a una pancarta que decía *SALVEMOS AL PAÍS* e incitaba más a la multitud. Me dio molesto escucharlo. Negué con la cabeza cuando dijo, "Me parece a mí que no queremos esperar tres semanas para encontrar más pruebas de que estas elecciones fueron un fraude, ¿o sí? Que tengamos un juicio por combate".

La retórica de Trump y Giuliani me pareció que agitaba a la gente, pero al menos desde mi escritorio, en el trabajo, las próximas horas transcurrieron de forma habitual. Al mediodía el Senado iba a entrar en sesión para contar los votos electorales y confirmar que Joe Biden era el ganador de las elecciones del 2020. Mi escuadrón recibió instrucciones de poner en práctica los mismos procedimientos que habíamos usado durante otras demostraciones en el pasado. No recibimos órdenes de cambiar el protocolo y las manifestaciones que ocurrían afuera tampoco motivaron la urgencia que habíamos visto durante las manifestaciones de Black Lives Matter. Sin embargo, las imágenes y frases que veía en las redes sociales me parecían surreales, como si vinieran de otro país. Revelaban una historia diferente que era mucho más angustiante que la información que recibía de mis superiores.

Alrededor de las 11:00 a.m., tanto el sargento de Armas de la Cámara de Representantes y el Senado pidieron que más policías brindaran ayuda adentro del edificio para intentar prevenir interrupciones durante la transferencia de poder. Otros supervisores y yo nos negamos y les explicamos que los únicos oficiales que podíamos movilizar eran los miembros de la Unidad de Disturbios Civiles que estaban a la espera de recibir órdenes. La respuesta que nos dieron fue "hagan que eso suceda". Luego de acatar órdenes, perdimos la ayuda de una docena de oficiales de antidisturbios.

A eso de las 12:50 p.m., recibimos un llamado. Mi intercomunicador sonó tres veces. Una voz atronó: "¡Todos los miembros de la unidad de disturbios civiles repórtense al Frente Oeste del Capitolio!".

Parecía una emergencia.

"De prisa. Tomen su equipo", les dije a los miembros del equipo de disturbios civiles. "Ayúdense los unos a los otros".

Después de ponerme mi pechera, mis protectores de brazos, muslos y mi casco, tomé un cinturón multiusos cargado con municiones extra, mi intercomunicador, gas pimienta, esposas, escudo y una macana plegable. Todos los demás hicieron lo mismo. Por la radio recibíamos informes que alguien había encontrado bombas de tubo en los edificios del Comité Nacional Republicano y el Comité Nacional Demócrata. La vicepresidenta electa Harris estaba en una sala de espera adentro del edificio del comité nacional demócrata. Sin embargo, las noticias transmitidas en vivo en redes sociales nos daban más detalles de la situación en desarrollo que los oficiales del gobierno.

Guié a una docena de oficiales de mi unidad desde el Centro de Visitantes Norte hasta el Frente Oeste. Abrí las puertas pesadas que dan hacia la Sala de Emancipación. Bajamos las escaleras subterráneas a prisa y corrimos el equivalente a una calle hacia la Cripta y a través de otro pasillo donde había visto la investidura de Bush y Obama.

Alrededor de la 1:00 p.m., nos acercamos a la entrada de la Terraza Baja al Oeste del edificio. Ya estaba sudando y me sentía muy incómodo, pero mientras nos acercamos, se disparó mi ritmo cardiaco. Justo detrás de las puertas rugía la multitud que iba en aumento. La magnitud de la violencia de los insurrectos me sorprendió.

Una turba enardecida rodeaba el escenario inaugural y la gente gritaba y peleaba con los agentes que ya estaban en ese sitio. Aun no sabía que mi colega, Caroline Edwards, otra agente del Capitolio, había sufrido una contusión en el Círculo de la Paz, al otro lado del Frente Oeste.

Sentí calor detrás de los ojos mientras veía que los manifestantes golpeaban a mis colegas con tubos, palos y piedras mientras gritaban, "¡Peleen por Trump!" y "¡EE.UU.! ¡EE.UU.!". Me di cuenta de que había más pancartas con el nombre de Trump que banderas de los Estados Unidos, y por un momento el miedo me congeló. Ya había visto ese tipo de furia desenfrenada en Irak, cuando la base era atacada, y sabía que estábamos en una mala situación. Nos habían rodeado de todos lados, sin embargo, no había tiempo para coordinar una respuesta. En la academia nos habían enseñado a crear una barrera táctica. Recordé de pronto mi entrenamiento. Sin pensarlo, nos unimos a la lucha para ayudar a nuestros camaradas y mantener el cordón policial. Nos movimos a lado de ellos para demostrar nuestra solidaridad. Mantener el cordón policial era nuestra manera de resistir y mantener a los invasores a raya.

Nos embistió un grupo de manifestantes. Mis oficiales recibían golpes, puñetazos, y algunos eran apuñalados con piezas rotas de un portabicicletas o cualquier cosa que los insurrectos tenían a la mano.

"¡Aléjense! ¡Aléjense!", grité.

Mantuve mi escudo frente de mí, para así alejar a la muchedumbre de atacantes. Desde un costado, un hombre blanco, anciano y con barba me golpeó una y otra vez cerca de mis testículos y en mis muslos con un asta. Me defendí de otro loco barbudo, uno que tenía un casco militar y una chaqueta azul, mientras intentaba quitarme mi macana y arrancar el cable a mi intercomunicador. Cuando alguien disparó un chorro de gas pimienta hacia mi rostro, me puse mi máscara antigás. Mis guantes estaban mojados y resbalosos por los químicos que habían rociado, así que me los quité. Oficiales entrenados tiraron granadas paralizantes y proyectiles de pimienta a los agitadores desde la cima del escenario inaugural. Uno de los proyectiles golpeó a uno de los simpatizantes de Trump en la mejilla y empezó a salirle sangre efusivamente de la herida. Uno de mis compañeros y yo fuimos a ayudarlo, lo que provocó que otro de los insurrectos perdiera la cabeza, pues pensó que estábamos arrestando al hombre herido.

"¿Por qué lo atacan sin razón?", gritó.

¿Sin razón?, pensé. Esto era el disturbio más despiadado que había visto en mi vida. Muchos de aquellos bárbaros estaban armados, así que nos abstuvimos de usar fuerza letal, con miedo de provocar una masacre. Algunos de los insurrectos actuaban de forma caótica y de forma improvisada. Sin embargo, eran peligrosos y todo empeoraba rápidamente. Perdíamos terreno ante la locura de la situación. Estaba aterrado porque no podíamos mantener el cordón policial. No teníamos los suficientes refuerzos como para controlar el implacable caos al que nos enfrentábamos.

Alguien tiró una bandera de los Estados Unidos al suelo y gritó,

"¡Levántela!" como un perverso grito de guerra. Me quedé atónito porque habían profanado un símbolo sagrado de nuestro país y nos habían culpado a nosotros, para así seguir incitando a sus hordas furiosas. Le pedí a un colega que levantara la bandera y así lo hizo. Eso tranquilizó a los manifestantes, pero solo por un momento. Un tipo rubio que llevaba una chaqueta camuflajeada empujó al suelo a un oficial que estaba a mi lado. Cuando fui a agarrar al agresor, otro manifestante con un sudadero de color vino me atacó con la macana que le había robado a otro policía. Me golpeó la mano. El dolor era insoportable.

A la 1:05 p.m., el vicepresidente Mike Pence emitió un comunicado: "Mi juramento para apoyar y defender a la constitución me evita tomar autoridad unilateral y determinar cuáles votos electorales deben ser tomados en cuenta y cuáles no". Personas con sed de venganza lo compartieron en redes mientras la presidenta de la Cámara de Representantes, Nancy Pelosi, golpeó el mazo para así iniciar la sesión del congreso y poder confirmar a Joe Biden como el presidente de los Estados Unidos. A la 1:08 p.m., una ola de insurrectos enfurecidos e irracionales arremetieron contra la barrera policial del Frente Este, mientras gritaban, "¡Que cuelguen a Mike Pence!".

No lo vi en ese momento, pero a la 1:30 p.m., la turba en aumento superó al grupo de policías que estaban afuera del lado este del Capitolio. Atravesaron las barricadas, empujaron hasta llegar adentro y abrieron las puertas de un golpe para dejar entrar a otros manifestantes. La Cámara de Representantes y el Senado procedió sin saber que los insurrectos habían rodeado todo el edificio.

El líder de la mayoría del Senado, Mitch McConnell, tomó la palabra y declaró que "los votantes, las cortes y los estados han hablado. Si los ignoramos, eso podría dañar a nuestra república para siempre". Inmediatamente después de su declaración, los legisladores se encerraron.

"A todos los edificios dentro del Complejo del Capitolio: Amenaza a la seguridad externa. No se permite la entrada ni la salida de nadie. Aléjense de las ventanas y puertas exteriores. Si están afuera, busquen donde protegerse" fue el mensaje que recibimos del centro de comando. Más tarde, me enteré de que el policía del Capitolio Eugene Goodman —con quien había trabajado por años— había escoltado al senador Mitt Romney a un lugar seguro. Goodman fue capaz de desviar a los manifestantes de la Cámara del Senado justo a tiempo para salvar a los oficiales electos de una situación muy peligrosa.

Alrededor de las 2:00 p.m., miembros de la Unidad de Bicicletas de Montaña de la Policía Metropolitana, con sus chaquetas amarillas y negras y sus cascos blancos, bajaron las gradas inaugurales. Sin embargo, pronto desapareció el gran alivio que sentí al verlos. Solo una docena de refuerzos estaban disponibles para enfrentarse a una multitud de decenas de miles de agitadores.

Mientras estaba en la parte baja de la Terraza del Frente Este del Capitolio, me di cuenta de que estábamos jodidos. Tomé aliento, pero no podía respirar profundamente pues mi asma regresó con sed de venganza. Sentía el pecho apretado y me resultaba imposible respirar bien. Me temblaba todo el cuerpo. La adrenalina me mantenía enfocado y mi entrenamiento me había protegido de los ataques, pero nada cambiaba el hecho de que éramos muy pocos y estábamos en desventaja contra un alud de insurrectos. Estábamos frente a una invasión. ¡Insurgentes armados habían vulnerado el edificio del Capitolio! *¿Dónde estaba el ejército? ¿El FBI? ¿El Departamento de Seguridad Nacional? ¿Por qué diablos el presidente no había enviado a la Guardia Nacional?*

Tan solo seis meses antes, había trabajado durante una demostración del movimiento de Black Lives Matter y Antifa, donde había una gran diversidad de manifestantes sin armas. Diecinueve agencias federales habían llegado para controlar la manifestación. Vehículos blindados patrullaban la ciudad y helicópteros de la policía sobrevolaban el lugar. Varias ramas del ejército, la Guardia Nacional, el Servicio Secreto, la Agencia Federal de Prisiones, los mariscales de los EE.UU. y otros agentes de gobierno levantaron barricadas, dispararon gas lacrimógeno y balas de goma. Yo era uno de los miles de policías uniformados con armas de fuego listas en ese momento. Estábamos hombro con hombro; estábamos tan cerca que casi nos tropezábamos los unos a los otros. Los comandantes de la policía nos dijeron que si demostrábamos nuestra fuerza, eso iba a asustar a los manifestantes de Black Lives Matter, que eran, en su mayoría demócratas y personas de color, y que así evitaríamos que causaran problemas.

"Esta es una abrumadora demostración de fuerza", le dije a mi supervisor Marvin Reid, un teniente afroamericano de lentes, de unos cincuenta años y que era de mi altura; medía unos cinco pies y siete pulgadas.

"Es una locura. Esto es demasiado", dijo. "Pero eso es lo que ordenaron nuestros superiores".

No parecía una coincidencia que la mayoría de altos rangos en la administración del gobierno de Trump eran hombres blancos.

Ver a tantos hombres en alerta y con ropa militar, me recordó a cuando era parte de las caravanas militares durante misiones en Irak. Se lo comenté al teniente Reid y le dije:

"Está activando mi trastorno de estrés postraumático".

"Ve hacia dentro y vuelve cuando te sientas mejor", dijo. "Tómate el tiempo que necesites".

Tomé agua de una botella antes de regresar a supervisar a la gran diversidad de oficiales que estaban frente a las infranqueables líneas policiales, listos para el combate y para dispersar a los manifestantes del movimiento de Black Lives Matter que estaban en el Frente Oeste del Capitolio.

Ahora, el 6 de enero, solo había unos cuatrocientos agentes de la Unidad de Disturbios Civiles para enfrentarse a más de diez veces el número de insurrectos que rodeaban al Capitolio. El gobierno federal era capaz de enviar ayuda a otros países cuando eran azotados por huracanes o tsunamis en unas pocas horas, pero no podía siquiera proteger a sus propios agentes que estaban a dieciséis calles de la Casa Blanca. Al recordarme del discurso incendiario de Trump, de unas horas antes, me di cuenta, horrorizado, que nadie iba a llegar a ayudarnos. Trump no iba a aplacar esa peligrosa batalla campal porque él quería que ocurriera. Esas personas actuaban acorde a los intereses de él. Los constituyentes y fanáticos de Trump —95 por ciento de los cuales eran blancos, y muchos de ellos portaban armas y eran peligrosos— habían acudido a su llamado para llegar ahí y pelear por él, y mantenerlo en el poder. Él les había pedido que hicieran eso. Todos lo escuchamos. Los republicanos en poder no les tenían tanto miedo a los nacionalistas blancos que habían irrumpido en el Capitolio, comparado al miedo que les habían tenido a los manifestantes de izquierda. De hecho, los políticos de derecha habían incitado a la turba. Aquellos encargados de autorizar los refuerzos habían sido designados a sus puestos por Trump, y ellos o lo apoyaban o no querían enojarlo. Por lamerle las botas y el flagrante abandono al deber de esos funcionarios, mis tropas quedaron expuestas, vulnerables y desatendidas. Nos habían abandonado.

Para contener el caos, nos defendimos usando extintores de fuego, macanas plegables y aspersores. El aire se llenó de humo de los proyectiles de gas pimienta y los pesticidas. Ellos nos lanzaron repelente de osos y latas de sodas para herirnos. Tomaron tubos de metal, una enorme pancarta de Trump y marcos metálicos para arremeter y así debilitar nuestras filas policiales. Esto era peor que cualquier cosa que había vivido en Irak.

Los insurrectos lanzaron portabicicletas hacia donde estábamos nosotros, lo que nos obligó a retroceder hacia la esquina suroeste del escenario. Como no iban a llegar rescatistas, intentamos recuperar el control de la situación por nuestra cuenta. Pero estábamos cansados y golpeados. Entonces, no pudimos contener las olas de agresión y dimos pasos hacia atrás. Un hombre alto y blanco tomó una tabla de madera del escenario y la usó como un gran escudo, mientras otros tres hombres me rociaron químicos. Por el rabillo del ojo vi a un tipo afroamericano vestido con una sudadera verde olivo y que llevaba un tubo con el que me golpeó con tanta fuerza que rompió mi escudo. Tomé aliento cerca de una cornisa ensangrentada. Si queríamos salir de ahí, teníamos que ir hacia arriba.

Tras superar mi propia claustrofobia, luché por subir las escaleras, atravesando una cortina de humo para reagruparme con otros policías. En la cima del escenario, un oficial de la Policía Metropolitana gritó, "¡Entren rápido!". Mientras la multitud avanzaba, yo caminaba hacia atrás en el icónico túnel donde una vez resguardé a los presidentes Bush y Obama de camino a sus investiduras. Escuché vidrio romperse.

"¡Derribaron la puerta! ¡Vienen hacia adentro!", alguien nos advirtió.

Me alentó escuchar la voz del subcomandante de la policía Ramey J. Kyle cuando gritó, "¡Mantengan la fila! ¡No van a tomar el Capitolio, maldita sea!". El subcomandante parecía tener mi edad y altura pero, en ese momento, él tenía la enorme presencia del general Patton cuando dirigió tropas durante la Segunda Guerra Mundial.

Recibimos un llamado: "¡Escudos al frente!".

Estaba junto a tres miembros de mi escuadrón. Reuní la energía necesaria para ir hasta el frente del grupo y así estar cara a cara con la multitud. Continuamos empujando a todos fuera del túnel. Como el oficial Devan Gowdy había escrito su nombre en su pechera, los manifestantes empezaron a provocarlo, gritándole, "¡Gowdy, Gowdy tiene miedo!" y agarraban su escudo y le golpeaban el rostro. Lo vi caer al suelo, pero como a mí también me atacaban, no pude ayudarlo. Más tarde, me enteré de que lo llevaron al hospital por haber recibido una conmoción cerebral.

Como no tenía idea qué tan graves eran mis lesiones, regresé al tumulto de gente. Un hombre de cabello largo nos tiró una de las bocinas del escenario. Por error golpeó a otro manifestante detrás de su cabeza causándole una hemorragia. Esa pesada caja de metal luego rebotó y cayó sobre mí, aplastando mi pie derecho. Tenía la mano y los dedos del pie heridos, y apenas podía moverme, pero aun así pude avanzar a tropezones.

"Ayúdenme. No puedo respirar", gritó una joven mujer blanca que tenía un arete en la nariz y una gorra de los Redskins, y había sido aplastada por la estampida que pasó frente a mí dentro del túnel. Era imposible razonar con la turba.

"Deténganse. Dejen que se vaya", dije, y mientras intentaba ayudarla, una lluvia de químicos y agua de los extintores de incendio cayó sobre mí. Me ardían las heridas. Miré hacia abajo y me impresionó ver mi escudo cubierto de sangre y con ambas manos ensangrentadas.

"Tú *no* podrás pasar por aquí", le dije a la joven, intentando ignorar el ardor de mis manos.

Ella salió del túnel, pero volvió de inmediato.

"¿No me acabas de decir que no podías respirar?", le pregunté. Me sorprendió la duplicidad de su comportamiento.

Ella me ignoró. "Sigan empujando", les dijo a sus compañeros violentos.

Al lado de ella, el oficial de la Policía Metropolitana Daniel Hodges estaba siendo aplastado. Él estaba atrapado entre la multitud, otros oficiales y el marco de la puerta. Los gritos agónicos de Hodges me atormentaron. Pero como yo estaba a dos filas de él, también siendo aplastado, no pude ayudarlo. Sentía que mis pulmones se comprimían. Mi respiración se tornó convulsa y errática. Estaba exhausto, cubierto de sangre y había recibido muchos golpes en mis extremidades; pensé que me había llegado la hora final. Sentí la vibración de mi teléfono celular. Sabía que me estaba llamando Mónica, pero no podía responder o siquiera moverme. Me hacía falta oxígeno. Tenía miedo de que no iba a poder salir vivo de ahí, así que finalmente me resigné a la posibilidad de perder mi vida. Al menos en la mañana le había dicho "Te amo" a mi esposa y le había dado la bendición a mi hijo.

21

Ley y desorden

Washington, D.C., 6 de enero, 2021

MI RESPIRACIÓN AGITADA HABÍA EMPAÑADO EL lente de mi máscara antigás; no podía ver nada. Extendí mis codos para dejar que mis pulmones se expandieran y así poder respirar. Empujé hacia adelante y seguí empujando a todos los que no tenían uniformes azules, y me preocupé por los hombres y mujeres de mi unidad que estaban luchando por sobrevivir a mi lado, y recé para que salieran de esto con vida.

Un hombre delgado con pelo canoso y chaqueta negra era como el comandante del túnel de los insurrectos, y empujaba a la multitud en unísono. Meses después me enteré de que era el supremacista blanco David Mehaffie, residente de Ohio. Fue grabado en video dándole órdenes a la gente y organizando refuerzos. Un grupo de milicias iracundos e inexpertos era reemplazado por otro grupo de agitadores frescos y listos para empujar. Un hombre con una gorra naranja gritó, "¡Trump nos envió!". En ese momento supe cuán premeditado había sido todo.

No era simplemente una manifestación que se salió de control. Era una conspiración de extremistas de derecha que peleaban con el claro objetivo de tomar el Capitolio. Detectives virtuales lograron identificar parte de la multitud que eran miembros de la milicia armada y que eran parte de grupos como los Proud Boys, Oath Keepers (Guardianes del Juramento), This Is Texas Freedom Force (Esta es Fuerza de la Libertad de Texas) y algunos más eran neonazis. No fue difícil identificarlos, ya que ellos mismos se grabaron cometiendo crímenes ese día. Muchos admitieron que leyeron una publicación que Trump hizo en Twitter en diciembre y la interpretaron como un llamamiento a las armas. La publicación dijo: "Una gran manifestación ocurrirá en D.C. el 6 de enero. ¡Que lleguen todos, Sera una locura!".

Sin embargo, lo único que yo podía ver en ese momento eran mis compañeros, todos vestidos con equipo antidisturbios, junto a un grupo de la Policía Metropolitana de D.C. Continuamos empujando a la turba que empujaba de vuelta y gritaba frases incendiarias como "¡Peleen por Trump!", "¡Dejen de proteger el congreso!", "¡Detengan el fraude!", "¡Hacemos esto por ustedes!", "¡Si Biden es electo, los Estados Unidos se va a convertir en China!".

Era una locura. Nada de lo que decían tenía sentido.

El mismo edificio donde contemplé por primera vez la profunda matanza e ira que ocurrió durante la guerra civil, y el cruel legado de racismo en el país, yo ahora estaba en medio de un asedio brutal que continuó por más de cuatro horas. Los miembros de mi unidad fueron pinchados, golpeados y cegados por láseres que llevaban esos salvajes armados con armas, martillos, cuchillos y una asta de bandera.

El suelo de la entrada estaba resbaladizo a causa de la sangre derramada, vómito y gas pimienta, y uno de los agentes de la Policía Metropolitana se resbaló y cayó al suelo mientras intentaba hacer retroceder la multitud. Vi el miedo en sus ojos, e intenté ir a ayudarlo a pesar del peligro que representaba para mí mismo el enfrentarme con la turba, pero no pude llegar a él porque un insurrecto de barba roja y bata de carnicero jaló con fuerza la correa de mi brazo izquierdo. Este se negaba a soltarme. Sentía como que estaba a punto de arrancarme el brazo del omóplato. Temía que me llevara de vuelta a la multitud. Pensé en tomar mi pistola y así usar fuerza letal en su contra, pues sabía que era un acto justificado. Pero, después de yo haberle pegado, otro oficial de la policía metropolitana golpeó al carnicero y otros insurrectos cayeron sobre él, lo que provocó que finalmente aflojara las garras y yo pudiera zafarme.

"¡Ayúdenme! ¡Levántenme, maldita sea!", grité. Sentía una pulsación en mi hombro derecho. Tenía miedo de que nadie pudiera escucharme por culpa de la máscara antigás que aún llevaba puesta y por el sonido de las alarmas contra incendios. Retrocediendo, alcancé una baranda que usé para ponerme de pie a pesar de mis heridas y me esforcé para llegar a la parte posterior de la fila policial y así pedir más refuerzos.

Dentro de la Rotonda, miembros del congreso publicaban fotos de sí mismos poniéndose máscaras antigás para protegerse del gas lacrimógeno. Poco tiempo después, los insurrectos invadieron las Cámaras del Senado. Bajaron del balcón, treparon los podios para tomarse fotografías y caminaron libremente por el Capitolio. Fueron después a la oficina de Nancy Pelosi, gritando, "¡Derríbala, derríbala!". Rompieron las puertas de vidrio, causando miles de dólares en pérdidas mientras gritaban, "¡Al diablo con los de azul!".

Un hombre que vestía un sudadero de *Make America Great Again* (Que Estados Unidos vuelva a ser grande) le dijo a un oficial, "¡Cuando todo el país te odiaba, nosotros te respaldamos!".

A las 2:40 p.m., oímos los gritos desesperados de un policía que portaba un arma y vigilaba la puerta que protegía el Vestíbulo de los Portavoces, fuera de la Cámara de Representantes. En los videos que vi después, una insurrecta de treinta y cinco años y veterana de la fuerza aérea llamada Ashli Babbit, que llevaba en el cuello una bandera Trump como si fuera una capa, estaba enfurecida y les gritaba a los oficiales que se hicieran a un lado. Los agentes mantuvieron la línea, pero eso no desanimó a Babbit. Con la ayuda de dos hombres, ella atravesó una sección de las puertas rotas. Ignoró las órdenes de detenerse. En un intento de proteger a los representantes electos, que aún estaban dentro de la Cámara de Representantes, el teniente Michael Byrd disparó. La bala impactó el cuello de Ashli y ella cayó hacia atrás, de vuelta a la multitud. Otros oficiales corrieron a ayudar a Babbit, quien había eludido y violado varias capas de seguridad e ignorado las órdenes que le habían dado los oficiales. Ella fue transportada al Washington Hospital Center, donde murió más tarde ese día. Los informes indicaron que un manifestante de cincuenta y cinco años de Alabama había muerto a causa de un ataque cardiaco en el lado oeste del edificio. Me enteré de otras muertes y lesiones, pero no pude confirmar ninguna mientras estaba defendiéndome.

A las 3:15 p.m., llegó un segundo grupo de la Policía Metropolitana. Yo necesitaba ir al baño urgentemente, así que no dudé en apartarme cuando llegó para relevarme un oficial blanco y alto, quien llevaba una mascarilla quirúrgica en su rostro. Él era Michael Fanone, aunque en ese momento yo no sabía su nombre.

"Traigan a gente nueva por acá", dijo, reemplazándome al frente de la línea.

De camino a los baños, pasé a un lado de las representantes Annie Kuster y Veronica Escobar y sus asistentes, quienes eran llevados a habitaciones seguras, lejos de la zona de combate.

Olvidé lavarme las manos para eliminar los químicos que tenía en la piel antes de usar el urinal. Un ardor abrasador me atravesó el pene. Cuando se esfumó el dolor, me lavé las manos con agua y jabón, y corrí de vuelta a donde estaban mis colegas.

Cuando regresé, columnas de humo blanco llenaban en el túnel, y entonces vi a unos insurrectos que arrastraban a Fanone por el suelo mientras otro intentaba quitarle su revolver. "Mátenlo con su arma", gritaban ellos. Intervinieron otros oficiales de la Policía Metropolitana. Ellos rodearon a Fanone, recuperaron su arma y lo llevaron por el túnel hasta encontrar un lugar seguro. Justo antes de que yo volviera, alguien electrocutó a Fanone con un *taser*; el golpe fue en la nuca y le provocó un ataque cardiaco y una lesión cerebral traumática. En Irak, cuando el sargento Prendergast dejó que los otros tres soldados se adelantaran en la fila, yo escapé la catástrofe por muy poco. La única diferencia hoy era que no me había salvado una casualidad, sino la valentía del oficial Fanone.

Sin embargo, durante el forcejeo, alguien me empujó y caí al suelo. Agarré una baranda para recuperar el equilibrio, pero me resbalé antes de jalarme hacia la línea policial más cercana. Tosía, me dolía el cuerpo y no podía respirar, entonces me quité el casco y la máscara antigás, y aspiré profundamente para tomar un poco de aire y calmarme. Encontré unas toallas de papel en un carro de suministros y limpié la pantalla del casco lo mejor que pude. Luego, mientras regresaba al frente, agarré unas botellas de agua y las distribuí entre mis compañeros que se veían más agotados que yo.

Algunos oficiales abandonaron la entrada a causa de sus heridas o el cansancio. Sin embargo, me quedé ahí. Poco después de las 4:00 p.m., avanzamos hasta la entrada de la Terraza Inferior, al oeste del Capitolio, cuando de repente unos químicos cegaron mi vista mientras recibía golpes por todos lados. Me puse de nuevo la máscara antigás.

No lo sabía aún, pero Trump había incitado aún más a la turba con una serie de publicaciones en Twitter en contra del vicepresidente Pence. En una de ellas dijo, "Mike Pence no tuvo el coraje suficiente para hacer lo que debió haber hecho para proteger nuestro país y nuestra constitución". En retrospectiva, más o menos en ese momento fue cuando me lesionaron el hombro, ya que la turba se volvió más violenta, como si estuvieran acatando las órdenes del presidente.

Sin embargo, a las 4:17, Trump publicó un video diciéndole a esa turba violenta que abandonara el Capitolio. "Vayan a casa", dijo y agregó, "los amamos, ustedes son unas personas muy especiales". Pero no lo escucharon. Para cuando Trump finalmente se sintió obligado a decirle a su gente que "mantuvieran la paz" ya era muy tarde. Yo estaba muy lastimado y continuaba la lucha. Muchos de los insurrectos que había visto cerca de la línea policial, regresaron para intentar entrar de nuevo al edificio justo donde yo estaba. Reconocí a algunos de ellos después en videos donde ellos irrumpían dentro por otras entradas ya que no lograron entrar por el túnel. Supuestamente, la Guardia Nacional llegó a eso de las 4:30 p.m., pero a esa hora solo vi a insurrectos golpeándome jalándome el brazo de un lado a otro, dañando aún más mi hombro herido y mientras mi pierna me causaba agonía.

Dentro del túnel, detrás de un podio antibalas, vi a varios oficiales cargando a una joven manifestante que se había desmayado, y la trataban de poner a salvo. "¡Necesitamos ayuda médica y a los bomberos!", grité mientras alguien revisaba los signos vitales de la joven. No tenía señales de vida. Un oficial hizo compresiones en su pecho para reanimarla mientras petardos caían cerca de nosotros. Mientras intentábamos con desesperación salvar a la joven, un hombre con una gorra de *Make America Great Again* intentó cegarnos con uno de esos rayos láseres que son capaces de dañar la vista de las personas.

"Sargento, los bomberos no pueden responder a nuestro llamado porque el área no está asegurada", alguien de mi equipo corrió a avisarme. "Tienen miedo de venir sin el apoyo de un escolta".

No teníamos a nadie disponible para que escoltaran a los bomberos. Nosotros mismos necesitábamos ayuda para mantener la línea policial y llevar a nuestros heridos a un lugar seguro. Después de mover a la joven detrás de una pared, fui dentro del pasillo y tomé dos desfibriladores. Un colega se apresuró a darle choques eléctricos para reanimarla, pero se rompieron los cables que conectaban la almohadilla a la primera máquina amarilla. Antes de que pudiéramos preparar el segundo desfibrilador, tres agentes con uniformes militares color olivo llegaron junto a nosotros con una bolsa médica camuflajeada.

"Abran paso. Soy médico y trabajo para el FBI", dijo uno de ellos, haciéndose cargo de la situación. Rápidamente le introdujo un tubo en la garganta a la joven para ayudarle a respirar. Le brindamos RCP de nuevo, pero ella seguía sin responder. Un asta cayó al lado nuestro y luego también un mazo. Humo blanco que salía de los extintores y gas pimienta teñían el aire a nuestro alrededor. La turba seguía atacándonos incluso mientras atendíamos a sus heridos.

"Muévanla. No es seguro aquí", grité por encima del ruido.

La subimos a una camilla militar negra de dos ruedas, la cual cargamos entre seis personas y llevamos dos pisos arriba, hacia la Cripta, ya que los elevadores estaban en modo de evacuación. Pensamos que íbamos a estar más seguros ahí. Usé mi golpeado brazo izquierdo para cargar la camilla, mientras que con mi mano derecha me jalaba hacia arriba con la ayuda de las barandas de las escaleras. Un agente estuvo a punto de dejar caer la camilla. Un hombre alto corrió a su lado y le dijo, "Yo te ayudo". Me alegró ver que era Harry Dunn, a quien no había visto desde que pasamos lista esa mañana.

Mientras subíamos la joven por las escaleras, polvo y escombros caían de todos lados. Vi a mis oficiales heridos vomitando, tosiendo, cubiertos en sangre y atendiendo sus heridas.

"¿Qué pasó aquí arriba?", le pregunté a Harry. En ese momento pensaba que los insurrectos solo habían atacado la Terraza Baja del Oeste, donde yo estaba. No tenía idea que habían infiltrado todas las entradas del Capitolio.

"Intentamos hacerlos retroceder, pero la multitud logró entrar", dijo Harry.

"¿Por dónde?", le pregunté mientras llevábamos a la joven por la rampa que está mas allá de la oficina de Steny Hoyer, Líder de la Mayoría de la Cámara de Representantes, donde todo parecía menos peligroso. "Nosotros no dejamos que entrara nadie".

"Rompieron puertas y ventanas por todos lados". Harry movió la cabeza, decepcionado e incrédulo. "Entraron por todas partes".

Como habíamos contenido a los insurrectos en el túnel, senadores y miembros del congreso fueron capaces de llegar a sitios de refugio, pero me sentí devastado al conocer el efecto total de la invasión.

Encontramos un sitio deshabitado donde poner a la joven de los tatuajes y continuar brindándole RCP. Bomberos, el médico del FBI y miembros de mi equipo se turnaron ayudando a la joven durante una hora. Sin embargo, no pudimos salvarla. Esperamos a que llegara una ambulancia para que se la llevara al hospital, donde finalmente fue declarada muerta. Ni siquiera sabíamos su nombre. Su identificación se había extraviado en el túnel. Durante cualquier otro día, si ella hubiera recibido ayuda médica más rápido, le hubiera dado una mayor probabilidad de sobrevivir.

Estaban cerradas las puertas al sur del Capitolio y fueron puestas bajo cuarentena. La cinta policial señalaba que era la escena de un crimen. "¿Qué pasó allá?", le pregunté a un oficial.

"Un tiroteo", dijo. "Una mujer fue ultimada cuando intentó entrar a la Cámara de Representantes. Atravesó ocho puestos de seguridad a la fuerza".

Esa fue la primera vez que escuché de la muerte de Ashli Babbit. Después de que los insurrectos le arrancaran el cable a mi intercomunicador e intentaran ahorcarme con él, dejé que el cable simplemente colgara de mi cadera. Estaba demasiado agotado como para revisar si había actualizaciones.

Tras encontrar un lugar tranquilo, lejos de los disturbios, escuché la ráfaga de mensajes de voz que Mónica me había mandado. "Estoy mirando las noticias, y estoy muy preocupada por ti. ¿Estás bien? Todos están llamando: mis papás, tu mamá, tu papá, tus hermanos, tu hermana, el abuelo Bienvenido y tu abuela Andrea, y el sargento Prendergast llamó desde Coney Island. Te amamos. Que Dios te proteja".

"Estoy bien" le mandé un mensaje, sin saber si realmente estaba bien. "Te amo".

DE VUELTA EN la entrada de la Terraza Baja del Oeste, casi a las 5:30 p.m., me alivió muchísimo ver que la Guardia Nacional había intervenido y logró dispersar a la multitud con fuerza y autoridad y el uso de granadas cegadoras. Lograron alejar a los agitadores del perímetro del Capitolio y hacía el Círculo de la Paz y las calles aledañas. La violencia había acabado, pero toda el área estaba tan cubierta de humo y aerosoles tóxicos que los agentes recién llegados empezaron a toser.

"Pónganse sus máscaras", les dije.

En el escenario inaugural le envié un mensaje de texto al sargento en funciones para averiguar si todos los miembros de mi escuadrón habían sobrevivido y dónde estaban ubicados. La mayoría estaban reunidos en la entrada de la Biblioteca de Leyes, cerca de la antigua Corte Suprema, sentados en la escalera de caracol, tratando de recuperar el aliento tras cinco horas del derramamiento de sangre. Mis agentes estaban cerca de la Cripta, llorando, consolándose los unos a los otros. Todos habían sobrevivido, pero tres de ellos tenían contusiones. Otro compañero estaba en emergencia con un hombro dislocado, el cuello torcido y un dedo roto. Como yo estaba anonadado y en *shock*, no reporté mis lesiones.

"¿Hay alguien que requiera asistencia médica?", pregunté.

"No, sargento". Ellos también hicieron de menos la gravedad de sus lesiones.

"Vayan a comer algo. Vayan al baño. Llamen a sus familiares y díganles que están bien, que sobrevivieron. Pero estén atentos a sus intercomunicadores, en caso de que vengan más insurrectos y necesitemos de su ayuda", les advertí.

Me mantuve en alerta. Las actualizaciones del servicio de inteligencia que recibía en mi correo electrónico decían que grupos de supremacistas blancos iban a regresar al Capitolio y que llevaban armas de fuego. Los legisladores no pudieron volver para contar los votos electorales sino hasta las ocho de la noche, y no podían salir sino hasta completar el certificado de transferencia de poder presidencial.

Bajé las gradas a la oficina de detalles, fui hasta al escritorio de mi capitán y me desquité con él. "¿Por qué no había más refuerzos? ¡Pudimos haber muerto allá fuera!".

"Atacaron el Capitolio por todos lados", respondió. "Nos sorprendieron y abrumaron nuestras fuerzas".

Mientras los miembros lesionados de mi unidad descansaban sobre sillones, bancas y en el suelo de la sala de descanso o en el pasillo, yo no fui capaz de bajar la guardia y relajarme. Revisaba las noticias de forma obsesiva. Mitch McConnell, Kevin McCarthy, Nancy Pelosi, Mike Pence y todos los demás en ambos lados de la Cámara de Representantes y el Senado sabían que Trump había incitado los disturbios y lo dijeron abiertamente. Eso hizo que me enfureciera aún más cuando los republicanos negaron la complicidad del presidente.

Un operador de radio nos avisó por el intercomunicador que debíamos descontaminar nuestro equipo, así que llevé todo mi equipamiento a un clóset en el almacén del conserje y lavé todo lo mejor que pude para eliminar la sangre y los químicos. Como quería ser útil, me puse mi chaqueta de bicicleta de montaña y regresé a la Terraza Baja del Oeste para tratar de encontrar alguna identificación de la mujer tatuada que no pudimos revivir, con la esperanza de avisarle a su familia antes de que escucharan en las noticias lo que le había ocurrido a ella. Caminé con dificultad sobre las armas en el suelo, escudos rotos, astas, bocinas, vidrio roto, botellas de agua vacías, un mazo y gorras y camisetas rotas de *Make America Great Again*. En la parte baja del escenario, donde había ocurrido la batalla, tomé algunas fotos con mi teléfono del trabajo de la destrucción que causaron los insurrectos, como prueba de la invasión mientras agentes del FBI e investigadores criminales reunían y etiquetaban evidencia.

"¿Qué haces aquí?", me preguntó un agente criminalística.

"Soy el sargento Gonell. Yo peleé aquí hace unas horas". Le mostré mi identificación y le expliqué lo que estaba buscando.

En el suelo vi algo junto a una mascarilla quirúrgica. Debajo de una bufanda con el mensaje "MAGA 2020" y un sombrero de vaquero blanco que decía "Trump", encontré una licencia de conducir cubierta de mugre. Reconocí a la mujer en la foto. Era una mujer de treinta y cuatro años de Georgia llamada Rosanne Boyland. Pensamos que había muerto por haber sido aplastada por la multitud, sin embargo, el médico forense de D.C. declaró que la causa de muerte de Rosanne fue "intoxicación aguda accidental por metanfetaminas", es decir, una sobredosis de drogas.

"Estoy seguro de que esta es la mujer a quien le brindamos RCP, pero murió", le dije a la investigadora. Tomé una fotografía de la identificación antes de entregársela.

"¿Dónde la encontraste?", me preguntó ella. Señalé a la entrada del arco.

Mónica me envió más mensajes de texto y mensajes de voz; noté la ansiedad en su voz. La llamé de vuelta. Ella quería saber si yo estaba bien y a qué horas llegaría a casa.

"No lo sé, amor, tengo que lidiar con cosas de seguridad". No le dije nada de la mujer que había muerto. O de mi brote de asma, las palpitaciones dolorosas que sentía en el hombro o el dolor que sentía en mi mano y pie. "Dale un abrazo a Manny de mi parte". Se me quebró la voz. Respiré profundamente para mantener la compostura y no asustar a mi esposa. "Trata de dormir un rato", le dije.

"No puedo. Voy a empezar a preparar la cena, para que esté lista cuando vengas", dijo ella.

El hecho de defenderme de invasores enloquecidos por horas finalmente me alcanzó, y me derrumbé. Empecé a sudar, estaba mareado y me temblaban las manos. Al escuchar que alguien venía, recuperé la compostura y revisé mi teléfono por si había recibido alguna actualización sobre cambios de seguridad. Cuando regresé a mi escritorio en la oficina de detalles, a las 10:00 p.m., seguían bombeando mis glándulas suprarrenales y era incapaz de calmarme. Así que, como un robot, empecé a trabajar y cambié los horarios para el día siguiente, borrando a los agentes que habían sido heridos o estaban en el hospital. Envíe la lista actualizada a la cadena de mando.

"¿Acaso no irás a que te revisen tus heridas y lesiones?", me preguntó el teniente Reid.

"No hace falta. Estoy bien", dije, recargando mis energías y tratando de mantener el control de la situación; aún no estaba listo para salir de mi negación.

Mónica me envió otro mensaje de texto: "¿Dónde estás?".

"Llegaré a casa pronto".

Mi supervisor anunció por el intercomunicador que podíamos irnos a casa a las 3:00 a.m., después de que refuerzos de varias agencias se hicieron cargo de la seguridad del Capitolio.

"Llevaron a Brian Sicknick al hospital después de que perdió el conocimiento en la oficina de detalles", oí que dijo alguien.

"¿Qué le pasó a Brian?", pregunté. Estaba muy preocupado.

"Lo golpearon y rociaron con químicos", me dijo un oficial. "Llamamos una ambulancia y lo llevamos a la puerta del senado. Está en estado crítico".

En la cámara del Senado, los senadores republicanos Ted Cruz y Josh Hawley se negaban a certificar los votos electorales. Incluso después de los ataques, ellos seguían repitiendo las denuncias falsas de Trump sobre que los resultados de las elecciones eran un fraude.

"No puedo creerlo, esta es una película de horror", dije, sacudiendo la cabeza.

A las 3:41 a.m., el congreso declaró a Joe Biden como el ganador de las elecciones presidenciales del 2020.

"Nos acaban de decir que podemos irnos", le dije a Mónica al llamarla del teléfono en mi oficina mientras varios oficiales salieron de prisa del edificio. "Todo esto pasó porque un millonario blanco y racista de setenta y cuatro años es un mal perdedor". Me molestó mucho saber que 74 millones de estadounidenses habían votado por Trump, y que políticos de derecha habían empezado a racionalizar y minimizar el sacrilegio que él había causado. Casi había muerto ese día.

"Solo llega a casa, amor", me suplicó Mónica.

Medio desorientado, cojeé hacia mi carro. Vestía el mismo uniforme con el que peleé, llevaba mi mochila y bolsa de almuerzo, y pensaba en lo cerca que había estado de no volver a casa.

"Ya voy de camino", le escribí a Mónica desde el estacionamiento, después de haber recargado la batería de mi teléfono.

"Gracias a Dios", dijo ella. "¿Qué está pasando allá?". Yo estaba demasiado ausente como para responder.

"Te cuento al llegar a casa". Puse algo de música salsa para dejar de pensar en que apenas había sobrevivido.

Me estacioné en la entrada de mi casa a las 4:00 a.m. Caminé despacio al pórtico, cojeando; cada paso era más difícil y doloroso que el anterior. Mónica estaba esperándome. Quería abrazarla, pero cuando ella estiró los brazos yo levanté la mano para detenerla.

"No me toques", le dije. "Tengo químicos nocivos en todo el cuerpo".

"¿Qué necesitas? ¿Cómo te puedo ayudar?".

"Trae toallitas con cloro".

Dentro de la casa dejé caer mi bolsa en una esquina y me quité los zapatos, cinturón de herramientas, arma y chaleco antibalas. Ella intentó ayudarme a quitarme la camisa. "No", dije, aún con la mascarilla quirúrgica puesta. "Ten cuidado". Bajé las gradas hacia el cuarto de lavandería desnudo, puse mi ropa en la lavadora y fui a bañarme. Sin embargo, el agua solo reactivó el coctel de químicos que tenía en el cuerpo y me empezó a arder la piel.

"¡Ayuda! ¡Trae leche!", grité, pensando que eso podía neutralizar los químicos. Vacié una caja de leche sobre mí mismo, pero no detuvo el ardor.

"Toma, prueba estas", dijo ella, entregándome una botella de humectante y una loción.

Intenté con varias marcas, pero no alivió la inflamación. De hecho, la humedad solo empeoraba el ardor. Tomé otra ducha, pero no lograba quitarme el día de encima.

Envuelto en una sábana, finalmente abracé a Mónica y lloré por diez minutos seguidos; era incapaz de procesar lo que había vivido ese día. Después de secarme con una toalla, vi moretones en mi hombro izquierdo, piernas, pie y en todo mi cuerpo. Quería recostarme, pero no podía moverme o siquiera girar a un lado. Hasta mis pantalones cortos de algodón para baloncesto me irritaban la piel. Todo me irritaba la piel.

Arriba, en la cocina, Mónica preparó una sopa de pollo con fideos, arroz, habichuelas y una ensalada César con un vaso de jugo de mango.

"¿Por qué preparaste tanta comida?".

"No podía dormir. Tenía que mantenerme ocupada".

Tomé la sopa y el jugo de mango, pero no tenía apetito y me era incómodo sentarme.

"Come un poco más", me insistió ella, así que tomé un par de bocados más de arroz.

"¿Cómo pudo haber pasado esto en Estados Unidos?", pregunté. "Estas vainas pasan en países como los nuestros y en países del tercer mundo. No aquí. Casi me muero esperando a que el maldito presidente enviara a la Guardia Nacional mientras él miraba todo en vivo desde un televisor en la Casa Blanca, a dos millas de distancia".

Mónica llegó a abrazarme. Dejé que me abrazara e ignoré el dolor palpitante que sentía en el hombro y pie. Cuando vio que me estaba sangrando la mano, ella dijo, "Vamos a emergencias. Voy a buscar a alguien que cuide de Manny".

"No, estoy bien", dije una y otra vez, para convencerme a mí mismo.

Eché un vistazo dentro de la habitación de mi hijo. Él dormía tranquilamente. Decidí dormir en el sótano por si acaso había contraído COVID durante el combate mano a mano con miles de insurrectos sin mascarillas.

———

Me desperté la mañana siguiente a las 7:00 a.m. y subí las gradas para ver si Mónica ya se había levantado.

"¿Vas a ir al hospital?", preguntó.

"No, tengo que ir a trabajar. Todos recibimos órdenes de reportarnos a las 9:00 a.m.". Como yo era sargento, tenía que estar en la oficina una hora antes.

"Eso es ridículo", dijo ella. "¿Después de lo que viviste?".

Mi hijo seguía dormido. Después de ponerme una mascarilla quirúrgica, fui a su habitación para darle la bendición antes de irme.

Como casi no podía caminar o mover mi brazo, ni siquiera pude abrir la puerta del refrigerador para servirme un vaso con agua. Me dije a mí mismo que era afortunado porque no había perdido la vida. Sin embargo, durante las últimas veinticuatro horas había perdido mi salud, la esperanza, mi equilibrio y mi fe en el país. Todo por lo que había peleado tan duro por obtener se desintegraba frente a mí y no podía hacer nada para evitarlo.

22

Oficina de Detalles

Washington, D.C., 7 de enero, 2021

"¿CÓMO TE SIENTES, AQUEANO?", ME PREGUNTÓ EL TEniente Reid.

"¡No puedo creer, Marvin, que después de tres años supervisándome aún no puedes pronunciar mi nombre!". Pero él no era mi único superior que no podía pronunciar mi nombre correctamente. El otro sargento había decidido llamarme "Go Go".

"Gonell, ¿dormiste algo?", dijo Reid, en vez de preguntarme cómo pronunciar mi nombre e intentarlo de nuevo.

"Apenas dos horas", dije.

En la noche del jueves 7, ya casi terminando mi turno de diecisiete horas, Reid me pidió un informe escrito con las actualizaciones de las lesiones y heridas de cada uno de los oficiales de mi equipo.

Reid vio mis nudillos ensangrentados y mis manos hinchadas. "Será mejor que vayas a que te revisen".

"Estoy bien. Todavía puedo disparar mi arma, en caso de que sea necesario", le dije, a pesar de que no podía tomar nada con firmeza. Les insistí a mis oficiales a que fueran a ver al personal médico del Capitolio. Como yo era un sargento militar, mis tropas eran mi prioridad número uno. Los buenos líderes buscan refugio, toman una cobija y comen después de los demás. Yo debía ser el primero en llegar y el último en salir. Llevé esa mentalidad al cuerpo policial.

"Hombre, ve a que te revisen", insistió; él fue el único de mis superiores que se preocupó por mí.

Ahora que todo había terminado y no necesitábamos refuerzos, había 20.000 miembros activos de la Guardia Nacional en todas partes. Ellos nos ayudaron a reemplazar el equipo de antidisturbios que habíamos perdido, patrullar el área y revisar identificaciones para asegurarnos de que todos los que estaban en el Capitolio tuvieran autorización para estar ahí. El día anterior miles de asaltantes, la mayoría blancos, habían roto la ley y entraron a la fuerza al Capitolio, pero el personal de mantenimiento, en su mayoría afroamericanos, ya habían lavado, trapeado y fumigado el edificio. Me molestó ver que el Capitolio estaba abierto de nuevo. Dada la magnitud de lo que había ocurrido, el complejo de edificios del Capitolio debió haber sido declarado un sitio restringido y una escena de crimen. Hasta entregué mi escudo roto, pensando que podía ser usado como evidencia.

A las 8:00 p.m., un capitán nos reunió a todos en el Salón de la Emancipación del Centro de Visitantes. "El oficial Sicknick está en coma", dijo. "Los noticieros reportaron de forma equivocada que había muerto un miembro de la Policía del Capitolio, pero no es cierto. No publiquen nada en redes sociales ni compartan esta información con otras personas".

Intenté no llorar enfrente de todos. "Si profesan alguna religión, por favor recen por él, por Brian, y mantengan la guardia en alto, en caso de que vuelvan los insurrectos", le dije a los miembros de mi equipo. De uno de los oficiales que ayudaron a Sicknick, supe que él había colapsado en la oficina de detalles donde había recibido RCP, y desde donde lo llevaron en silla de ruedas a una ambulancia que estaba en la entrada del Senado.

RECIBIMOS NOTICIAS QUE una nueva manifestación iba a ocurrir el día siguiente. Nos desplazaron a la cima de un estacionamiento de los edificios de la Cámara de Representantes, íbamos con nuestro uniforme y equipo de trabajo. Estuvimos ahí tres horas, pero solo llegaron cinco manifestantes sin armas. "Ustedes son unos traidores que apoyan a la tiranía", "nos dijeron, y gritaron", "¡Trump 2020!". A pesar de ser un grupo de manifestantes tan pequeño, yo estaba tenso y me sentía al límite. Me recordó de cuando estaba en Irak, cuando no sabía nunca cuándo o dónde iban a estallar las bombas.

El viernes me sentí aún peor, así que decidí ir al doctor. Les advertí a mis superiores que iba a llegar tarde. Fui a un centro médico donde una vez me habían tratado por una lesión que recibí jugando al baloncesto. Como iba ir al trabajo después, llegué al consultorio con mi uniforme y pregunté por la doctora que me atendió la última vez.

"Ella no viene hoy. Puedo asignarle una cita con ella cuando esté disponible", dijo la recepcionista.

"Quiero que me atienda alguien más. Estoy herido. Es una emergencia". Haber dicho eso en voz alta me hizo sentir aún más débil, como si estuviera a punto de derrumbarme de nuevo.

"Déjeme ver si el doctor Hampton está disponible", dijo ella.

"Dígale que soy un policía que fue herido durante la insurrección en el Capitolio".

Reuní el valor que tenía mientras imágenes de agresiones que venían de todas partes aparecieron frente mis ojos, lo que me hizo revivir cada golpe. De repente hubo silencio en la habitación donde estaba, una habitación llena de pacientes y personal médico. Sentía paranoia y pensé que todos me estaban mirando. Era mi trabajo ser fuerte y mantener la compostura.

"¿Puedo ir a la parte de atrás?", dije, avergonzado de perder el control frente a todos.

En la habitación de la esquina, se presentó el doctor Hampton, un delgado cirujano ortopédico blanco, de más o menos de mi edad. "Cuéntame, ¿qué te pasó?", preguntó. "¿Qué puedo hacer para ti?".

"Casi me mataron unos manifestantes el miércoles, mientras defendía el Capitolio", logré decir con la voz entrecortada y llorando. "Me aplastaron el pie, el hombro y las manos". Le mostré los moretones y cortes que tenía en todo el cuerpo.

"Vi las noticias. Tienes suerte de estar vivo. No puedo imaginarme lo que viviste", dijo, examinándome con cuidado. "Vamos a sacarte unos rayos X y a hacer una resonancia magnética de tu hombro. Y otra para tu pie y tu pulgar derecho. Necesitas a un especialista. Estás muy herido. Voy a dar una orden para que limiten tus responsabilidades laborales".

"No. No lo haga. Nos acaban de atacar. Necesito ayudar a mi equipo a implementar nuevas medidas de seguridad en el Capitolio. Puedo volver el 21 de enero, justo después de la inauguración de Biden".

"Si eso es lo que quieres, no voy a discutir contigo", dijo el doctor Hampton. "Pero no lo recomiendo".

A la 1:00 p.m., unas horas después de haber llegado al trabajo, un supervisor me dijo, "Vete a casa".

"¿Por qué?", le pregunté. ¿Se había enterado que fui a ver un doctor?

"Una oficial que peleó a tu lado ayer en el túnel dio positivo de COVID", me explicó. "Deberías aislarte, en caso de que te haya contagiado".

"Tuve la mascarilla puesta todo el tiempo", le dije. "No tengo síntomas".

"No es mi decisión", dijo. "Ve a hacerte una prueba".

Llamé a Mónica, quien estaba en casa tomando una clase de microbiología en línea y le pedí que me ayudara a encontrar un clínica de urgencias que hiciera pruebas de COVID-19. Como un oficial activo, me permitieron hacerme la prueba de inmediato, pero los resultados no llegarían sino hasta el sábado.

"Quédate con Manny en el primer piso, yo voy a dormir abajo, en el sótano, hasta recibir los resultados de la prueba", le dije a Mónica por FaceTime mientras iba de camino a casa.

Cuando llegué a mi casa, Mónica y yo teníamos mascarillas puestas, pero aun así mantuve mi distancia. Mónica había empacado una pizza y alitas de pollo en mi lonchera. Llevé la comida abajo y comí a solas.

"Aquí está Manny, te quiere saludar", dijo ella; Mónica me llamó por FaceTime mientras yo estaba comiendo.

"Hola, papi", dijo mi hijo de nueve años, quien me miraba fijamente por la pantalla pequeña de su teléfono. "¿Estás bien papi? ¿Cómo te sientes papi? Vi lo que pasó en el televisor. ¿Por qué esa gente atacó el Capitolio?".

"Estoy bien. No sé por qué hicieron eso". Le mentí para protegerlo.

"¿Te vas a mejorar para que podamos jugar al baloncesto?".

"Pronto", le prometí. " Te debo un beso y un gran abrazo".

Los resultados de mis exámenes médicos mostraron el daño que había recibido: una contusión en el hombro izquierdo; una contusión en la mano derecha; una contusión en el pie derecho; distención muscular y tendinitis en la parte baja de mi pierna izquierda; luxación del pulgar de mi pie derecho, el cual requería una fusión ósea; metatarsalgia en el pie derecho; daños en el manguito de rotador y rotura en el labrum del brazo izquierdo; bíceps izquierdo dañado; un quiste en el pulgar derecho; laceraciones en las manos, brazo y el área de la ingle y dolor ocular. Además, el evento reactivó mi trastorno crónico de estrés postraumático. El doctor Hampton programó exámenes más exhaustivos con otros especialistas.

Aquella noche, CNN anunció que Sicknick había muerto a causa de dos ataques cardiacos que sufrió un día después de la insurrección y por defenderse de sus atacantes. Murió a los cuarenta y dos años. Sicknick tenía mi edad, y ambos cumplíamos años a finales de julio.

Brian fue un colega veterano que prestó servicio en el extranjero con la Guardia Aérea Nacional de Nueva Jersey. "Pon CNN. Murió Brian Sicknick", le mandé un mensaje de texto a Mónica. "Ese pudo haber sido yo".

"Yo sé, acabo de ver las imágenes del ataque en la televisión, y te encontré en el túnel entre la multitud porque levantaste la mano y vi tu meñique torcido. Estuviste justo en medio de todo", me respondió. "Gracias a Dios estás sano y salvo, y con nosotros". Añadió un emoji de corazón.

Durante los anuncios, cambié de canal y llegué hasta Fox News, donde un comentarista dijo que Antifa había iniciado las protestas y que la policía había dejado entrar a los manifestantes al Capitolio de forma voluntaria. Quería poner el grito en el cielo. Varias personas habían muerto y más de 140 oficiales fueron incapacitados; tenían inflamación cerebral, les habían fracturado las costillas, les habían destrozado sus discos vertebrales, habían sido apuñaladas, muchos tenían contusiones en la cabeza a causa de golpes y otros más sufrían de irritación pulmonar por haber inhalado gas de pimienta y repelente de osos. Yo estaba a punto de iniciar meses de rehabilitación y ni podía siquiera abrazar a mi esposa o jugar con mi hijo. Sin embargo, líderes republicanos salían en la televisión diciendo mentiras. *¿Acaso ya nadie se hace responsable de sus acciones?*, pensé.

"No puedo quedarme callado sobre lo que la turba de Trump me hizo a mí y a mi equipo", le dije a Mónica por teléfono. "Y esos cobardes congresistas hijos de puta lo siguen apoyando. Esos malditos estaban muertos del miedo y huyeron por sus vidas mientras yo arriesgaba la mía en el frente de batalla para protegerlos".

"¿Quieres ser un informante?", dijo ella. Mónica les temía a las represalias de los fanáticos y extremistas. ¿Quién la podía culpar? Trump era famoso por atacar públicamente a aquellos que estaban en contra de él. Este era un tipo que había incitado a una turba de insurrectos a ahorcar a su leal vicepresidente. ¿Qué nos haría a nosotros?

"Es fácil averiguar dónde vivimos", dijo ella. "¿Qué pasa si encuentran la escuela de Manny?".

"He intentado enseñarte a usar la pistola, pero no quieres aprender", le dije a ella.

"No soy una oficial de policía", respondió. "No quiero tocar un arma".

"Pero deberías aprender a usarla, por protección".

"Tú puedes protegernos, si decides no llamar la atención", dijo.

"Voy a intentar honrar tus deseos", respondí. "Pero no sé por cuánto tiempo podré mantenerme callado".

Le envié un mensaje de texto a Harry Dunn pidiéndole los números de teléfono de los padres de Brian Sicknick y su prometida, Sandra Garza. Los llamé al día siguiente y les di el pésame.

No fue hasta el sábado por la noche, después de recibir los resultados negativos de la prueba de COVID, que pude ver a mi hijo en persona. Le di un gran beso y un abrazo. Él me abrazó de vuelta y no quería alejarse de mi lado.

"Estaba tan preocupado por ti, papi", dijo.

Después de cenar nuestro sándwich de pollo favorito de Panera Bread, miramos juntos un especial viejo de Gabriel Iglesias en Netflix desde mi cama, en el sótano de la casa. Tenía elevado mi pie y una almohada debajo de mi brazo izquierdo. Manny se apoyaba sobre mi hombro derecho, para no lastimarme. Mónica se sentó a mi lado izquierdo. Iglesias habló de cómo su hijastro de quince años, Frankie, no quería usar desodorante hasta que lo mencionó en otro especial y los niños de su escuela empezaron a enviarle barras de antitranspirante marca Ban, Irish Spring, Dove y otras más.

"¿Te da risa él?", le pregunté a Manny en español. En casa siempre hablamos en español para que él practique ambos idiomas y sea bilingüe.

"Sí, mucha", respondió Manny. "Pero no me hagas pasar por algo así".

"Lo prometo. No creo que a su hijo le agrade tampoco".

Después de que Mónica y Manny se fueron a dormir, puse las noticias y me enfureció enterarme de la propaganda que seguían difundiendo los comentaristas de republicanos.

PARA NOSOTROS, LA insurrección no había terminado.

El 12 de enero, recibimos información de que todos los puentes que llevan a Washington, D.C. estaban bajo observación por amenazas de explosivos. Poco tiempo después, oí dos fuertes estallidos. Con el corazón a mil por hora, corrí a la armería del Capitolio y les entregué rifles y municiones a los miembros de mi equipo que respondieron al llamado de ir a la cerca que resguardaba la Guardia Nacional. Un grupo de oficiales fue a investigar la explosión pero, por suerte, esta fue causada por un indigente que encendió un tanque de gas propano para calentar su tienda de campaña, no fue causada por insurrectos.

Sin embargo, seguíamos recibiendo varias alertas que decían que más insurrectos iban camino al Capitolio para atacar por segunda vez. Todo nos parecía sospechoso. Hasta el estallido del mofle de un vehículo o simplemente personas que llegaban sin identificación. Abundaban las teorías conspirativas. Un miembro de la Casa Blanca de Trump fue acusado de usar un teléfono fijo de la Casa Blanca para llamar a un insurrecto a las 4:30 p.m. del 6 de enero, pero no encontraron pruebas. Miembros de la Guardia Nacional vestían los mismos uniformes camuflajeados que llevaban muchos de los insurrectos el día del ataque. Recibimos órdenes de revisar dos veces todas las identificaciones, ya que nacionalistas blancos podrían hacerse pasar por soldados para así entrar al edificio.

Uno de nuestros oficiales escuchó a un soldado alardear que había participado en la insurrección y de inmediato llamó a su supervisor. Le confiscaron las credenciales al soldado y fue expulsado del área del Capitolio. En total, expulsamos a doce miembros de la

Guardia Nacional por motivos de seguridad. El primer miembro del ejército de los EE.UU. en ser arrestado por su involucramiento en la insurrección fue el guardia de Virginia, hombre de infantería y ex-infante de la marina Jacob Fracker. Se declaró culpable y testificó en contra del insurrecto Thomas Robertson; ambos eran miembros del departamento de policía de Rocky Mount. Las publicaciones y *selfies* que ellos publicaron en sus redes sociales facilitaron sus arrestos. Jacob Fracker, luego de testificar en contra de Robertson, a quien él llamaba "*Dad*" o "Papá", recibió una sentencia de un año de libertad condicional, 59 días de arresto domiciliario y 120 horas de servicio comunitario.

Ellos eran apenas dos de muchos traidores que eran parte del ejército y la policía. Durante los disturbios, vi a muchas personas con sombreros de veteranos e incluso un hombre que llevaba un chaleco antibalas que decía "comisario". Sabía que eran miembros de fuerzas de seguridad por sus cortes de cabello y cuerpos tonificados. Irónicamente, llevaban camisetas de *Blue Lives Matter* (Importan las Vidas de los Policías) o listones azules, los cuales significan que apoyaban a las mismas fuerzas de seguridad a las que agredían. Mientras repasaba videos, reconocí a un hombre blanco de sombrero verde que llevaba una pulsera que decía *Thin Blue Line* (La delgada línea azul), que pensé que nos estaba ayudando a cerrar la puerta del túnel. Pero, en el video, vi que en realidad estaba intentando atraparnos.

En total, más de 118 personas con experiencia militar contribuyeron a los disturbios del 6 de enero y fueron eventualmente acusadas de cometer crímenes, y la mayoría de ellos eran veteranos de guerra según el periódico *The New York Times*. Además, tres infantes de la marina activos que trabajaban en servicios de inteligencia —dos sargentos y un cabo— enfrentaron cargos por entrar al Capitolio de forma irregular y alteración del orden público. Esos casos permanecen abiertos.

Continué revisando mis informes para tratar de explicar cómo había sido agredido por más de cincuenta insurrectos, muchos de los cuales me atacaron al mismo tiempo. Estudié videos enviados por el FBI y la unidad de investigaciones de la Policía del Capitolio para hallarme en las imágenes e identificar a cada uno de los agresores. Supervisores que me vieron revisando el material en la computadora del trabajo me decían, "Deja de obsesionarte con eso" o "Déjalo ir" y "No sigas reviviendo lo que pasó ese día, no te conviene". No sabían que yo formaba parte de varias investigaciones activas. Mantuve la promesa que le hice a Mónica. No estaba listo aún para hablar en público, pero podía ayudar con los procesos judiciales en las cortes, y como víctima de la insurrección, podía enviar declaraciones escritas con detalles de cada ataque que recibí yo y los miembros de mi unidad.

Como necesitaba una visión general para generar informes, declaraciones de testigos y testimonios, hice una investigación con la cual calculé que, durante el 6 de enero, había más de 100.000 insurrectos en el área, los cuales abrumaron rápidamente a los 417 miembros de mi equipo de antidisturbios. Un gran porcentaje de los 1,879 oficiales de la Policía del Capitolio nunca habían recibido entrenamiento para enfrentarse a disturbios, estaban enfermos con COVID, trabajaban de forma remota o no habían sido contabilizados. Incluso después de que llegaron 850 agentes de la Policía Metropolitana, los insurrectos nos superaban en número, y no era claro quiénes ese día eran tránsfugas. Meses más tarde, Michael Riley, un miembro de mi propio precinto, le envió un mensaje de Facebook a un manifestante indicándole qué hacer para que no lo arrestaran. Más tarde, Riley fue condenado por delito de obstrucción y renunció a su cargo. Yo debía tener cuidado en el trabajo. No sabía en quién podía confiar.

Fue sorprendente enterarme de que tres días antes de la insurrección, informes internos de la Policía del Capitolio revelaron amenazas inminentes con altos riesgos de seguridad, en los cuales el "congreso mismo" podría ser el objetivo de ataques. El memorándum, que fue filtrado al periódico *Washington Post*, decía así:

*Simpatizantes del actual presidente ven el 6 de enero del
2021 como la última oportunidad de revertir los resultados de las elecciones presidenciales. La campaña* Stop the
Steal, *(Paren el robo), tiene la capacidad de atraer supremacistas blancos, miembros de la milicia y otras personas
que activamente promueven actos violentos, y la misma
puede provocar una situación de peligro considerable para
agentes de seguridad y el público en general.*

El informe notificaba a altos mandos que los organizadores de la
marcha motivaban a los simpatizantes de Trump a llegar con armas,
equipamiento para combate, máscaras antigás y chalecos a prueba de
balas de estilo militar, y señalaba que los manifestantes habían sido im-
pulsados y promovidos por el "presidente Trump". Una oficina del FBI
en Virginia había emitido una advertencia la cual decía que extremistas
se estaban preparando para ir a D.C., y que amenazaban con cometer
actos violentos, similares a los de una guerra.

Fue impresionante la falta de comunicación y preparación, pues los
líderes que recibieron ese informe tan importante nunca me lo transmi-
tieron a mí o a mis supervisores. ¿Acaso fue negación, un error humano
o quizás algo mucho peor, como una conspiración interna para favore-
cer a los insurrectos? La reacción de la policía fue peligrosamente ina-
decuada e insinuaba que hubo un encubrimiento realizado por motivos
raciales. Eso se volvió aparente cuando una teniente afroamericana me
compartió videos que mostraban que la mayoría de quienes estábamos
defendiendo el túnel éramos oficiales de color.

"¿Te diste cuenta de que no hay muchos oficiales blancos ahí?", dijo
ella.

"Peleé al lado de oficiales blancos en el túnel", le respondí. "De
hecho, Michael Fanone me relevó y casi lo matan por eso".

Por otro lado, nadie investigó cómo muchos oficiales blancos ayudaron a los insurrectos o actuaron de forma pasiva y no hicieron nada para mantener a la gente fuera del edificio. La mayoría de nuestros sindicatos, como los 355.000 miembros de la Orden Fraternal de la Policía, respaldaban la reelección de Trump. Un alto número de oficiales hicieron donaciones a su campaña a través de plataformas como WinRed, a tal extremo que varios grupos de policías afroamericanos en Filadelfia abiertamente condenaron ese apoyo que recibió Trump. Pensé en la demostración de fuerza que usamos en contra de los manifestantes de Black Lives Matter seis meses antes. Si hubiéramos respondido con esa misma fuerza en contra de los blancos nacionalistas y simpatizantes de Trump, ningún agente hubiera muerto o sido herido.

El jefe de la policía del Capitolio, Steven Sund, dijo que, durante los ataques, les pidió permiso seis veces a los oficiales superiores de la seguridad del congreso para declarar una emergencia y llamar refuerzos, pero ellos rechazaron sus solicitudes. La Guardia Nacional no se involucró sino hasta alrededor de las 6:00 p.m., después de que había cesado la violencia. Sund renunció tras el asedio, junto a los dos sargentos de armas del Senado y la Cámara de Representantes. Pensé que los estaban usando como chivos expiatorios mientras Trump y los representantes republicanos que incitaron a la turba habían huido de la culpa que merecían. Diez días después de la insurrección, el 16 de enero, durante las audiencias de impugnación, altos mandos del partido de Trump finalmente lo acusaron públicamente de haber causado actos que amenazaron con la seguridad nacional y estuvieron a punto de derribar nuestro gobierno. Para mí, Trump era un monstruo el cual ellos habían alimentado durante cuatro años, a pesar de la lluvia de advertencias.

"Lo que ocurrió fue a causa de una serie de teorías conspirativas que aumentaron gracias a un presidente saliente que parecía determinado a revertir la decisión de los votantes o incendiar nuestra institución al salir del poder", dijo el líder de la mayoría del Senado, Mitch McConnell. "No hay dudas, ni una sola, que el presidente Trump es el responsable práctico y moral de los eventos que ocurrieron ese día. Una turba atacó el Capitolio en su nombre. Esos criminales llevaban pancartas con su nombre, colgaron banderas con su nombre y le juraron lealtad a él".

El 13 de febrero del 2021 los miembros del Senado emitieron su voto para someter a juicio a Trump por haber incitado una insurrección. Los resultados me horrorizaron porque, si bien la mayoría votó a favor, 57–43, eran necesarios al menos dos tercios más un voto para enjuiciar al expresidente. Solo siete senadores republicanos votaron en contra de él. Después de su discurso, McConnell se hizo para atrás y votó a favor de Trump, justificándose de una forma tan patética: él creía que era inconstitucional condenar a un presidente que ya no estaba en el poder. Me enfureció ver la duplicidad de los líderes de derecha como Kevin McCarthy, quien al inicio declaró públicamente que Trump era el responsable de la insurrección, pero más tarde voló hasta Mar-a-Lago para hacer las paces y darle la espalda a la verdad. En vez de acusar a Trump, la mayoría de sus constituyentes y líderes lo apoyaron y siguieron besándole las nalgas.

Era algo irreal. Mientras ellos minimizaban la obvia responsabilidad de Trump, la creencia que yo tenía en valores estadounidenses se derrumbó. No me refiero solo a políticos, sino a mis propios colegas. Sindicatos policiales nunca revocaron su apoyo a Trump o denunciaron sus actos. Este presidente racista, quien una vez alardeó que podía dispararle a alguien en la Quinta Avenida de Manhattan y no perder un solo voto, había incitado una guerra civil moderna que casi había acabado con mi vida y la mitad del país pretendía como que si nada hubiera pasado.

Entonces, ¿para qué había arriesgado mi vida?

23

Lo suficientemente valiente

Washington, D.C., 2021

PARA LA INAUGURACIÓN DEL PRESIDENTE BIDEN, TO-
dos estábamos en alerta. Escolté a cinco francotiradores de
la Guardia Nacional por una escalera de metal y a través de
una compuerta en el techo del Jardín Botánico, en caso de que hubiera un ataque. Luego, patrullé en mi bicicleta de montaña de la
policía el Frente Oeste, donde apenas dos semanas antes habíamos
peleado por nuestras vidas. Caminando hacia arriba por los descan-
sillos de las escaleras, escuché parte del discurso inspirador de Biden,
quien pedía que nos uniéramos como nación. Había estado trabajando
turnos dobles y estaba exhausto, pero también agradecido que habíamos alcanzado nuestro objetivo de permitir una transferencia de poder
pacífica. Me conmovió escuchar a la poeta afroamericana de veintidós
años, Amanda Gorman, y sus poderosos versos sobre la luz que siempre está ahí, si somos lo suficientemente valientes para verla y serla. La
poesía de Amanda contrastó de forma impactante con la agresión de

los nacionalistas blancos que habían llegado a este sitio gritando, "Es hora de guerra", "Paren el robo" y "Cuelguen a Mike Pence" mientras ondeaban la bandera confederada, mostraban sus armas y destrozaban la sede de la democracia.

A pesar de todas las lesiones que sufrimos, físicas y mentales, estaba orgulloso de que habíamos hecho nuestro trabajo de proteger el sagrado proceso electoral, asegurando la victoria a la democracia, aunque solo apenas.

Esa fue la última vez que usé mi uniforme azul y presté servicio a tiempo completo.

Después de eso, recibí asignaturas restringidas, trabajé de forma remota desde casa y solo iba a la oficina de vez en cuando. Por los atrasos provocados por la pandemia, no fue hasta el 5 de marzo que tuve mi primera cirugía, una fusión ósea, la cual, con la ayuda de ocho tornillos y una placa de metal, logró reparar la lesión que tenía en dos dedos de mi pie derecho. Como debía esperar a sanar de esa operación antes de someterme al próximo procedimiento, me enfoqué en realizar labores administrativas. La segunda operación reparó mi manguito rotador, labro acetabular y el tendón de mi bíceps. Seguí las instrucciones del doctor, pero cuando llegué a casa y al día siguiente me puse de pie, escuché que mi hombro izquierdo chasqueó dos veces. Mi tendón se contrajo tanto que parecía tener una deformidad en mi bíceps. Eso fue un viernes. Llamé de inmediato al doctor, pero me dijeron que no podía recibirme sino hasta el lunes.

"¡Deja de esforzarte demasiado!", me regañó Mónica.

"No hice ningún esfuerzo", le respondí. "Solo intenté ponerme de pie con mi brazo derecho, tal y como me dijo que hiciera el doctor".

"Tu brazo ha perdido fuerza", me dijo el doctor Hampton la semana siguiente. "Fue una cirugía muy delicada".

"¿Cuándo puede usted repararlo?".

"No tengo certeza de que pueda repararlo", me dijo. "No te preocupes. Después de que el jugador de los Broncos, John Elway, tuvo esta misma cirugía, su tendón se contrajo, pero aun así pudo regresar a jugar fútbol americano y eventualmente ganó un campeonato".

"Sí, pero yo no soy mariscal de campo", le dije, "y mi brazo se parece a los de Popeye".

"Bueno, entonces vas a tener que abandonar tu carrera como modelo", dijo en broma.

Su ligereza me molestó, pero lo interpreté como que eventualmente iba a recuperar mi fuerza y sería capaz de retomar todas mis responsabilidades laborales. Deseaba que todo volviera a la normalidad lo más rápido posible. Hasta entonces, la fatigante y dolorosa terapia física y mental de dos horas, dos veces por semana, la cual incluía usar hielo y nadar, no eliminaba el dolor crónico que sentía en mi hombro y pie. Tampoco aumentó el rango de movimiento de mi brazo izquierdo. Solo podía dormir tres o cuatro horas cada noche, e incluso para dormir debía tener elevado mi pie y mantenerlo en esa posición tan incómoda, y además ubicar almohadas entre mis brazos y torso para así evitar una nueva lesión. Mi recuperación tardó más de lo esperado. Como no podía hacer ejercicio todos los días, como antes, aumenté veinticinco libras en los próximos seis meses.

Mónica me ayudaba a vestirme y comer, y me llevaba al doctor y a mis terapias. Después de perderse un segundo semestre de la universidad, ella pausó sus estudios para cuidar de mí. No pude entrenar a mi hijo, así que dejó de jugar al baloncesto pues se rehusaba a poner un pie en la cancha sin mí. Cada vez que abrazaba a Manny o mi esposa, gemía del dolor. Mi estado de ánimo era un torbellino de emociones. Como no podía trabajar de noche y hacer horas extras, mi salario disminuyó, por lo que tuve que cancelar las vacaciones familiares que había planeado y no pude ir a ver a mis abuelos en el Caribe.

Me llenó de humildad escuchar cuando el representante demócrata Jamie Raskin, el comediante Jon Stewart y el presidente Biden abiertamente aplaudieron la valentía de los oficiales que habían sido víctimas de ataques brutales durante la insurrección. Sin embargo, sus elogios no eran compensación suficiente por mis pérdidas. Odiaba sentirme deforme y degradado. Había perdido un cuarto de mi salario a causa del heroísmo que ellos aplaudían.

El teniente Reid me llamaba cada quince días para ver cómo estaba. Él fue la excepción. En general, el cuerpo policial demostró una alarmante incapacidad para brindar consejos y una completa falta de empatía. Yo había sido víctima de ataques violentos que fueron captados en videos y fotografías. Había sido testigo de un sinnúmero de delitos los cuales la policía y el congreso me pidieron confirmar, lo cual me tomó cientos de horas de trabajo. Después de trabajar junto al FBI, recibí una llamada breve del coordinador de su programa del servicio de víctimas. Sin embargo, nadie me ofreció apoyo financiero o algún tipo de ayuda profesional para apoyarme o a mi familia durante esta catástrofe médica, profesional y espiritual. Me dolió mucho eso. Cuando cuatro de mis oficiales presentaron su renuncia, yo fui quien les compartió información de cómo podían recibir ayuda del Programa de Beneficios para Agentes de Seguridad Pública y el programa de Compensación para Víctimas de Crímenes en Washington, D.C. y ofrecí buenas referencias laborales. Muchos de ellos admitieron que les costaba lidiar con las heridas físicas y psicológicas, además de los problemas que tenían porque había disminuido su sueldo.

Preferí verme a mí mismo como un líder fuerte, no como una bola de ira. No quería estar amargado o considerarme una víctima, pero no podía negar que estaba en un sitio oscuro. Me sentía derrotado y aislado de todo, y atónico que tan solo unos pocos estaban dispuestos a admitir que los atacantes estuvieron a punto de acabar con nosotros. No podía comer o dormir bien, me movía muy lentamente y me dolía todo el cuerpo a causa de las heridas que parecían no sanar.

El 22 de febrero del 2021, mientras estaba en casa con mi pie envuelto por una bota médica, encima de una pila de almohadas y dentro de una máquina de terapia de frío para reducir la inflamación, encendí el televisor y vi que mi viejo amigo, Harry Dunn, estaba dándole una entrevista al corresponsal Pierre Thomas de la cadena de televisión ABC. Harry tenía puesta una gorra, su barba estaba llena de canas y parecía muerto de miedo. Cuando el corresponsal le pidió a Harry que describiera lo que había visto en el Capitolio el 6 de enero, él dijo lo siguiente:

> Solo vi un mar de gente, banderas con el nombre de Trump, banderas confederadas, banderas con una delgada línea azul, oficiales peleando con esta gente, recibiendo chorros de gas de pimienta, granadas de humo, granadas de gas, proyectiles de pimienta . . . Peleamos con esta gente, y muchos de ellos llegaron preparados para pelear . . . Llevaban máscaras antigás, protección corporal, intercomunicadores, chalecos antibalas; estaban listos para el combate . . . Yo estaba muerto de miedo . . . Soy un hombre grande, mido seis pies y siete pulgadas. Un gigante. Y teníamos nuestras armas afuera del estuche, listas para disparar, y yo pensé que esas personas también estaban armadas . . . que ellos iban a matarme . . . Muchas de esas personas ahí eran racistas . . . No solo era una turba o un montón de delincuentes. Eran terroristas. Su objetivo era atentar en contra de la democracia del país. Mientras protegíamos ese edificio . . . muchas veces me llamaron "*nigger*", un insulto racista y represivo. ¿Acaso a esto hemos llegado como país?

Cuando regresé al trabajo por una semana para hacer trabajo de oficina, oí una conversación entre varios colegas sargentos: "Dunn lo hizo parecer como si todo fuera un tema racial", se quejó un supervisor cuando se dio cuenta de que yo estaba del otro lado del cubículo.

"Lo único que le pasó a Harry Dunn fue que le dijeron insultos raciales. Se está aprovechando de la situación", dijo otro sargento.

"Tal vez ustedes no saben lo que ocurrió, porque ni siquiera estaban aquí ese día", les respondí.

Esos dos eran los mismos hombres blancos que se rieron y repitieron las bromas xenófobas de Trump cuando él decía "el virus chino" y "la gripe kung fu" en referencia al COVID-19, al mismo tiempo que trabajaban como supervisores de una división tan diversa como la nuestra.

Yo había sido víctima de la misma agresión, insultos raciales y había sentido el mismo miedo que Harry, así que agradecía su franqueza. "Me alegro de que hayas hablado públicamente", le envié un mensaje de texto. "Estoy orgulloso de ti, hermano. Fue muy poderoso cuando viste directamente a la cámara y dijiste, 'Intentaron derrocar nuestra democracia. Y fallaron'".

"Gracias, amigo. ¿Tú cómo estás?", me preguntó.

"Estoy bien".

El testimonio de Harry fue impactante y poderoso, pero el comentarista hizo la aclaración de que él hablaba por sí mismo y no representaba el sentir de todo el departamento al que pertenecía. Nuestros líderes debieron haber denunciado públicamente los crímenes que fueron cometidos en contra de nuestro departamento. Sin embargo, en ese momento, Harry, un oficial de primer rango, era el único que yo veía que estaba en una posición vulnerable después de revelar un punto de vista importante de la historia de ese día. Temía que la mayoría de los estadounidenses no creyeran los horrores que habíamos enfrentado porque él se había enfocado en su experiencia y en la discriminación racial, en vez de enforcarse en el objetivo de la invasión, el cual era detener la transferencia de poder presidencial.

Como yo tenía un rango mayor que Harry, era un veterano de guerra y tenía varias lesiones físicas, además de cicatrices, rayos X y videos que respaldaban mi testimonio, imaginé que más personas iba a poner atención si yo también compartía mi experiencia. Pensé que si aparecía junto a Harry, no tendría que hacerlo todo él solo, y además motivaría a otros oficiales a dar su versión de los hechos. Mónica tenía dudas, y eso era algo comprensible.

"¿Qué pasa si te despiden?", preguntó ella.

"Haré algo más, entonces. Abrir un restaurante, igual que mi mamá. Ya lo he hecho antes".

"¿Qué pasa si molestan a Manny en la escuela?".

"No voy a permitirlo", le aseguré.

Respeté los deseos de mi esposa y guardé silencio. Me esforzaba durante mis terapias y mientras trabajaba medio tiempo. Pero el guardarme todo dentro me afectó, aumentó mi tensión e hizo que me enojara más fácilmente. Una vez reaccioné muy mal cuando mi hijo me dio la mano para ayudarme a subir al carro. Le grité. Me sentí muy mal y llamé a la doctora con quien había recibido tratamiento por mi desorden de estrés postraumático después de regresar de la guerra. Ella estaba muy ocupada por la pandemia, así que me recomendó a una psiquiatra con quien me reunía dos veces por semana.

"Guardar silencio me está haciendo pedazos por dentro", le confesé a la Dra. Polizzi. "No puedo hacer deporte o jugar al baloncesto para así aliviar la tensión, como hacía antes. Me enfurecen tanto las mentiras y el engaño que siento que podría estallar".

"Hablar de lo que sientes te puede ayudar a sanar", dijo ella, "pero, primero habla con tu esposa sobre sus preocupaciones".

"He intentado guardar silencio, pero ya no puedo más", le dije a Mónica en español una noche durante la cena.

"Ya sabe exactamente cómo me siento al respecto, señor", dijo ella, en inglés, así supe que estaba muy molesta conmigo.

UNA NOCHE DE FEBRERO me sorprendió cuando mi mamá, mi papá, mi tío Federico, mi tía Victoria y mis hermanos Tony y Giovanny se aparecieron en mi casa sin avisar. Llegaron en caravana, en tres vehículos desde Brooklyn y Pennsylvania, y traían arroz, habichuelas y pollo. Entraron y todos llevaban mascarillas quirúrgicas azules, a pesar de que todos ya se habían vacunado. Mónica, Manny y yo nos pusimos mascarillas también. Mi perro, Milo, ladraba y brincaba como loco; estaba emocionado de tocar y lengüetear a todos esos familiares que nunca había conocido.

Mi mamá intentó abrazarme, pero yo me hice a un lado con mueca y le dije,

"Cuidado con mi hombro".

"Vimos lo que pasó en las noticas y queremos ayudarte", dijo mi papá.

"Queremos asegurarnos de que estés bien", dijo Tony. "Podemos pagar algunas de tus deudas o cortar el césped. Lo que necesites".

"Vinimos a ayudarte", dijo mi papá y me entregó un fajo de billetes de cien dólares cuando nos dimos la mano.

"No, gracias. Estoy bien. Mándeselo a mi abuela Andrea", les dije.

"Tu casa es muy grande y bella", dijo mi tía Victoria. "¿Nos das un recorrido?".

Cojeando con mi bota médica, les mostré la casa. A mi papá y a mi tío Federico les impresionó ver la parrilla que tenía en el patio de atrás. Les mostré los vegetales que había sembrado.

"Deberías sembrar un poco de maíz", dijo mi papá.

"Y berenjena también", agregó mi mamá.

Me alegró saber que mis papás aún eran amigos a pesar de que ambos tenían otras parejas con quienes eran felices. Solía ir a ver a mi papá a Nueva York, y hablábamos por teléfono de vez en cuando. Pero la última vez que él había estado en Virginia fue para mi boda, en el 2010. Era la primera vez que mi tío Federico y su hermana Victoria conocían a Manny. Me sentía culpable y me arrepentí de no presentarlos antes y de que una emergencia era el motivo de nuestro reencuentro familiar. Me conmovió saber que mis familiares, de quienes había huido una vez, ahora me brindaban apoyo, me traían comida, me daban dinero y hasta se ofrecían cortar el césped de mi casa.

Mientras mi tía, mi mamá y Mónica calentaban la comida, los hombres nos sentamos en los sillones color crema que están en la sala, para tomar cerveza. A pesar de que había evitado consumir alcohol por la medicina que tomaba todos los días, me convencieron a tomar una Presidente.

"¿Dónde te lastimaron?", me preguntó mi papá, y le mostré mi pie y mi brazo.

"No puedo creer que toda esa gente creyera las mentiras de Trump. Mira lo que te hicieron". Tío Federico sacudió la cabeza, pues estaba muy enojado.

"Yo tampoco lo puedo creer", dije. "Cada vez que habla Trump, él dice una mentira. Todos tienen que dejar de defenderlo".

"Pero hubo irregularidades durante las votaciones", dijo Giovanny.

Volteé a verlo y un escalofrío recorrió mi espalda. "Incluso si eso fuera cierto, y no lo es, ¡eso no le da el derecho a nadie a tomar cartas en el asunto y golpear a policías uniformados!", dije, levantando la voz. "Aquí estoy, malherido. Apenas puedo caminar o vestirme yo solo. De milagro estoy vivo".

"En los noticieros dicen que los de Black Lives Matter y Antifa empezaron las protestas", argumentó; estaba a la defensiva y repetía las mismas teorías conspirativas absurdas y de derecha que seguramente escuchó en Fox News. Incluso miembros de mi propia familia, una familia latina, hacían excusas en nombre del millonario, elitista y negligente expresidente Trump. Era una locura.

"Mira, tú no sabes ni mierda, coño. Yo estuve ahí, en el frente de batalla", le grité, recordando las razones por las cuales me había alejado de mi familia anteriormente. "No vi miembros de Black Lives Matter o Antifa ahí. Todos eran simpatizantes de Trump. Estaban armados y llevaban gorras de *Make America Great Again*. Y yo no lo vi en la televisión o en el internet. ¡Casi muero varias veces y tengo las heridas para probarlo!".

"Cambiemos de tema", dijo mi papá, intentando calmarnos. "No hablemos de política".

En vez de seguir hablando del ataque, me preguntaron cómo podían ayudarme y si el Capitolio seguía pagándome, pues intentaban ver qué podían hacer para apoyarme económicamente.

"La indemnización que recibo cubre casi todo mi salario. No se preocupen. Voy a estar bien". No estaba seguro a quien intentaba convencer. Quizás a mí mismo.

Todos se quedaron a dormir esa noche, algunos en el cuarto para huéspedes y otros en el sofá cama de la sala o en sillones y colchones inflables. El domingo en la tarde nos sacamos fotos y después se fueron.

Debajo de la bandera de los Estados Unidos, que tengo frente a la puerta principal, mi mamá se puso a llorar mientras me daba un gran abrazo. "Quisiera vivir más cerca de ti para poder cuidarte", dijo con un suspiro.

"Fue muy lindo que vinieran a verte", dijo Mónica más tarde.

"Ojalá regresen pronto", respondí.

Deseé que algunas cosas hubiesen sido diferentes cuando yo era niño. Pero sabía que mis familiares realmente me amaban, a su manera, y yo era quien era gracias a ellos. Me conmovió saber que, a pesar de todo, mi familia siempre se ayuda en momentos difíciles.

A pesar de que el resto del mundo estaba listo para seguir adelante, para los oficiales que habíamos sido traumatizados por la insurrección, la crisis continuaba y no parecía tener fin. Al enterarme de que los oficiales Jeffrey Smith, Howard S. Liebengood y luego Gunther Hashida se suicidaron después de pelear en contra de los insurrectos en el Capitolio, empecé a sentirme atormentado. La esposa de Howard le envió una carta a su representante quejándose de que a su esposo lo habían ordenado que regresara a trabajar después del ataque. Trabajó "prácticamente todo el día" el 7 de enero, lo que le provocó privación de sueño. La viuda de Jeffrey Smith, Erin, dijo que el doctor de su esposo le dio de alta a pesar de que él le dijo que no se sentía bien. Se orilló un día por la mañana de camino al trabajo y jaló el gatillo.

Sabía de primera mano de los peligros de la represión y la depresión. En Irak, casi me pego un tiro cuando estaba exhausto, frustrado y sufría de los efectos del trastorno de estrés postraumático. Nunca le conté a Mónica lo mal que había estado en Irak, pero después de enterarse de los oficiales que habían muerto, ella me veía con más cuidado e inquietud.

DOS VECES AL AÑO, todos en el departamento policial tienen que hacer una prueba en el campo de tiro y obtener una certificación para portar armas. Debemos obtener un puntaje de, al menos, 208 de 300 puntos para conservar nuestras armas. Yo debí haber tomado mi prueba el 8 de enero del 2021, pero por la insurrección y mis cirugías, no pude tomar el examen, y para entonces aún no podía disparar un arma. La sargento Brady, una vieja amiga de mis años de novato, me llamó del campo de tiro.

"No obtuviste tu certificado el ciclo pasado", dijo, "y ya pasó tu fecha límite".

No me sorprendió. Puede que incluso haya sentido alivio. En marzo del 2021, días antes de mi primera operación, fui al campo de tiro en el sótano del Rayburn Building. Saqué mi arma de la funda que usaba cuando no estaba en servicio activo y se la entregué a la sargento Brady.

"Entrego mi Glock 22", le dije, con la esperanza de obtenerla de vuelta después de completar mi recuperación.

Después de unos desalentadores resultados médicos, no pensé estar listo para tomar la prueba de armas. En el ejército había disparado mi arma en una misión, pero hasta donde sé nunca herí o maté a nadie.

Como policía, solo había desenfundado mi arma una vez, cuando un sujeto me amenazó debajo de un puente. No obstante, mis compañeros me ayudaron a arrestar al sospechoso sin la necesidad de dispararle. Entregar mi arma, incluso si era temporalmente, me hizo sentir vulnerable y desprotegido.

"Te voy a pedir que llenes unos formularios", dijo la sargento Brady. "Necesito que me entregues además tu placa y los cuatro cargadores con todas sus balas".

El devolver mi placa y las balas al día siguiente, fue un duro recordatorio de cómo mis heridas habían arruinado mi carrera. Firmé el recibo de propiedad. Brady me entregó una copia. Todo me parecía muy injusto, pues nunca pensé que iba a tener que vivir por algo así. Sin embargo, mientras subía las gradas y me dirigía a la calle, me empecé a sentir más liviano y libre por no tener un arma, porque así no tendría la oportunidad de darme un tiro o dispararle a alguien más.

"Entregué mi arma hoy", le dije a Mónica.

"¿Por qué?".

"Era obligatorio que lo hiciera", le dije. "Por mis lesiones no puedo aprobar la prueba de armas".

"Si decides hablar, ¿qué pasa si simpatizantes de Trump vienen a la casa a hostigarnos?", me preguntó ella.

"Entonces llamamos a la policía".

Para hacerla sentir más segura, levanté una cerca más alta alrededor de la casa e instalé cámaras de seguridad y luces con detectores de movimiento. Entonces, fui a una tienda de armas. Nomás tardé quince minutos en hacer el papeleo y la verificación de antecedentes, y al rato salí de la tienda con una nueva Glock dentro de su caja negra. En casa, la guardé dentro de la misma caja fuerte donde guardaba el arma que me daba el departamento de policía, y le dije a Mónica dónde la había puesto, en caso la necesitara cuando yo no estaba en casa.

"Solo asegúrate de cerrar la caja fuerte", dijo, y así lo hice.

Mi abogado me recomendó una compañía que borró mi presencia

en línea. La dirección de mi hogar y mi trabajo, mi historia personal y mis antecedentes públicos fueron eliminados también. Aun así, sufría de ansiedad. Por primera vez en dieciséis años, no era oficialmente un policía armado. Como había sido declarado en baja médica y familiar, recibía el 75 por ciento de mi salario y todavía era considerado un miembro de la fuerza policial, pero no podía usar mi uniforme, responder a llamadas de emergencia o realizar arrestos. Vestía como civil y solo llevaba mi intercomunicador e identificación, lo cual me hacía sentir como si hubiera vuelto a mi antiguo trabajo como guardia de seguridad en Nueva York. Mientras permanecía en un limbo, antes de volver a trabajar como policía a tiempo completo, continué dando mi testimonio al fiscal del distrito y las cortes federales que investigaban a los insurrectos.

En junio del 2021, mientras estaba pegado de las noticias, me enteré de que los líderes republicanos Lindsay Graham, Mitch McConnell, Jim Jordan, Marjorie Taylor Greene, Josh Hawley y Donald Trump promovían la mentira de que la insurrección había sido una manifestación pacífica. Dijeron que guiaron al partido conforme la ley y el orden, que apoyaron a los policías y a los veteranos, y que nos dieron las gracias públicamente por nuestro servicio al país. Pero a puertas cerradas, ellos eran unos mentirosos hambrientos de poder que traicionaron a quienes los defendieron para su propio beneficio político. Cada vez que esos criminales desquiciados eran llamados "patriotas", me enfurecía más y más.

Aun cuando no estaba a favor de sus ideas políticas, solía pensar que todos los líderes de los Estados Unidos eran honorables y que harían lo mejor para el país, tal y como hizo John McCain quien se había separado del partido republicano, por lo que obtuvo el apodo de "*maverick*" (el disidente). Anteriormente, yo pensaba de forma ingenua que un verdadero patriota seguía las órdenes de la cadena de mando y las reglas al pie de la letra. Pero, ahora me di cuenta de que era más importante exponer las injusticias del gobierno. Sentía que tenía la obligación de responder a la justicia y no a cualquier autoridad falsa que la profanara. Como inmigrante, me tomaba en serio el compromiso que había hecho para defender y proteger la Constitución de los Estados Unidos en contra de amenazas domésticas y extranjeras, incluso si esa amenaza *era* el presidente, la policía y los miembros del congreso que instigaron sus actos.

El 3 de junio a mediodía, vi que Harry Dunn estaba de nuevo en CNN. Le envié un mensaje de texto que dijo, "Llámame cuando puedas".

"Estoy almorzando con unos amigos", respondió de inmediato. "Te llamo en unos minutos".

"No puedo creer que nadie más te está respaldando", le dije. " Estoy listo para compartir mi testimonio".

"Acabo de darle una entrevista a Whitney Wild, una fantástica corresponsal de CNN", dijo Harry por teléfono. " Ella es su corresponsal de orden público".

"Dile que venga aquí en una hora. Estoy listo para hablar".

Wild llegó a mi casa a las 2:30 p.m. Después de eso, nada sería igual.

24

"¿Por qué mintió el presidente?"

Washington, D.C., junio de 2021

L A NOCHE DEL VIERNES 4 DE JUNIO, MÓNICA, MANNY y yo estábamos en la misma cama donde habíamos mirado aquel programa de Gabriel Iglesias. Solo que esta vez no vimos algo divertido. En vez de ver otro programa de comedia en Netflix, mirábamos la entrevista donde lloré en vivo, en la televisión.

"Dijeron que éramos unos traidores. Nos golpearon. Nos arrastraron por el suelo", le dije a la corresponsal de CNN Whitney Wild. Era la primera vez que daba una entrevista. "Tenía miedo. Pensé que iba a morir ahí mismo. Escuché a mis colegas gritar. Lo único que pensaba era que no podía dejar que entraran al Capitolio, de lo contrario iba a haber una masacre adentro . . . Los sediciosos gritaban, 'Te vamos a disparar. Te vamos a matar. Estás eligiendo tu salario sobre el país. Qué desgracia eres. Eres un traidor'".

En la preparatoria, la Srta. Vega me pidió que hablara en público durante la asamblea escolar, pero yo le dije que no. "Es demasiada presión para mí".

Como sabía que no tenía un buen acento y había aprendido a alejarme de los problemas y pasar desapercibido, nunca quise ser el centro de atención. Pero ahora, a pesar de lo traumático que era revivir las cuatro horas de batalla durante las cuales había sido castigado físicamente de una forma tan brutal, para mí era necesario compartir mi historia, ya que no había otra forma de revelar la verdad. Mucha gente no hacía lo correcto porque les causaba dolor. Pero uno no puede ser honesto únicamente cuando es cómodo y conveniente. Vi a esta entrevista como una extensión del servicio que le presté a mi país. Después de todo, cuando me uní a las fuerzas armadas, hice un juramento que decía, "Juro que voy a apoyar y defender a la Constitución de los Estados Unidos en contra de enemigos domésticos y extranjeros; voy a serle fiel y leal a la misma".

Me preocupó que la cadena de TV editara mi entrevista de tal forma que fuera fácil degradarme o malinterpretar lo que había dicho, pero no fue así. Pensé que mi testimonio había sido crudo, sin adornos y que la experiencia me había puesto muy sentimental, pero que era un testimonio real.

"Espero que ahora todos sepan lo que pasó y no puedan seguir negando la verdad. Estoy orgullosa de ti por haber hecho esto", dijo Mónica mientras me abrazaba con fuerza; ella cambió de opinión a pesar de que eso significaba salir de su zona de confort.

"Lo hiciste muy bien, papi", me dijo Manny y también se acercó a abrazarme.

Justo antes, les había enviado un mensaje de texto al oficial de información pública y al teniente Reid, avisándoles que iba a dar una entrevista. No quería que los agarrara desprevenidos en caso de que se quejaran los superiores.

"Gracias por avisarme", dijo Reid.

Veinticuatro horas después de que salió mi entrevista al aire, recibí una llamada de mi jefe adjunto. "La jefa provisional de la policía quería que yo hablara contigo", él me dijo.

Parecía como que había recibido una orden para asegurarse que yo no tuviera pensamientos suicidas, y pensé que estaban más preocupados por la opinión pública del departamento que de mi salud y bienestar.

"Estoy mejor. Un poco estresado y golpeado aún", le dije. "Pero no dije nada para menospreciar o desacreditar al departamento, si eso es lo que les preocupa".

"Queríamos asegurarnos que estés bien. Nos preocupó tu mensaje pues parecía que estabas afligido y frustrado".

"Lo estaba", admití.

"Deja de mirar las noticias todo el día", me aconsejó.

"¿Cómo puedo no ver las noticias? Quiero volver a trabajar tiempo completo. Es difícil ver todo desde lejos. Así ha sido desde la inauguración". Incluso tras realizar los informes de revisión de hechos por teléfono junto al comandante de la unidad de disturbios civiles, sentía que necesitaba estar ahí junto a él para explicarle mejor lo que pasó y mejorar nuestra respuesta en el futuro.

"Dinos cómo te podemos ayudar", dijo y colgó apresuradamente.

Sentí que fue insuficiente y que era muy tarde. Especialmente porque esa semana ya había ido a la oficina para llenar papeles y saludé a mis colegas con mi tradicional, "Oye, ¿cómo estás?". Varios supervisores me pasaron de largo, aplicándome la ley del hielo. Era como que si yo no estuviera ahí. No sabía si era porque yo era uno de los pocos que había compartido mi testimonio de forma pública o porque alguien no estaba de acuerdo con algo de lo que dije, o por ambas razones. Parecía como si estuvieran tomando represalias en contra mía por hablar públicamente.

"Diste una buena entrevista. Que bien por ti. Me alegro de que hayas compartido tu versión de los hechos", me dijo Harry, ofreciéndome el apoyo que tanto necesitaba.

Esperamos que más oficiales, líderes de la policía y políticos hablaran públicamente, pero nadie más habló. Cuando me topé con Ted Cruz, Josh Hawley y Lindsey Graham, en los ascensores del Capitolio, ellos descaradamente hicieron como si no me habían visto, y tampoco reconocieron que había arriesgado mi vida para protegerlos. Después de que sacáramos a todos los insurrectos del Capitolio, el 6 de enero, Cruz y Hawley mantuvieron su postura en contra de los resultados de las elecciones. Graham, quien en algún momento hizo una publicación en Twitter que dijo "Si nominamos a Trump, nos van a destruir . . . y será una derrota merecida", ayudó a encontrarle un abogado a Trump para su segundo juicio político, culpó a Nancy Pelosi por la violencia que habían causado los simpatizantes de Trump y dijo que los demócratas habían "descaradamente politizado los eventos del 6 de enero", como si un golpe de estado, cuyo objetivo era revocar los resultados de nuestras elecciones, no fuera un hecho político.

Una colega blanca insistió que manifestantes de izquierda habían estado involucrados en el altercado del Capitolio. Juró haber visto en la Rotonda a un agitador vistiendo una camisa de Antifa debajo de una camiseta señuelo que decía "Trump 2020" —continuando el engaño descarado—.

"Dónde estaba yo, durante cuatro horas no vi a ningún simpatizante de BLM o Antifa", le respondí a ella. "Ni uno solo. Si hubieran estado ahí, los hubieran linchado los nacionalistas blancos".

Después de llorar durante mi testimonio, el cual fue transmitido por televisión, los presentadores de Fox News Laura Ingraham y Tucker Carlson se burlaron sarcásticamente de mí y de Harry Dunn al aire, mientras mostraban videos de cuando Harry reveló el abuso racial que sufrió durante la insurrección. Peor aún, ella glorificó a Kyle Rittenhouse, un joven blanco de diecisiete años, por haber asesinado a dos manifestantes desarmados en Kenosha, Wisconsin. Ese dizque vigilante que, usando un rifle AR-15, había asesinado a dos personas y luego fue a llorar en corte para obtener clemencia, era el héroe de Fox

News, no los oficiales que mantuvieron la línea del orden y no habían disparado a los insurgentes a pesar de que, contrario a Rittenhouse, habíamos sido provocados y teníamos la autoridad legal de hacerlo. Dos representantes de derecha hasta le ofrecieron pasantías en el congreso a Rittenhouse, lo que significaba que un día también iba a tener que protegerlo a él, y así lo haría, pues había hecho un juramento.

Pensé en cuando fue herido el congresista Steve Scalise en Alexandria, en 2017, cuando un hombre armado, angustiado sobre los resultados de las elecciones del 2016, les disparó a miembros del equipo de béisbol de los congresistas republicanos. El presidente Trump condenó el hecho y lo llamó un "asalto muy, muy brutal", y líderes políticos les rindieron tributo a los cinco policías del Capitolio que derribaron al atacante de Scalise, uno de los cuales fue herido de bala. Nancy Pelosi dijo que las acciones de ellos era una "inspiración para todos".

Sin embargo, ahora, veintiún miembros del partido republicano votaron en contra de la propuesta de otorgarles la Medalla de Oro del Congreso a los oficiales que arriesgaron sus vidas el 6 de enero. A pesar de los votos en contra, la propuesta fue aprobada. El representante Adam Kinzinger criticó públicamente a sus colegas en una publicación de Twitter que decía, "No entiendo cómo pueden votar en contra de esta propuesta. Pero claro, también niegan lo que ocurrió durante la insurrección. A los valientes miembros de la policía del Capitolio y la Policía Metropolitana de D.C., gracias. A los veintiuno que votaron en contra, ellos aun así van a seguir defendiendo sus derechos a votar".

Las reacciones partidistas sobre lo que ocurrió el 6 de enero eran contradictorias. En mi oficina, un colega repitió los insultos raciales de Ingraham y se burló de mi acento y mis lágrimas.

"Igual que Dunn, Gonell solo busca llamar la atención", dijo.

"¿Cuántas horas pasaste tú luchando en contra de esa turba en el túnel? El sargento Gonell estuvo cuatro horas ahí y casi muere. ¡Él ha hecho más por nuestro país que la mayoría de gente que nació aquí!", me defendió el teniente Reid.

Más tarde, Reid me hizo a un lado y me explicó su teoría. "Algunos oficiales aún están procesando lo que ocurrió y lidian con eso de diferentes maneras. Cuando te escuchan hablar en la televisión, hace que les resulte a ellos más difícil seguir adelante. Pero es justo y entendible que tú quieras que los alborotadores se enfrenten a la justicia por lo que te hicieron".

Recibí cartas y correos electrónicos de muchos ciudadanos estadounidenses de todas partes del mundo, ofreciéndome apoyo y deseándome una pronta recuperación. Más corresponsales pidieron entrevistarme. Acepté a cada uno de ellos. Para asegurarme de no meterme en problemas legales, por compartir mi experiencia de forma pública, me reuní con el abogado de Harry, quien ofreció representarme sin costo.

En el verano, Mónica me dijo que Manny le había preguntado, "¿Por qué mi papi va a salir en la tele otra vez? Me duele verlo así".

"Porque él quiere que se haga justicia y hacer pagar a la gente que le hicieron daño", ella le dijo a él.

Por intentar proteger a mi hijo, me di cuenta de que no le había explicado lo suficientemente bien por qué compartía mi experiencia. Al día siguiente, después de clases, le pedí que me acompañara a pasear a Milo.

"Me preguntaste por qué esas personas invadieron el Capitolio", le dije. "Ellos querían ganar las elecciones a toda costa, a pesar de que no habían obtenido los votos necesarios para ganar. El expresidente y sus amigos le hicieron creer a la gente muchas mentiras, a pesar de las pruebas que demostraban lo contrario. Y, por eso, miles de manifestantes fueron al Capitolio a buscar pelea, pues creían las mentiras que el expresidente les había dicho. Me lastimaron por hacer mi trabajo y por proteger a los políticos que estaban dentro del edificio. ¿Me entiendes?".

"¿Por qué dijo mentiras el presidente?", me preguntó.

"¿Sabes cuando juegas al baloncesto y no te gusta perder? Yo te he dicho que hay que saber perder también. No puedes ganar todo el tiempo. Cuando no ganas, lo que tienes que hacer es intentarlo de nuevo.

Esforzarte más. Lamentablemente, algunos adultos también necesitan aprender eso", le dije. "Algún día, cuando seas más grande, vas a leer sobre lo que ocurrió ese día en un libro de historia".

"Cuando sea así, voy a decirles a todos, 'Ese era mi papá'", dijo.

25

El veredicto

Washington, D.C., julio de 2021

CUANDO ERA NIÑO Y LLEGUÉ A ESTE PAÍS POR PRIMERA vez, tuve que ir a la escuela, aprender un idioma nuevo y trabajar duro para ganar dinero y poder ayudar a mi familia. Mantuve esa mentalidad en el ejército. Regularmente en el departamento de policía trabajaba turnos de dieciséis horas. Por primera vez en la vida, tuve un descanso. Me dio tiempo para reevaluar mi carrera y utilizar mis logros pasados para así construir un mejor futuro y otorgarle más seguridad a mi familia. Siempre consideré que mi acento y mi incapacidad de pronunciar correctamente el inglés era una desventaja que evitaba que yo obtuviera ascensos dentro del cuerpo de policía. Durante mi recuperación, y entre sesiones de fisioterapias, reevalué ese pensamiento. Quizás mi único obstáculo era yo mismo. Decidí tomar la prueba para tenientes. En secreto siempre quise ser un jefe de policía. Sabía que recuperarme en un cien por ciento y obtener un ascenso era un deseo ambicioso, pero ese objetivo me mantuvo motivado. Me fue bien en el examen escrito y aun mejor en la parte de escenarios simulados. Obtuve un alto puntaje, lo que aumentaba mis posibilidades de ser seleccionado. A pesar de mis lesiones, me sentía capaz de asumir el puesto, pues requería trabajo de oficina y realizar tareas administrativas.

"Voy a quedarme con tu puesto cuando te transfieran", le dije en broma al teniente Reid un día por teléfono, después de enterarme de lo bien que me había ido en el examen.

"Ya quiero trabajar a tu lado", me dijo.

"Valió la pena la tortura a la que me sometiste", le dije. "Pero voy a necesitar mucha de tu ayuda".

Desafortunadamente, mi alegría se esfumó más tarde ese día cuando mi cirujano, el doctor Hampton, me dijo que ya no podía hacer nada más por mí.

"Pero todavía tengo problemas con mi hombro izquierdo", le dije. "Para hacer mi trabajo debo ser capaz de disparar un arma o arrestar a un sospechoso que se niega al arresto".

"Tu rango de movimiento es de 68 por ciento. La mayoría de las personas tienen un 90 por ciento. Por lo tanto, simplemente vas a tener que aprender a vivir con tus discapacidades", dijo. "No te recomiendo que sigas trabajando como agente de seguridad. Hay otras cosas que puedes hacer".

Era fácil para él decir eso. ¿Qué diría él si pierde una mano y alguien le dice, "Oye mi pana, consigue otro trabajo; no es la gran cosa"? En dieciséis años, nunca antes había considerado otra carrera profesional. Tan solo pensarlo era aterrador.

"Te voy a dar de alta de tu fisioterapia", me dijo mi terapista Sheryl Johnson. "Ya no veo que puedas mejorar más".

"Aléjate del Capitolio", me recomendó mi psiquiatra. "Ve a trabajar a otro lado".

"Pero, ¿por qué?", le pregunté confundido. "Pensé que todas estas terapias estaban ayudándome".

"Sí, te están ayudando, pero en el Capitolio hay muchos detonantes para ti", dijo, y me recordó de la vez que alguien pegó una foto de Trump detrás de mi computadora, para burlarse de mí, y que eso me afectó muchísimo. "Y recuerda esa vez en Costco, cuando te topaste con un colega que trabajaba contigo el turno de la noche y te dijo, '¿Cuándo vas a dejar de llorar en las entrevistas?'. Te costó no darle un puñetazo".

"¿Qué tal un trabajo de oficina con el Oficial de Orden de la Cámara de Representantes o del Senado, así puedo seguir utilizando mi experiencia militar y policial?", le pregunté.

Ella dijo que no con la cabeza y agregó, "Aléjate del Capitolio por un año o dos, o hasta que sanes. En unos años puedes volver como un civil, pero, por algo, todos te están diciendo que te vayas".

Fue difícil escuchar a esos tres profesionales, que estaban de mi lado, insistir que, por mis lesiones, yo no iba a poder desempeñar las responsabilidades del trabajo que tanto amaba. Me sentía destrozado. Todo parecía tan inoportuno. Tenía cuarenta y dos años, y solo me faltaban siete años para jubilarme de la fuerza. Justo después de la emoción de haber aprobado los exámenes para ser teniente, una posición que me otorgaría el rango y el salario más altos de mi vida, las malas noticias que recibí de mis médicos fueron como los últimos tres clavos en el ataúd. Mientras varios oficiales con quienes yo había trabajado simplemente renunciaron para trabajar en otros lugares, y así reducir sus pérdidas, yo ni siquiera podía dejar de ir a trabajar para así vivir el luto de mi derrota en privado. Estaba en un purgatorio esperando a que aprobaran mi jubilación por incapacidad y entonces poder cuidar de mi familia.

Pero, por lo menos a alguien todavía le interesaba yo. En julio del 2021, recibí una llamada de un miembro del comité de audiencias del 6 de enero. Esa persona me dijo que me habían visto en CNN y querían tener una reunión conmigo lo más antes posible.

"Quieren que testifique ante el congreso de los Estados Unidos. Mi participación será parte de la historia de este país", le dije a Mónica.

"Necesito identificar públicamente a los insurrectos que me atacaron, a tantos como sea posible, para que así enfrenten las consecuencias de sus actos".

"¿Estás seguro?". Parecía preocupada. "Sé que es importante que te hayan invitado a testificar. Pero hazlo solo si te sientes cómodo".

"Sí, claro, voy a testificar", le dije a mi abogado.

Fui vestido como civil a la sesión de tres horas junto a mi abogado. A pesar de que había entregado mi arma y técnicamente estaba en servicio restringido, le pregunté a mi jefe adjunto si podía vestir mi uniforme a la hora de brindar mi testimonio oficial.

"No creo que sea posible", dijo.

"Háblale a Nancy Pelosi", le dije a mi abogado. Asumí que sería más impactante si yo vestía mi uniforme y placa, considerando que era un testimonio televisado.

Mi jefe cedió y me llamó para decir, "Está bien, tienes permitido vestir tu uniforme. Ve a traer tu placa y tu billetera de la oficina de propiedad. Pero solo puedes tenerlas mientras dura tu testimonio. Debes devolverlas al día siguiente".

"¿Me darán mi arma también?", pregunté; quería regresar a ser quien era antes y quien debería ser.

"En la Oficina de Consejo General dijeron que no", dijo, antes de transferir mi llamada a otro departamento.

A LAS SIETE DE LA MAÑANA del 28 de julio del 2021, unos días después de cumplir cuarenta y dos años, fui al armario de mi habitación, donde estaban mis uniformes. Mónica siempre se quejaba que mi ropa y equipo de trabajo ocupaban demasiado espacio en el armario, tanto que ella tenía que guardar su ropa en el armario del cuarto de huéspedes. Me puse mis pantalones oscuros clase A. Ella tuvo que ayudarme a ponerme mi camisa de manga larga pues aún me dolía el hombro. Ella me ayudó, además, a abrocharme mi corbata azul. Aún tenía muy hinchado mi pie derecho como para usar mis botas de policía, así que intenté ponerme cuatro pares de zapatos diferentes, pero todos eran demasiado incómodos y terminé usando unos tenis negros de baloncesto, e incluso aflojé los cordones del zapato derecho para estar más cómodo. Ella ya había decidido no acompañarme al Cannon Building del complejo del Capitolio, pero igual le volví a preguntar.

"No, no quiero aparecer en la televisión, no quiero que puedan identificarme", dijo.

"Me iré manejando, entonces", le dije.

"¿Estás seguro? Puede que no sea una buena idea", dijo.

"Mi doctor dijo que ya puedo manejar", le recordé. "Voy a ir despacio".

A pesar de que iba a cuarenta y cinco millas por hora sobre la autopista I-95, llegué una hora antes de lo acordado. Había cámaras, fotógrafos, corresponsales y periodistas por todas partes; era todo un espectáculo. La audiencia estaba programada para durar cuatro horas e iba a ser transmitida en vivo. A Harry Dunn, Michael Fanone, Daniel Hodges y a mí nos dieron cinco minutos a cada uno para compartir nuestro testimonio. Intenté hablar despacio pero con claridad para que las personas entendieran mis palabras. No estaba nervioso, pero apunté todo lo que quería decir, para así no olvidar nada importante. Sin embargo, mientras leía mis apuntes, le agregaba más detalles de lo que había escrito. Quería decir tantas cosas y hablé más del tiempo establecido, pero nadie me detuvo.

Durante el interrogatorio del comité, me mostraron videos de la insurrección y fui capaz de identificarme casi en cada cuadro de las tomas. Intenté mantener la compostura, pero empecé a llorar cuando mis manos ensangrentadas aparecieron en la pantalla; ese fue el momento de la insurrección cuando casi me muero.

Un año después, en junio del 2022, yo aplaudía las declaraciones de la representante Liz Cheney cuando dijo, "Hoy les digo a mis colegas republicanos que se empeñan en defender lo indefendible: va a llegar el día cuando ya no esté Donald Trump, pero ustedes y su deshonra permanecerán".

Ahora, los nueve miembros del comité se acercaron a darnos la mano a todos los que fuimos a testificar.

"Gracias por defender el Capitolio y por protegernos", Cheney me dijo.

Adam Kinzinger, quien había sido teniente coronel en la Guardia Aérea Nacional, dijo, "Desearía haber prestado servicio militar en el extranjero contigo. Sé que me hubieras apoyado".

A pesar de que no siempre estaba de acuerdo con los puntos de vista de Cheney o Kinzinger, admiré el hecho de que pusieron la seguridad de nuestra democracia por encima de sus ideologías políticas. De los 265 republicanos en el congreso, ellos fueron los únicos dos que me dieron las gracias.

Después de mi testimonio, revelé las recomendaciones que recibí de mis doctores. En julio del 2022, al final de otra audiencia del comité, el congresista Jamie Raskin incluyó mi experiencia en sus declaraciones frente a las cámaras que transmitían todo en vivo a nivel nacional. Él dijo lo siguiente:

> Una violenta insurrección dispuesta a anular los resultados de unas elecciones no es algo abstracto . . . cientos de personas derramaron sangre, fueron heridas y golpeadas durante esa insurrección, incluyendo a más de 150 agentes policiacos, algunos de los cuales están hoy sentados en este salón. Quiero darles una actualización de la salud de uno de esos oficiales que fue malherido en combate ese día y que los miembros de este comité conocen bien porque el año pasado nos compartió su testimonio. El sargento Aquilino Gonell es un veterano de guerra que pasó un año en servicio activo y combate en la guerra de Irak, y luego trabajó durante dieciséis años para la Policía del Capitolio. Nada

de lo que vio en Irak lo preparó para la insurrección donde lo vapulearon, golpearon, empujaron, patearon y pisotearon salvajemente, y además le rociaron químicos irritantes a él y otros oficiales. Los culpables de todo esto fueron los miembros de una turba quienes llevaban martillos, cuchillos, macanas y escudos de policía que tomaron a la fuerza mientras hondeaban la bandera de los Estados Unidos, la cual usaron como un arma en contra de los oficiales del Capitolio. Los médicos que trataron al sargento Gonell le dijeron que los golpes que recibió ese día le provocaron lesiones permanentes en su hombro izquierdo y pie derecho, las cuales lo imposibilitan de continuar realizando su trabajo como agente del orden público. Él debe jubilarse de la fuerza policial para siempre y encontrarle un nuevo rumbo a su vida. Sargento Gonell, les deseamos a ti y a tu familia todo lo mejor, estamos aquí para ti, y saludamos tu valor, tu elocuencia y tu hermoso compromiso con los Estados Unidos. Me pregunto qué le diría el expresidente Donald Trump a alguien como el sargento Gonell, quien ahora debe reconstruir su vida. Me pregunto si siquiera entendería lo que motiva a un patriota como el sargento Gonell.

Escuchar al representante Raskin decir públicamente que yo había sido obligado a jubilarme, me hizo sentir que efectivamente era el final de un capítulo de mi vida. Sentí como si me hubieran quitado algo, como si parte de mí hubiera muerto. Atravesé de prisa las puertas dobles, sudando y mareado. Me costaba respirar y sentía como si estuviera a punto detener un ataque de pánico. Harry fue detrás de mí. Me envolvió en sus grandes brazos de pulpo y dijo, "Te tengo. Te va a ir bien, sargento. Todo va a salir bien".

Era confuso escuchar a líderes del gobierno elogiar mis actos, decir que había desempeñado mi trabajo "con coraje" mientras mis lesiones me alejaban de mi trabajo. Agradecí el reconocimiento a mi valentía. Sin embargo, las muestras de gratitud no pagan las deudas. Fui a todas las audiencias del comité junto a los oficiales Harry, Michael, Danny y la familia de Brian Sicknick, incluyendo su prometida Sandra Garza, para mostrar mi solidaridad. Me perdí solo una sesión, y fue porque ese día Manny tenía partido de baloncesto en la escuela. Le había prometido que asistiría a su próximo juego y no iba a romper esa promesa.

Tras una de las audiencias, Sandra me preguntó, "¿Cómo estás tú?".

"No muy bien", le confesé. "No me he recuperado de las operaciones. Todavía estoy muy estresado por todo lo que pasó. Ahora que no puedo trabajar como agente de seguridad, tengo que preocuparme por encontrar otra fuente de ingreso. Además, todo esto también arruinó la carrera de mi esposa".

Días después, recibí una carta de Sandra. Resulta que ella había recibido un donativo de una organización benéfica a través del Capitol Police Memorial Fund, el cual ella compartió generosamente con otros oficiales necesitados. Ella me había enviado un cheque para ayudar a cubrir mis gastos médicos.

"No puedo aceptar esto. No te conté de mis problemas económicos porque quería recibir algo de ti", le dije por teléfono. Me avergonzaba que los ahorros familiares se habían reducido a unos mil trescientos dólares mientras los gastos médicos seguían en aumento.

Ella insistió. No tenía dinero y me sentía destrozado, pero me tragué el orgullo y acepté el dinero. Fue como si Brian me estuviera dando una mano desde el más allá.

26

Una constitución sólida

Washington, D.C., octubre 2022

JUNTÉ MIS ESPOSAS, CHALECO ANTIBALAS, EL CINTURÓN de herramientas, mis botas negras y cuatro diferentes tipos de uniformes; era todo el equipaje policial que había recibido a través de los años. Sentía como si estuviera en medio de un divorcio en el que no quería participar.

"Mete todo dentro de una bolsa y diles que lleguen a recogerlo", me aconsejó Michael Fanone. "Si no llega nadie, tíralo todo a la basura. Diles gracias, y un gran 'que se jodan' por no protegernos".

Después de escuchar tanta hipocresía en D.C., era refrescante escuchar el discurso honesto y la ira explícita de Michael. Sin embargo, quería terminar mis dieciséis años de servicio de la misma manera como había empezado: cumpliendo con el reglamento, siguiendo instrucciones al pie de la letra y demostrando respeto a la fuerza policial. Así que llevé dos maletas con mi ropa policial a la división de propiedad de la Policía del Capitolio de Estados Unidos, la USCP, por sus siglas en inglés, ubicada en el edificio de la Oficina de Publicaciones del Gobierno. Me hacía sentir desorientado el entregar el equipo de trabajo que significaba tanto para mí. Me parecía un castigo. Como si me hubieran obligado a renunciar a mi identidad. ¿Quién sería yo sin ella? El edificio a donde tenía que ir estaba a una milla de donde yo trabajaba, así que me alegró no tener que ver a mis colegas o despedirme de ellos. Lo haré más adelante durante el último día oficial, pensé, después de recibir mis documentos de salida.

Antes de jubilarme, rompí el protocolo una vez. Fue cuando vi al jefe del Estado Mayor Conjunto, Mark A. Milley, el máximo oficial uniformado del Departamento de Defensa, caminando por el pasillo hacia la Cámara de Representantes. Me dirigía a la Rotonda para asistir a un acto en honor de Hershel W. "Woody" Williams, el último soldado vivo que recibió la Medalla de Honor por su servicio durante la Segunda Guerra Mundial, cuando vi a Milley.

Ese general de sesenta y cuatro años, quien dirigió tropas en Afganistán e Irak, se convirtió en uno de mis héroes porque con el testimonio que brindó ante el comité del 6 de enero, denunció públicamente a Trump. "¿Sabes, Comandante en Jefe, que una turba está atacando el Capitolio de los Estados Unidos de América? No hubo nada. ¿No llamada? ¿No nada? ¿Absolutamente nada?". Reveló que el vicepresidente Mike Pence —no Trump— intentó restaurar el orden en el Capitolio para continuar con la sesión, contar los votos electorales y confirmar que Joe Biden era el ganador de las elecciones del 2020. Dijo que Pence llamó a líderes militares y a la Guardia Nacional. Milley acusó abiertamente a Trump de haber provocado un "enorme e irreparable daño" a la nación, después de haber politizado al ejército. Milley, además, insistió que el expresidente y sus hombres "sacudieron los cimientos de la república" y dijo, "¿Se pueden imaginar lo que un grupo de personas más capaces hubiera hecho ese día?".

Yo no debía detener al general, pues iba camino a una reunión de seguridad nacional, y mi capitán lo escoltaba. Actué de forma poco profesional. Sin embargo, me impresionó verlo y pensé, *Al carajo, de todas formas ya me voy a jubilar.* Lo seguí hasta el elevador. Cuando llegó al sótano del Capitolio le dije, "Oiga, general, solo quería darle las gracias por su servicio militar y por el testimonio que brindó sobre lo ocurrido el 6 de enero".

"Lo reconozco. Sé quién es", respondió. "Yo también agradezco lo que ha hecho usted".

Me entregó su tarjeta. "Si necesita algo, llámeme. No puedo hacer milagros, pero conozco a algunas personas", dijo.

Acto seguido, se dio la vuelta y le pidió a su asistente que le diera una moneda de reto, una pequeña medalla que llevaba su nombre y el siguiente mensaje en inglés: "20º Jefe del Estado Mayor Conjunto". Entregar estas condecoraciones es tradicional en la milicia; es una forma de mostrar admiración y para felicitar a otros por un trabajo bien hecho. El general me dio un apretón de manos, y entonces tomó la moneda y la llevó de su mano a la mía. Me conmovió ese gesto.

"¿Ve esto?", dijo señalando a la diminuta constitución que estaba tallada en la moneda y que decía, Nosotros el pueblo de los estados unidos. Y él agrego, "Seguimos a esta constitución y man-tenemos nuestro juramento hacia ella. No respondemos a una persona en particular, sino a la Constitución. Usted mantuvo su juramento, tanto en casa como en el extranjero. Gracias por defender nuestra Constitución".

"Es un honor conocerlo", le dije, y no pude contenerme, así que añadí, "y realmente admiro que haya denunciado a Trump".

"El honor es mío, soldado y sargento Gonell. Y cada uno de los culpables se hará responsable de sus actos, de alguna u otra manera. Confíe en mí", dijo antes de continuar su camino.

"Oye, ¿qué demonios acabas de hacer?", dijo entre dientes mi capitán y vi que del enojo su rostro se tornaba rojo.

"Mira, antes de irme, quería conocerlo", le dije.

Me miró con desdén y estaba atónito porque me había comportado como un fanático. Sin embargo, la fachada tan sólida que había construido en el ejército y la policía empezaba a agrietarse. No tenía miedo de ser vulnerable y mostrar mi humanidad.

Me sentí un poco menos desamparado cuando el asistente de la jefe de policía provisional me llamó y dijo, "Habrá un viaje para un evento a la Casa Blanca; la ceremonia es para firmar la legislación y así crear la Medalla de Oro del Congreso. Has sido elegido para estar presente". Me alegró ser uno de los veinte oficiales que fueron invitados al evento junto a Harry Dunn, Michael Fanone, Daniel Hodges, Thomas Rhodes y Caroline Edwards. Sandra Garza también iba ser homenajeada, al igual que los familiares de los hombres que murieron por suicidio. Mónica y Manny también asistieron como mis invitados.

Fuimos a la Casa Blanca el 6 de agosto del 2021. Me sorprendió oír que el presidente Biden dijo que la insurrección fue una "batalla medieval" pues fue una frase que yo utilicé durante mi testimonio ante el comité del 6 de enero.

Le di la mano al presidente Biden y le recordé que lo había conocido antes, cuando él era senador y vicepresidente. "Tengo algunas fotos con usted en el Capitolio".

"Gracias por su servicio, aquí y en el extranjero", dijo. "Me conmovió mucho su testimonio. Usted lo explicó muy bien, fue una horripilante batalla medieval".

Fue muy emocionante escuchar al presidente de los EE.UU. volver a citar mis palabras. Fue aún más emocionante que mi hijo viera que a su padre le rendían tributo en el Jardín de Rosas. Manny se sentó a mi lado vistiendo unos pantalones caquis, un chaleco azul y una corbata igual a la mía. Durante la ceremonia, él volteó a verme. En sus ojos vi que estaba muy ilusionado. Luego, me tocó el hombro y susurró, *I'm proud of you*, y luego, unos momentos después también dijo, "Estoy orgulloso de ti, papi".

"Gracias, Manny".

"Pero mis amigos no me van a creer que estamos en la Casa Blanca", añadió. "Así que tenemos que tomar muchas fotos".

Con las mascarillas puestas, posamos junto a la vicepresidenta Kamala Harris y Nancy Pelosi, quien, después de mí, fue la primera que mencionó los sacrificios que realizó mi esposa durante ese tiempo. Fue un gran privilegio poder presentar a Mónica y Manny a esas dignatarias. Sin embargo, aún no habían terminado los conflictos y la discordia que causaron los ataques del 6 de enero.

El martes 6 de diciembre del 2022, Pelosi me pidió que fuera otra vez al Capitolio, pues los miembros de mi departamento iban a recibir una medalla de oro en la Rotonda. Justo antes de que empezara la ceremonia, un miembro de la Policía Metropolitana insultó a Michael Fanone, y él le respondió. Cuando Michael Fanone presentó su renuncia, tras veinte años de servicio, él criticó con dureza a todos quienes le restaron importancia a la insurrección, lo que molestó a algunos comandantes y oficiales por igual.

Cuando acabó la ceremonia, Mitch McConnell y el líder republicano ante la Cámara de Representantes, Kevin McCarthy, fue a darle la mano a la familia de Brian Sicknick. Sin embargo, la madre de Brian, su padre y hermanos siguieron de largo, dejando a McConnell y McCarthy con las manos en el aire.

"Bien por ellos", dijo Mónica.

No estaba en fila para saludar a la gente, pero me gustó ver que hicieron lo que yo mismo hubiera querido haber hecho. Los políticos que solo decían que apoyaban nuestro sacrificio, pero cuyas palabras no coincidían con sus actos, no merecían tomarse una foto con nosotros.

HACE POCO, ALGUIEN publicó en Twitter el siguiente mensaje: "Un recordatorio a todos los iracundos simpatizantes de Trump con sus gorras de MAGA: Osaba bin Laden no piloteó ninguno de los aviones el

11 de septiembre, sin embargo, logramos que se responsabilizara por sus actos". Eso resonó en mí, porque dos años después de la insurrección del 6 de enero, cerca de mil personas habían sido acusadas de resistirse a un arresto o agredir u obstruir la labor de un funcionario público. Además, según el Departamento de Justicia de los EE.UU., noventa y seis individuos fueron a acusados de usar un arma peligrosa o mortal en contra de oficiales. No obstante, la mayoría eran ciudadanos comunes y corrientes que habían seguido ciegamente las falsedades que escupió el hombre más poderoso del mundo. A pesar de que el comité tomó la valerosa decisión de procesar a Trump, al momento que esto fue escrito, nadie ha sido arrestado por planificar, instigar o financiar la insurrección del 6 de enero.

MI ÚLTIMO DÍA en el Capitolio me otorgó redención porque era el guía de un grupo de turistas que llegó a rendir homenaje, en vez de unos insurrectos que entraron a la fuerza a causar daño.

"Te vi en la televisión. Eres muy valiente por haber hecho lo que hiciste", me dijo una mujer mayor. "Debe resultarte difícil regresar a este lugar".

Era difícil, sí. Pero las personas que me brindaban apoyo me ayudaron a reemplazar las horripilantes escenas de ese día por recuerdos más placenteros. Me esforcé por darles a esa mujer y al grupo de turistas un buen recorrido, pero evité llevarlos al túnel. Cuando llegamos a la entrada de la Terraza Baja, ubicada al oeste del edificio, donde casi muero, tomé fotos de unos cristales astillados en el piso. Esta entrada debería ser parte del recorrido turístico para que los estadounidenses entiendan la magnitud de lo que nos enfrentamos.

"¿Ven estos cristales rotos que están aquí?", dije. "Son del 6 de enero, cuando los insurrectos rompieron puertas y ventanas para entrar al edificio".

En vez de instalar barrotes y refuerzos metálicos en las puertas, para evitar otra invasión, el departamento de seguridad del Capitolio instaló un lector de tarjetas afuera del edificio. El Capitolio necesitaba mejoras, pero la junta directiva de la Policía del Capitolio parecía estar más preocupada con la estética del lugar que en mejorar las logísticas de seguridad. Sí, reemplazaron los paneles de cristal, pero no hicieron cambios a las puertas, las cuales son fáciles de derribar.

"¿Por qué no pueden mejorar la seguridad física del edificio?", le pregunté a Bennie Thompson, el presidente del comité del 6 de enero, la última vez que lo vi.

"No lo sé, sargento Gonell", respondió. "Ya han pasado dos años. No es por falta de fondos. El dinero está ahí. Tienen un cheque en blanco, pero no lo usan".

Por lo menos la mayoría de nuestra población no eligió a los insurrectos invasores a posiciones de confianza y autoridad durante las elecciones del 8 de noviembre del 2022. Sin embargo, me provocó miedo saber que el partido que había dicho que las elecciones habían sido fraudulentas e incitó el ataque al Capitolio de nuevo tenía las riendas del congreso. Tiempo después, Trump anunció su tercera candidatura a presidente de los Estados Unidos, lo cual es una ofensa directa a la constitución, la cual inhabilita a funcionarios electos de ocupar cargos federales si ellos "participaron en una insurrección o realizaron actos rebeldes en contra de los Estados Unidos, o brindaron ayuda o comodidades a enemigos del país". A pesar de que el comité recomendó que Trump recibiera cargos penales por haber incitado una insurrección, por conspirar para defraudar al país y haber brindado un testimonio falso y obstruir la labor del congreso, nadie parece capaz de evitar que él aspire a obtener el cargo más alto del país. A los setenta y seis años le permitieron intentar recuperar su antiguo trabajo mientras él arruinó mi carrera cuando yo tenía apenas cuarenta y dos.

MIENTRAS ESPERABA QUE mi solicitud de jubilación por discapacidad fuera aprobada, trabajaba medio tiempo en la fuerza. Sin embargo, la burocracia y las formalidades eran frustrantes. Mientras estaba en servicio restringido, pasé muchos meses en un limbo. Como era víctima y testigo de la insurrección, brindé mi testimonio al FBI, fiscales del distrito y cortes federales que investigaban cuarenta casos en contra de los insurrectos. Varios de los invasores han sido sentenciados de tres a siete años de cárcel. Frente al juez de la corte, durante la lectura de sus sentencias, ellos intentaron mostrar arrepentimiento y rogaron clemencia. Luego justificaron sus acciones diciendo cosas como, "Me dejé llevar por el momento" y "Dejé que mis emociones tomaran control de mí".

No pude creer que los abogados de estas personas empezaron a atacarme. Dijeron que yo había exagerado en mi testimonio y buscaba solo llamar la atención. También dijeron que yo buscaba obtener beneficios económicos. Hubiera renunciado a ser el centro de atención con tal de recuperar mi salud, seguridad y volver a mi antiguo trabajo a tiempo completo en un parpadeo.

Una de las abogadas incluso tuvo el atrevimiento de preguntarme, "¿Siquiera estaba usted en el túnel ese día?", a pesar de que había videos que mostraban el momento exacto cuando su cliente me jaló hacia la turba y desagarró violentamente el rotador de mi hombro izquierdo. Cuando contradije su argumento y dije que su cliente estaba mintiendo, ella dijo,

"No se lo tome como algo personal, oficial".

"Es sargento", le respondí. "¿Y cómo me puede pedir que no me lo tome personal si usted me ataca y dice que lo que yo viví ese día no es cierto?", argumenté ante el juez. "No está mostrando el video entero. Si muestran todo el video, verán lo que su cliente, Kyle Fitzsimons, me hizo a mí". Fitzsimons, el insurrecto con bata de carnicero, fue encontrado culpable de onces cargos. Ayudar a enjuiciar a quienes me hicieron daño se había convertido en un trabajo de tiempo completo para mí.

En vez de continuar en mi profesión y desempeñarme como teniente de la policía, un puesto por el que me había esforzado en obtener durante toda mi vida, recibí una carta de la Oficina de Manejo de Personal de los EE.UU. avisándome que había sido aprobada mi solicitud para recibir una pensión por discapacidad bajo el Sistema de Jubilación de los Empleados Federales. Pronto dejaría de trabajar. Yo sería parte del 20 por ciento de oficiales de la Policía del Capitolio que dejarían de trabajar como resultado de los ataques del 6 de enero. Oficialmente, mi último día de trabajo terminó a la media noche del 17 de diciembre de 2022. Esa semana me pidieron que fuera a tomarme una fotografía más, para así obtener mis credenciales de jubilado. Abrumado por la tristeza y después de ver cómo trágicamente mi carrera en la fuerza policial llegaba a su fin, me tomé un momento antes de poder devolver mi identificación y firmar los documentos que me pedían para terminar el proceso.

Sin embargo, me sentía agradecido de saber que el congresista Bennie Thompson le mandó una carta al jefe de la Policía del Capitolio. en donde él decía que yo debería ser juramentado como teniente, de esa manera podría retirarme con un rango más alto. La solicitud fue enviada a la junta directiva de la policía. Sigo esperando una respuesta.

Hace poco en la escuela le pidieron a mi hijo que diera una presentación sobre una persona de la cual se siente orgulloso. Manny mostró en clase las fotos que tomamos en la Casa Blanca y dijo, "A pesar de que mi padre no nació en este país, como yo es un veterano de la Guerra de Irak y un exoficial de policía que defendió el Capitolio de una turba de insurrectos el 6 de enero. Él es mi héroe".

Sus palabras me recordaron que no me arrepentía de nada. Estaba orgulloso de ser un servidor público y un defensor de mi país y la democracia de mi país, y que había denunciado las injusticias que había atestiguado. Trabajar en el Capitolio, un lugar majestuoso donde todos los días gira el curso de la historia, me cambió. Espero haber estado a la altura de la nobleza de ese lugar y haber generado un pequeño cambio ahí. Si tuviera la oportunidad de hacerlo todo de nuevo, lo haría sin dudarlo. Lo haría por mi abuelo Fillo, quien me dijo que debía hacer de los Estados Unidos mi hogar, y lo haría por mi hijo, quien crecerá aquí, heredando un mejor futuro en esta, la tierra de la libertad por la que vale la pena pelear.

AGRADECIMIENTOS

PRIMERO QUE NADA, QUIERO DARLE LAS GRACIAS A DIOS por protegerme cuando más lo necesitaba.

También quiero expresar mi gratitud a mi coautora Susan Shapiro, por haber tomado los fragmentos más conmovedores de mi vida y haberlos hilado de una forma tan elocuente. Al inicio, ella compartió conmigo un adagio de escritores que dice así, "'Si tienes una historia, cuéntala. Si no la tienes, escríbela'. Y tú tienes una gran historia". Hemos sido bendecidos por el trabajo de un brillante equipo literario conformado por los agentes Meg Thompson y Sam Wekstein, y miembros de Counterpoint Press: Dan Smetanka, Dan López, Megan Fishmann y Rachel Fershleiser.

Les doy las gracias a los abogados Mark Zaid, David Laufman y Jeff Zeelander por sus consejos tan sabios; a tantos fiscales de distrito, investigadores del FBI y el ejército de detectives en línea que ayudaron a identificar a mis atacantes; y a Yvonne Bryant por ayudarme en mi búsqueda de justicia y a no perder la cabeza en el proceso.

No estaría aquí sin el apoyo de mi equipo médico, los doctores Daniel Hampton, Richard Derner, Jennie Polizzi y mis terapeutas Sheryl Johnson, Ki Park y Ana Rivera. Ustedes reconstruyeron mi cuerpo fracturado y no dejaron que perdiera la esperanza.

A Olivia Troye por recibirme bajo su cuidado. A Jon Stewart y John Feal por defender los derechos de los veteranos de guerra y socorristas, y por exigir que se aprueben leyes que promueven nuestro cuidado y benefician a nuestras familias. A Jennie Hill, de la organización Wounded Blue, por el apoyo que me brindó.

Estoy inmensamente agradecido con la Policía del Capitolio de los

EE.UU. por haberme permitido ser un servidor público y ser testigo de eventos históricos todos los días. A todos los miembros de todas las divisiones de la Unidad de Disturbios Civiles, me impresiona su valentía a pesar de los pronósticos. A todos los oficiales que cumplieron con sus responsabilidades y a mis supervisores, quienes siempre velaron por nuestro bienestar. A Sean Gallagher por luchar en mi nombre, Thomas Lloyd por ser un gran líder, Marvin Reid por ser un buen amigo y un gran mentor. A mi amigo Harry Dunn por motivarme a meterme en "buenos problemas y problemas necesarios".

Este libro está dedicado a la memoria del veterano y policía Brian Sicknick. Extiendo mi cariño más sincero a las familias de los oficiales que murieron como resultado del valiente trabajo que realizaron el 6 de enero de 2021.

Gracias al Departamento de Policía Metropolitana de D.C., por literalmente llegar a salvarnos el pellejo. Su apoyo fue esencial en revertir la ola de agresión mientras intentábamos restaurar el orden. Me siento afortunado que recibí apoyo del sargento Boegner, y que Daniel Hodges, Michael Fanone, Robert Glover y Ramey Kyle quienes se hicieron cargo del túnel mientras yo peleaba en el frente de batalla, y al resto de oficiales que me brindaron apoyo y de quienes no sé sus nombres.

Estoy en deuda con la presidenta de la Cámara de Representantes Nancy Pelosi y los miembros del comité del 6 de enero: el presidente Bennie Thompson y los representantes Jamie Raskin, Pete Aguilar, Elaine Luria, Stephanie Murphy, Adam Schiff y Zoe Lofgren. Un agradecimiento especial a los representantes Adam Kinzinger y Liz Cheney, por ser los únicos dos oficiales republicanos electos que tuvieron el valor de escucharnos a mis colegas y a mí incluso cuando no era algo placentero o políticamente conveniente para ustedes, y por poner al país antes que a su partido.

A mis abuelos; a mis padres Sabina y Antonio, a mis hermanos Tony, Giovanny, Liliana y Stephanie; y a los amigos que tomaron el tiempo y me brindaron apoyo. A Jaime Prendergast, mi padre adoptivo y confidente, gracias por tu sabiduría y generosidad dentro y fuera del ejército.

Por último, a mi amada esposa Mónica y a nuestro hijo Emmanuel, quienes han pasado por tanto y siguen a mi lado. Ustedes son la razón por la que sigo vivo.

Aquilino A. Gonell,
Exsargento de la Policía del Capitolio de los EE.UU.

© Frank Thorp V

Tras crecer en la finca de sus abuelos en República Dominicana, **AQUILINO GONELL** se mudó a Nueva York en 1992, cuando tenía doce años. Se enlistó en el ejército de los Estados Unidos a los veinte. A los veintidós se convirtió en un veterano condecorado de la Guerra de Irak y un orgulloso ciudadano estadounidense, y a los veintiséis años fue el primer miembro de su familia de graduarse de la universidad. En el 2006 se unió a la Policía del Capitolio, donde ascendió hasta obtener el puesto de sargento. Aquilino fue herido en combate el 6 de enero del 2021 en el Capitolio, y fue uno de los primeros oficiales en testificar ante el Comité Selecto de la Cámara de Representantes, la cual investigó la insurrección. Su testimonio ha aparecido en medios como ABC, CBS, CNN, NPR, *The New York Times*, *The Washington Post*, *Telemundo*, *Univisión* y *El Diario*. Recibió el homenaje para Grandes Inmigrantes de la Corporación Carnegie, el premio Estadounidense Sobresaliente por Elección del Servicio de Ciudadanía e Inmigración de los Estados Unidos, la Medalla de Oro del Congreso de los Estados Unidos, y el presidente Joe Biden le entregó la Medalla Presidencial de Ciudadanos, por haber defendido el Capitolio. Aquilino vive en Virginia. Su cuenta de Twitter es: @SergeantAqGo.

© Dan Brownstein

SUSAN SHAPIRO es una galardonada periodista que ha escrito para *The New York Times*, *The Washington Post*, *The Wall Street Journal*, *Newsweek*, *Salon*, *Tablet*, *New York*, *Oprah*, *Wired* y *The New Yorker*. Susan es una distinguida catedrática de The New School, NYU y Columbia University. Es autora y coautora con éxito en ventas de varios libros aclamados por la crítica. Entre sus títulos encontramos *Unhooked*, *The Bosnia List*, *World In Between* y *The Forgiveness Tour*. Susan está en Instagram como @profsue123 y en Twitter como @Susanshapironet.